दिवाला से दीवाली तक

"क्या 100 साल पुरानी नौकरशाही में बदलाव हो सकता है? क्या वे लीक से हटकर सोच सकते हैं? क्या राजनेता, राजनीतिक सूझ-बूझ एवं व्यावसायिक कौशल दोनों में समान दक्षता दर्शा सकते हैं? क्या राजनेता, नौकरशाही और इंजीनियर कंधे से कंधा मिलाकर एक टीम के रूप में रचनात्मक कार्य कर सकते हैं? भारतीय रेल का कायाकल्प इन सभी सवालों का सटीक उत्तर देता है। भारतीय रेल ने यह साबित कर दिया है कि गहरी राजनीतिक समझ, व्यावसायिक कौशल और संचालनिक उत्कृष्टता के रचनात्मक संगम से सार्वजनिक सेवाओं का वित्तीय कायाकल्प किया जा सकता है, और वह भी बहुत कम समय में। 'दिवाला से दीवाली तक' पुस्तक में इस अद्‌भुत यात्रा का सुव्यवस्थित एवं सारगर्भित वर्णन प्रस्तुत किया गया है। बड़े उपक्रमों के प्रबंधन से जुड़े लोगों, चाहे वे सार्वजनिक क्षेत्र से हों या निजी क्षेत्र से, को यह पुस्तक अवश्य पढ़नी चाहिए।"

–सी. के. प्रह्लाद

पॉल एवं रूथ मैक क्रैकन विशिष्ट प्रोफेसर

रॉस स्कूल ऑफ बिजनेस, मिशिगन विश्वविद्यालय

"लेखकों ने दर्शाया है कि किस प्रकार कठिन से कठिन परिस्थितियों में भी कुशल और ईमानदार नौकरशाही उत्पादकता को बढ़ा सकती है। प्रभावी नेतृत्व के लिए नितांत जरूरी रचनात्मक सोच और रणनीतिक कौशल के गुणों का उपयोग करते हुए उन्होंने साबित कर दिखाया है कि व्यावसायिक हितों एवं सामाजिक दायित्वों के बीच सुंदर समन्वय स्थापित किया जा सकता है।"

–नारायण मूर्ति

गैर-कार्यकारी अध्यक्ष एवं मुख्य सलाहकार

इन्फोसिस टेक्नॉलोजी लिमिटेड

"अर्थव्यवस्था के विकास में ढाँचागत क्षेत्र की भूमिका को हमेशा से स्वीकार किया गया है और आज इसके कुशल प्रबंधन की आवश्यकता और भी बढ़ गई है। इस पुस्तक में इस तथ्य को बखूबी प्रस्तुत किया गया है कि प्रभावी नेतृत्व में भारतीय रेल जैसे महत्वपूर्ण ढाँचागत क्षेत्र ने किस तरह प्रबंधकीय समस्याओं का सफलतापूर्वक सामना किया। सभी नीति निर्माताओं को यह पुस्तक अवश्य पढ़नी चाहिए।"

–जगदीश भगवती

विश्वविद्यालय प्रोफेसर, अर्थशास्त्र विभाग
कोलंबिया विश्वविद्यालय

"यह पुस्तक भारतीय रेल के अभूतपूर्व कायाकल्प की आँखों देखी अंतर्कथा पाठकों के समक्ष प्रस्तुत करती है। इसमें उन वैकल्पिक रणनीतियों की बारीक समझ का बहुमूल्य ब्यौरा है जिन्होंने तब परिणाम दिए जब परंपरागत नुस्खे लागू नहीं किए जा सकते थे।"

–मोंटेक सिंह आहलूवालिया

उपाध्यक्ष, योजना आयोग, भारत सरकार

"गहरी समझ और ज्ञान का बोध कराती यह पुस्तक विभिन्न वर्गों के पाठकों के लिए प्रेरणादायी एवं उपयोगी होगी, विशेषकर उनके लिए जिन पर संकट से गुजर रहे संगठन के वित्तीय कायाकल्प की जिम्मेदारी है, और वह भी सामाजिक दायित्वों की अनदेखी किए बिना।"

–आर.के. पचौरी

महानिदेशक, द एनर्जी एंड रिसोर्सेज इंस्टीट्यूट
चेयर, जलवायु परिवर्तन पर अंतरराष्ट्रीय समिति

दिवाला से दीवाली तक

भारतीय रेल के कायाकल्प की कहानी

सुधीर कुमार
शगुन मेहरोत्रा

राजपाल

मूल्य : दो सौ पचास रुपये (**Rs. 250.00**)

प्रथम संस्करण : 2009
ISBN : 978-81-7028-787-2
DIWALA SE DIWALI TAK : BHARTIYA RAIL KE KAYAKALP KI KAHANI
by Sudhir Kumar & Shagun Mehrotra

राजपाल एण्ड सन्ज़, कश्मीरी गेट, दिल्ली-110 006
website : www.rajpalpublishing.com
e-mail : mail@rajpalpublishing.com

यह पुस्तक
उर्मिल जैन एवं नीना
को समर्पित है

क्रम

सत्यमेव जयते

प्रधान मंत्री
Prime Minister

प्राक्कथन

1990 के प्रारम्भ में अर्थव्यवस्था के उदारीकरण की शुरुआत से ही भारतीय अर्थव्यवस्था ने लगातार तीव्र विकास दर को बरकरार रखा है। यूपीए सरकार की यह कोशिश रही है कि अर्थव्यवस्था के विकास की रफ्तार को बढ़ाने के साथ-साथ यह भी सुनिश्चित किया जाए कि विकास का लाभ समाज के सबसे कमजोर वर्गों तक पहुँचे। इस दौरान गरीबी कम करने और निरन्तर आर्थिक विकास बनाए रखने की दोहरी चुनौतियों का सामना करने में भारतीय रेल को मिली कामयाबी यूपीए सरकार की उपलब्धियों में और इज़ाफा कर देती है। भारतीय रेल के कायाकल्प की कथा को बयान करती इस पुस्तक में इस तथ्य को बखूबी दर्शाया गया है कि किस प्रकार गरीबों को लाभान्वित करते हुए, न कि उनकी परेशानियाँ बढ़ाकर, प्रगति करना सम्भव है।

भारतीय रेल ने मौजूदा परिसम्पत्तियों का बेहतर इस्तेमाल कर, विशेषकर तीव्र, लम्बी और भारी गाड़ियाँ चलाकर, अपनी क्षमता एवं उत्पादकता में अभूतपूर्व वृद्धि की है। रेलवे के कायाकल्प की कहानी यह दर्शाती है कि भविष्य की जरूरतों को पूरा करने के लिए मौजूदा परिसम्पत्तियों का अधिकतम सदुपयोग उतना ही जरूरी है, जितना कि निवेश में बढ़ोतरी। बाज़ार में विद्यमान प्रतिस्पर्धात्मक स्थिति तथा ग्राहक को लक्षित कर बनी लचीली और परिवर्तनशील मूल्य नीति की

बदौलत रेलवे ग्राहक और बाज़ार से रू-ब-रू हुई, जिससे रेलवे को अत्यधिक आर्थिक और सामाजिक लाभ मिला। इन सुधारों के लिए पुरानी मान्यताओं, प्रक्रियाओं और इनसे जुड़ी धारणाओं पर प्रश्नचिह्न लगाना नितान्त जरूरी था। यह पुस्तक इस तथ्य को भी रेखांकित करती है कि भारतीय रेल की सफलता सिर्फ आर्थिक विकास का परिणाम मात्र नहीं है अपितु इसे संगठन की कार्यप्रणाली में बुनियादी सुधार की बदौलत हासिल किया गया है।

मैं पुस्तक के लेखकों को इसके लिए बधाई देता हूँ। मुझे आशा है कि यह पुस्तक आर्थिक विकास दर एवं गरीबी को कम करने के लिए नितान्त जरूरी बुनियादी क्षेत्रों के सुधार कार्यक्रमों में अभिनव सोच को उत्प्रेरित करेगी।

(मनमोहन सिंह)

नई दिल्ली
3 दिसम्बर 2008

आभार

सर्वप्रथम हम रेल मंत्री, लालू प्रसाद का तहे दिल से शुक्रिया अदा करते हैं, जिन्होंने रेलवे के समावेशी सुधार कार्यक्रम का न केवल नेतृत्व किया अपितु इस पुस्तक को लिखने में हमें पूरा सहयोग एवं समर्थन दिया। उन्होंने अपने व्यस्त कार्यक्रमों के बावजूद रेलवे के समावेशी सुधार कार्यक्रम के लिए बनाई गई रणनीति को बारीकी से समझने में हमारी हर सम्भव मदद की। रेल मंत्री के कार्यालय में कार्यरत हर पदाधिकारी विशेषकर आर.के. महाजन, के.पी. यादव, भोला यादव, विनोद कुमार श्रीवास्तव, सैयद मोहम्मद तहसीन मुनव्वर ने अपने बहुमूल्य सुझाव देने के साथ-साथ पुस्तक को लिखने में हमारी पूरी सहायता की।

हम 14 लाख रेलकर्मियों का भी तहे दिल से शुक्रिया अदा करते हैं, जिनकी सत्यनिष्ठा, समर्पण एवं अथक प्रयासों की बदौलत रेलवे के अभूतपूर्व कायाकल्प के सपने को साकार किया गया। रेलवे बोर्ड के अध्यक्ष, के.सी. जेना, वित्त आयुक्त, सौम्या राघवन, सदस्य यातायात, श्री प्रकाश, सदस्य इन्जीनियरिंग, एस.के. विज, सदस्य यान्त्रिक, प्रवीण कुमार एवं सदस्य कार्मिक, एस.एस. खुराना ने भी सदैव हमारा मार्गदर्शन किया। रेलवे बोर्ड के सेवानिवृत्त पदाधिकारी विशेषकर एम.एस. गुजराल, आर.के. सिंह, आर.आर. जारूहार, आर.आर. भण्डारी, आर. शिवदासन, एल.आर. थापर एवं सुमन्त चक ने भी अपने लम्बे अनुभव और ज्ञान से इस पुस्तक को पठनीय, रोचक एवं वस्तुपरक बनाने में अपना महत्वपूर्ण योगदान दिया। हम एस.बी. घोष दस्तीदार, रंजन जैन, पी.पी. शर्मा, सी.बी.के. सिंह एवं मनीष तिवारी के विशेष रूप से आभारी हैं, जिन्होंने इस पुस्तक के विभिन्न अध्यायों को पढ़कर अपने बहुमूल्य सुझावों से हमें लाभान्वित किया। अंजली गोयल, संजीव जैन, एस.एन. बनर्जी, जी.डी. पॉल एवं नीरज गुप्ता के भी आभारी हैं, जिन्होंने इस पुस्तक को तथ्यपरक बनाने में हमें बहुमूल्य सहयोग दिया।

हम अरविन्द कुमार सिंह, संजय सिंह और शिशिर सोनी का भी धन्यवाद

करते हैं, जिन्होंने इस पुस्तक के लिखने में पूरी मदद की। हम के.सी.एन. मेनन, दलीप सिंह, एस.के. राय, रणमत सिंह, अनुज प्रसाद, एस.एन. मिश्रा एवं राजेन्द्र कुमार के भी आभारी हैं, जिन्होंने समय रहते इस पुस्तक को कलमबद्ध करने और गलतियों को ढूँढ़ निकालने में दिन-रात काम किया, जिसकी बदौलत हम अल्पावधि में इस पुस्तक को पाठकों तक पहुँचाने में कामयाब हुए। हम पुस्तक के प्रकाशक 'राजपाल एण्ड सन्ज़' प्रकाशन का भी तहे दिल से आभार व्यक्त करते हैं, जिन्होंने छोटी-सी अवधि में इस पुस्तक को प्रकाशित किया।

हम कोलम्बिया विश्वविद्यालय के भी आभारी हैं जिन्होंने इस पुस्तक की मूल प्रति तैयार करने में हमें अपना बहुमूल्य समय एवं समर्थन देने के साथ-साथ जरूरी संसाधन उपलब्ध कराए। इस सम्बन्ध में हम बाब ब्यूरेगार्ड, जगदीश भगवती, स्टीफन ब्राऊन, सुमिला गुलयानी, पीटर मारकोज, रिचर्ड मार्कवाल्ड, विजय मोदी, अरविंद पनगड़िया, हेनरी पिंखम, सिन्थिया रोजेनज्वीग, स्मिता श्रीनिवास, जेफ सैश, इलियट स्कलर, जो स्टिगलिट्ज और राजदूत फैंक विजनर के आभारी हैं जिन्होंने हमें अपनी गहरी समझ से समय-समय पर लाभान्वित किया और हमें हर सम्भव सहायता और समर्थन दिया।

अन्त में हम अपने परिवार और दोस्तों का शुक्रिया अदा करना चाहेंगे, जिन्होंने इस पुस्तक को लिखने के लिए पूरा ध्यान केन्द्रित करने में हमारी मदद की।

फरवरी 2009

सुधीर कुमार
नई दिल्ली
शगुन मेहरोत्रा
न्यूयॉर्क

प्रस्तावना

'रेलवे का निजीकरण नहीं होगा, रेलकर्मियों की छँटनी नहीं होगी, यात्री किराए नहीं बढ़ेंगे और हम भारतीय रेल को दुनिया की अव्वल नम्बर की रेल बनाएँगे।' जून 2004 में श्री लालू प्रसाद ने जब यह घोषणा की तो बुद्धिजीवी वर्ग ने 'मुँगेरी लाल के हसीन सपने' कहकर इसके लिए उनकी खूब खिल्ली उड़ाई। मीडिया ने तो करीब-करीब ऐलान कर दिया था कि वित्तीय संकट में फँसी रेलवे की स्थिति बद से बदतर हो जाएगी। भारत की 'जीवन रेखा' मानी जाने वाली रेलवे के वित्तीय संकट की गम्भीरता का अनुमान इन तथ्यों से लगाया जा सकता है कि वह भारत सरकार को 2 हजार 800 करोड़ रुपये के डिविडेंड का भुगतान करने से चूक गई थी, उसका ऑपरेटिंग रेशियो बिगड़कर 98 प्रतिशत हो गया था, उसके पास जर्जर परिसम्पत्तियों को बदलने के लिए पैसे नहीं थे और वर्ष 2001 में उसका बैंक बैलेंस घटकर मात्र 359 करोड़ रुपये रह गया था। बाद के वर्षों में स्थिति में कुछ सुधार अवश्य हुआ, लेकिन मई 2004 में जब श्री लालू प्रसाद ने रेल मंत्री का पदभार सँभाला उस समय भी रेलवे की वित्तीय स्थिति नाजुक बनी हुई थी। किसी ने यह कल्पना भी नहीं की थी कि वही रेलवे उनके नेतृत्व में वर्ष 2005 से 2008 के बीच 70 हजार करोड़ रुपये का कैश सरप्लस अर्जित करने, ऑपरेटिंग रेशियो 98 प्रतिशत से सुधारकर 76 प्रतिशत के स्तर पर लाने एवं बैंक बैलेंस बढ़ाकर 22 हजार करोड़ रुपये करने का इतिहास रचने जा रही है।

यह उपलब्धि अपने आप में महत्त्वपूर्ण है, लेकिन जो बात एकदम अनोखी और अभूतपूर्व है, वह है वित्तीय कायाकल्प की रणनीति और कार्यान्वयन के तौर-तरीके। वर्षों से देश-विदेश के विशेषज्ञों की यह मान्यता रही है कि यात्री किरायों में वृद्धि, कर्मचारियों की छँटनी और भारतीय रेल का पुनर्गठन करके ही रेलवे की माली हालत में सुधार लाया जा सकता है। लेकिन इसके ठीक

विपरीत रेलवे ने हर श्रेणी के यात्री किरायों में कमी कर और नियुक्ति पर लगी रोक हटाकर यह वित्तीय कायाकल्प कर दिखाया। रेलवे के वित्तीय कायाकल्प की आपूर्ति रणनीति को मात्र तीन शब्दों में व्यक्त किया जा सकता है–'फास्टर, हैवियर एंड लॉन्गर ट्रेन'। इनमें से हर एक शब्द पाँच-पाँच हजार करोड़ रुपये का है। बाज़ार की लड़ाई बाज़ार में जीतने की रणनीति को भी मात्र तीन शब्दों में व्यक्त किया जा सकता है–'डॉयनमिक, डिफरेंशियल और कस्टमर सेन्ट्रिक' अर्थात् बाज़ार में प्रतियोगी स्थिति का आकलन कर बनाई गई लचीली और परिवर्तनशील नीतियाँ जो पूरी तरह ग्राहकों की जरूरतों पर केन्द्रित हैं। इन रणनीतियों को तेजी से कार्यान्वित करने के लिए 14 लाख रेलकर्मियों ने कन्धे से कन्धा मिलाकर पूरे मनोयोग और टीम भावना के साथ काम किया। मैनेजमेंट के छात्र प्रायः लालू जी से पूछते हैं कि यदि यह सब इतना आसान था तो इसे पहले क्यों नहीं किया गया? यह पुस्तक ऐसे सभी प्रश्नों के सटीक उत्तर देने के साथ-साथ उन कारणों पर भी प्रकाश डालती है जिनकी वजह से इतनी सरल और साफ दिखने वाली रणनीतियों को कई दशकों के मंथन के बावजूद लागू नहीं किया जा सका।

आम आदमी के हित को केन्द्र में रखकर रेलवे का वित्तीय कायाकल्प करने के लिए लीक से हटकर सोचने की नई कार्य संस्कृति विकसित की गई। ऐसा नहीं है कि रेलवे में मुनाफ़ा कमाने की सम्भावनाएँ पहले नहीं थी। सम्भावनाएँ तो पहले भी असीम थीं, लेकिन पहले रेलवे का सारा ध्यान पैसा कमाने की बजाए गाड़ी चलाने पर केन्द्रित था। संगठन के हर स्तर पर यह धारणा बनी हुई थी कि रेलवे जैसी जनोपयोगी संस्था का मुख्य उद्देश्य पैसा कमाना हो ही नहीं सकता। लेकिन वस्तुस्थिति इससे ठीक उलटी है। मुनाफा और समाज सेवा एक-दूसरे के पूरक हैं। एक के बिना दूसरा हो ही नहीं सकता। स्वस्थ और समृद्ध संगठन ही गरीब जनता और समाज की सेवा कर सकते हैं। दिवालिया संगठन तो समाज पर बोझ ही बनते हैं। यह मूल बात समझ में आते ही रेलकर्मियों की आँखें खुल गईं और उनका पूरा ध्यान व्यापार बढ़ाने, लागत घटाने, रेलवे की प्रतियोगी क्षमता को मजबूत बनाने, बाज़ार में हिस्सेदारी बढ़ाने और मुनाफ़ा कमाने पर केन्द्रित हो गया।

लेकिन दिवालियेपन की स्थिति से उबरने के लिए निजी कम्पनियों द्वारा बनाई जाने वाली रणनीति और रेलवे के समावेशी सुधार कार्यक्रम की रणनीति में बुनियादी फर्क है। निजी कम्पनियाँ मुनाफ़ा कमाने के लिए कीमतों में वृद्धि, कर्मचारियों की छँटनी एवं घाटे के व्यापार को बन्द करने जैसे कठोर कदम उठाती हैं। इससे बेरोजगारी और महँगाई बढ़ती है जिससे समाज में असन्तोष पनपता है। रेलवे के समक्ष 'अंडा तोड़े बिना वित्तीय कायाकल्प का आमलेट तैयार करने'

अर्थात् यात्रियों एवं कर्मचारियों की परेशानी बढ़ाए बिना पैसा कमाने की चुनौती थी। यही रेलवे ने किया। रेलवे ने गरीब यात्रियों का पसीना छुड़ाकर नहीं अपितु संसाधनों के बेहतर इस्तेमाल की बदौलत मुनाफ़ा कमाया। हर श्रेणी के यात्री किराए में कमी करके और कार्यकुशलता एवं उत्पादकता को अपना हथियार बनाकर रेलवे ने मुनाफ़ा कमाने की ऐसी कहानी लिखी, जिसमें 'अच्छे अर्थशास्त्र ने अच्छी राजनीति' का रूप ले लिया अर्थात् लोक-लुभावन नीतियाँ और मुनाफ़ा एक-दूसरे के पर्याय बन गए। यह पुस्तक दर्शाती है कि किस प्रकार रेलवे अपनी तमाम सामाजिक जिम्मेदारियों को निभाते हुए 'सोने की चिड़िया' बन गई। यह पुस्तक उन सबके लिए है जो ग्राहकों एवं कर्मियों में नई आशा और उमंग का संचार करके, न कि उन पर कीमतों में वृद्धि एवं छँटनी की तलवार लटकाकर, पैसा कमाने में विश्वास रखते हैं।

हग विश्व के सबसे बड़े प्रजातन्त्रों में से एक होने का दम तो भरते हैं, लेकिन प्रजातान्त्रिक तरीके से चुनी गई सरकार के जनादेश–'रेलवे का निजीकरण नहीं होगा, छँटनी नहीं होगी'–को तिरस्कार की दृष्टि से देखते हैं। दूसरी ओर, अनेक राजनेता 'जनादेश' के नाम पर ट्रांसफर-पोस्टिंग जैसे संगठन के रोजमर्रा के कार्यों में हस्तक्षेप करते नज़र आते हैं। इससे राजनीतिक नेतृत्व और नौकरशाही के बीच अविश्वास एवं अनादर की भावना उत्पन्न होती है। यही वजह है कि हमारे देश में सरकारी कर्मियों को 'बाबू' और राजनेताओं को 'जोकर' कहकर उनका उपहास उड़ाया जाता है। रेलवे का वित्तीय कायाकल्प इस बात की जीती-जागती मिसाल है कि अगर संविधान के ये दो महत्त्वपूर्ण स्तम्भ अपनी-अपनी मर्यादा में रहकर एक-दूसरे का आदर करना सीख लें तो असम्भव को भी सम्भव करके दिखाया जा सकता है। रेलवे में जहाँ नौकरशाही ने 'जनादेश' का पूरा आदर किया वहीं रेल मंत्री ने दिन-प्रतिदिन के कार्यों में रेलकर्मियों को स्वायत्तता देकर लोकतन्त्र की मर्यादा का पालन किया। इस तरह के भावनात्मक सम्बन्धों की बुनियाद डालने में नेतृत्व की सत्यनिष्ठा और निष्पक्षता की अहम् भूमिका रही। राजनेता और नौकरशाही के बीच की यही आपसी समझ, विश्वास, संवाद और तालमेल इस कायाकल्प के केन्द्र में है। यह पुस्तक उन सबके लिए है जो लोकतन्त्र और जनादेश की मर्यादा का सम्मान करने में विश्वास रखते हैं।

यह कायाकल्प न तो तेजी से बढ़ती हुई अर्थव्यवस्था का नतीजा है और न ही मात्र संयोग। यह बड़ी-बड़ी रणनीतियों को अंजाम देने का भी नतीजा नहीं है। यह तो बस 14 लाख रेलकर्मियों की काबिलियत, निष्ठा, तकनीकी ज्ञान और अद्वितीय कार्यान्वयन क्षमता का बेजोड़ नमूना है। वस्तुतः महान रेलकर्मियों की, न कि महान रणनीतियों की, बदौलत इस सपने को साकार किया जा सका। हमारी यह उपलब्धि सीमित होती अगर 14 लाख रेलकर्मियों ने अच्छे को बेहतर तथा

बेहतर को और बेहतर बनाने के लिए दिन-रात परिश्रम न किया होता। संकट कितना भी गम्भीर क्यों न हो, अन्धकार के बादल कितने ही घने क्यों न हों, हर संगठन को एक बार फिर से मजबूत और समृद्ध बनाया जा सकता है। रेलवे का कायाकल्प इस बात की जीती-जागती मिसाल है कि कर्मचारियों के जोश-ओ-खरोश, अभिनव सोच, साझा दृष्टि और सामूहिक प्रयास की बदौलत विषम से विषम परिस्थितियों का भी सफलतापूर्वक सामना किया जा सकता है। कोई भी परिस्थिति इतनी कठिन नहीं होती कि उस पर काबू न पाया जा सके। जीवन में आप वही लड़ाई हारते हैं जो आप लड़ने से इंकार कर देते हैं। इस पुस्तक का बस एक ही सन्देश है, 'आशा'।

इस पुस्तक के छह अध्यायों में रेलवे के वित्तीय कायाकल्प की रणनीतियों पर विस्तार से प्रकाश डाला गया है। पहले अध्याय में वित्तीय कायाकल्प के सुनहरे सफर का संक्षिप्त विवरण देने के साथ-साथ यह बताया गया है कि 'सोते हुए शेर' को कैसे जगाया गया। दूसरे अध्याय में रेलवे के राजनीतिक अर्थशास्त्र का विश्लेषण करते हुए यह जानने की कोशिश की गई है कि रेलवे के व्यावसायिक एवं सामाजिक दायित्वों के बीच सन्तुलन स्थापित करते हुए किस प्रकार समावेशी सुधार कार्यक्रम लागू करने के लिए जगह बनाई गई। इस अध्याय में सुधारों के राजनीतिक प्रबन्धन के लिए बनाई गई रणनीति पर भी प्रकाश डाला गया है।

तीसरे अध्याय में 'बाज़ार की नब्ज़' टटोलने की कोशिश की गई है। व्यापार को छोटे-छोटे हिस्सों में बाँटकर रेलवे की प्रतियोगी क्षमता का आकलन करके यह समझने की कोशिश की गई है कि कैसे गरीब यात्रियों पर किराए में बढ़ोतरी का बोझ डाले बिना रेलवे द्वारा मुनाफ़ा कमाया जा सकता है।

चौथे एवं पाँचवें अध्यायों में सुधारों को मूर्त रूप 'कैसे' दिया गया इसकी विस्तृत जानकारी दी गई है। जहाँ चौथे अध्याय में 'आपूर्ति प्रबन्धन' का विस्तार से उल्लेख किया गया है, वहीं पाँचवें अध्याय में माँग प्रबन्धन अर्थात् रेलवे की प्रतिस्पर्द्धात्मक क्षमता को धारदार बनाने के लिए अपनाई गई नीतियों का वर्णन किया गया है।

छठे और अन्तिम अध्याय में वित्तीय, भौतिक एवं गुणात्मक उपलब्धियों का ब्यौरा देने के साथ-साथ यह विश्लेषण किया गया है कि वित्तीय कायाकल्प को टिकाऊ बनाने के लिए रेलवे को किन-किन चुनौतियों का सामना करना पड़ेगा। इस अध्याय में बिजली-पानी जैसे ढाँचागत क्षेत्रों में रेलवे के 'समावेशी सुधार कार्यक्रम' की प्रासंगिकता पर भी प्रकाश डाला गया है।

वैसे तो रेलवे से सम्बन्धित तकनीकी शब्दों को सरल एवं सहज रूप में प्रस्तुत करने का हर सम्भव प्रयास किया गया है, फिर भी पाठकों को कोई असुविधा न हो इसलिए रेलवे से सम्बन्धित 'शब्दावली' पुस्तक के अन्त में दी

गई है। रेलवे के वित्तीय लेखे एवं रेल मंत्री के बजट भाषण के कुछ महत्त्वपूर्ण अंश भी अनुलग्नक में दिए गए हैं।

रेलवे ने 155 वर्षों के अपने गौरवशाली इतिहास में अनेक उतार-चढ़ाव देखे हैं। हर बड़े झंझावात का मुकाबला करने के बाद रेलवे पहले से कहीं ज्यादा मजबूत और संगठित होकर उभरी। रेलवे ने हर संकट से जरूरी सबक लिए जो उसकी अगली सफलता के पायदान बन गए। यह संकट के समय आपसी मतभेद भुलाकर टीम-भावना के साथ काम करने की रेलकर्मियों की अद्वितीय क्षमता का परिणाम है। रेलवे का कायाकल्प एक नई सोच और एक नई कार्य-संस्कृति की बदौलत सम्भव हुआ है। अब रेलवे फाइलों में सिमटी न रहकर ग्राहक और बाज़ार से रू-ब-रू हो रही है। विद्युत की गति से बदलते परिवेश के अनुरूप अपने आपको ढालने के साथ-साथ रेलवे अब जोखिम उठाने से भी नहीं हिचक रही है। इन्हीं गुणों की बदौलत अब रेलवे 'एक सुस्त हाथी से सिलिकन वैली के एक ऐसे फुर्तीले चीते की तरह उभरी है जो हाथी के आकार का है।' हमें आशा ही नहीं पूरा विश्वास है कि उत्साह और ऊर्जा से लबालब रेलकर्मी रेलवे को नित नई बुलन्दियों तक ले जाएँगे। रेलवे ने पिछले कुछ वर्षों में जो कुछ हासिल किया है वह तो सिर्फ एक शुरुआत है। रेल मंत्री के शब्दों में 'यह तो सिर्फ एक झाँकी है, पूरी फिल्म तो अभी बाकी है।'

1

दिवाला से दीवाली तक

भारत की जीवन रेखा

अपनी जनसभाओं में लालूजी अपने अनूठे अन्दाज़ में जनता से प्रायः पूछते हैं:-

'आपको मालूम है कि रेलवे ने पिछले चार सालों में 70 हजार करोड़ रुपये मुनाफ़ा कमाया है?'

भीड़ से आवाज आती है–'ना, साहब।'

'चार साल पहले हथुआ से सिवान का यात्री किराया कितना था?'

'सात रुपये।'

'अब कितना है?'

भीड़ से जोश भरी आवाज आती है–'चार रुपये।'

'पहले कभी किसी रेल मंत्री ने यात्री किराया घटाया था?'

'कभी नहीं।'

'किराया घटाकर भी 70 हजार करोड़ रुपये कमाना, कैसा लगता है?'

जनता पूरी ताकत से चिल्लाती है–'यह तो कमाल हो गया।'

रेल मन्त्री और जनता के उक्त वार्तालाप से स्पष्ट है कि आम आदमी को केन्द्र में रखकर मुनाफ़ा कमाने से ही जनता का स्नेह और समर्थन मिलता है। जनता की नब्ज पकड़ने में माहिर लालू इस बात को अच्छी तरह से समझते हैं। इसीलिए वर्ष 2006 में रेलवे द्वारा 15 हजार करोड़ रुपये का कैश सरप्लस अर्जित करने का जश्न वे अवाम के साथ मिलकर मनाना चाहते थे। इसी क्रम में जब उन्होंने द्वितीय श्रेणी के किराए में एक रुपये की कमी करने का सुझाव दिया तो रेलवे बोर्ड के अफसरों को यह

बिल्कुल अटपटा लगा। बोर्ड के एक सदस्य ने कहा, "सर, आजकल एक रुपये की तो चिल्लर भी नहीं मिलती। इससे आम आदमी को तो कोई फायदा होने से रहा, उलटे रेलवे को सालाना 250 करोड़ रुपये की चपत जरूर लग जाएगी।" किराया कम करने के औचित्य पर बार-बार सवालिया निशान लगाए जाने पर लालू ने कहा, "हथुआ (रेल मन्त्री का इलाका) का गरीब किसान अपनी फसल दिल्ली में नहीं सिवान में बेचता है और हथुआ से सिवान का यात्री किराया मात्र सात रुपये है। लगता है कि एयरकंडिशण्ड ऑफिस में रहने वालों को यह एहसास नहीं होता कि एक गरीब किसान के लिए एक रुपये की क्या कीमत होती है?" आगे उन्होंने बोर्ड को यह भी बताया कि उस किसान के अधिकांश रिश्तेदार 100 किलोमीटर के दायरे में रहते हैं। इसलिए उसकी अधिकांश यात्राएं इसी छोटे से दायरे के अंदर सीमित रहती हैं। इस प्रकार समझाने पर रेलवे बोर्ड किराए में प्रति यात्री एक रुपये की कमी करने के लिए तैयार हो गया। द्वितीय श्रेणी के यात्री किराए में की गई उक्त कटौती दिखावा मात्र नहीं है। वस्तुतः 88 प्रतिशत रेल यात्री 15 रुपए अथवा उससे कम की टिकट लेकर यात्रा करते हैं। इस प्रकार, मात्र एक रुपये की कटौती से इन यात्री किरायों में 6 से 15 प्रतिशत तक की कमी हुई। वर्ष 2006 से 2008 के बीच रेलवे का कैश सरप्लस 15 हजार करोड़ रुपये से बढ़कर 25 हजार करोड़ रुपये हो गया। इस खुशी में द्वितीय श्रेणी के यात्री किराए में की गई कटौती एक रुपये से बढ़कर तीन रुपये प्रति टिकट हो गई एवं रेल यात्री का न्यूनतम किराया 7 रुपये से घटकर 4 रुपये रह गया। इतना ही नहीं, वर्ष 2006 से 2008 के बीच रेलकर्मियों का बोनस भी बढ़कर दोगुना हो गया। रेलवे ने समावेशी सुधार की ऐसी कहानी लिखी जिसमें उसने हर श्रेणी के किराए में कमी करके एवं रेलकर्मियों को पहले की अपेक्षा दोगुना बोनस देकर भी अरबों रुपये कमाए। रेल मन्त्री ने अपने बजट भाषण 2008-09 में समावेशी सुधार कार्यक्रम की इस भावना को कुछ इस अन्दाज़ में व्यक्त किया:-

सब कह रहे हैं, हमने गज़ब काम किया है,
करोड़ों का मुनाफ़ा हर एक शाम दिया है।
फल सालों ये अब देगा, पौधा जो लगाया है,
सेवा का, समर्पण का, हर फ़र्ज़ निभाया है।

दिवाला से दीवाली तक

रेलवे आम आदमी के लिए उतनी ही जरूरी है जितनी देश की अर्थव्यवस्था के लिए। वस्तुतः रेलवे भारत की जीवन-रेखा है जो पूरे देश को एकता के सूत्र में पिरोती है। रोजी-रोटी की तलाश में निकले गाँव-देहात के मजदूरों के लिए किफ़ायती सेवा उपलब्ध कराने वाली रेलवे नगरों, महानगरों के दैनिक यात्रियों की जिंदगी का भी अहम् हिस्सा बन चुकी है। जहाँ रेलवे देश के कोने-कोने में फसल की बुआई के लिए खाद पहुँचाती है, वहीं खेतों में उपजे अनाज को कश्मीर से लेकर कन्याकुमारी तक ले जाने का काम भी करती है। इसी तरह मालगाड़ियाँ कच्चा माल कारखानों और बिजलीघरों तक समय से पहुँचाकर और वहाँ का तैयार माल देश के बाज़ारों में पहुँचाकर अर्थव्यवस्था को गति प्रदान करती हैं। रेलवे को ऐसे ही देश की सबसे बड़ी रोजगार एजेंसी नहीं कहा जाता है। देश का सबसे बड़ा परिवार 'रेल परिवार' ही है, जिसमें 14 लाख कर्मचारियों और 11 लाख पेंशनरों के परिवारों को प्रत्यक्ष तथा इससे कई गुना अधिक लोगों को अप्रत्यक्ष रूप से रोजी-रोटी मिलती है। लेकिन इतनी जनोपयोगी संस्था को वर्ष 2001 में वित्तीय ग्रहण लग गया था और इसके भविष्य को लेकर तमाम तरह के सवाल खड़े होने लगे थे। स्थिति कितनी विकट थी इसका अंदाज़ा इस बात से लगाया जा सकता है कि उस वर्ष रेलवे का बैंक बैलेंस घटते-घटते मात्र 359 करोड़ रुपये रह गया था। यह राशि रेलवे के पाँच दिनों के खर्चों के लिए भी पर्याप्त नहीं थी। और तो और उसके पास जर्जर हो चुके रेल डिब्बे, इंजन और पटरियों को बदलने तक के लिए पैसे नहीं थे। इतना ही नहीं वह भारत सरकार को 2 हजार 800 करोड़ रुपये का डिविडेंड (dividend) का भुगतान करने से चूक गई थी। रेलवे की माली हालत का अध्ययन करने के लिए बनाई गई डॉ. राकेश मोहन समिति ने तो यहाँ तक भविष्यवाणी कर डाली थी कि :

भारतीय रेल वित्तीय संकट के कगार पर खड़ी है। दो टूक शब्दों में, यदि प्रगति की यही रफ्तार बनी रही तो वह दिन दूर नहीं जब भारतीय रेल वित्तीय रूप से कंगाल हो जाएगी और अगले 16 वर्षों में भारत सरकार पर 61 हजार करोड़ रुपये की अतिरिक्त देनदारी आन पड़ेगी। यदि सिर्फ संचालन

के स्तर पर देखा जाए तो भारतीय रेल लाइलाज ऋण संकट के जाल में फंस चुकी है।

व्यापार का यह सामान्य-सा सिद्धांत है कि ऐसी कोई भी कंपनी ज्यादा दिन तक नहीं चल सकती जिसकी 'आमदनी अठन्नी और खर्चा रुपइया' हो। लेकिन वित्तीय संकट के समय रेलवे के साथ यही हो रहा था। वर्ष 1997 से 2001 के दौरान रेलवे के खर्चे, आमदनी की तुलना में तेजी से बढ़ रहे थे। वर्ष 2001 में रेलवे का ऑपरेटिंग रेशियो (operating ratio) बिगड़ते-बिगड़ते 98 प्रतिशत तक आ गया था - अर्थात् एक रुपया कमाने के लिए रेलवे 98 पैसे खर्च कर रही थी। यह तब था जब रेलवे अपनी पुरानी पटरियों और डिब्बों को बदलने के लिए जरूरी राशि का प्रावधान नहीं कर पा रही थी। विश्व बैंक के मुताबिक यदि वह ऐसा करती तो उसका ऑपरेटिंग रेशियो सौ फीसदी से भी अधिक हो जाता- अर्थात् एक रुपया कमाने के लिए रेलवे एक रुपये से अधिक खर्च कर रही होती। रेलवे के पास पैसे थे नहीं, जबकि पुरानी हो चुकी परिसंपत्तियों को संरक्षा के लिहाज़ से बदलना नितांत जरूरी था। ऐसे में केंद्र सरकार को 17 हजार करोड़ रुपये की 'विशेष रेलवे संरक्षा निधि' (स्पेशल रेलवे सेफ्टी फंड) बनाने के लिए मजबूर होना पड़ा। इसके लिए यात्रियों पर संरक्षा सरचार्ज (अधिभार) भी लगाया गया।

बाद के वर्षों में स्थिति में कुछ सुधार अवश्य हुआ, लेकिन वर्ष 2004 में श्री लालू प्रसाद के रेल मंत्री बनने के समय रेलवे की माली हालत काफी नाजुक थी। फिर भी आत्मविश्वास से भरे लालू प्रसाद ने जुलाई 2004 में यह घोषणा कर दी कि 'भारतीय रेल का निजीकरण नहीं होगा, कर्मचारियों की छंटनी नहीं की जाएगी और हम भारतीय रेल को दुनिया की अव्वल नम्बर की रेल बनाएंगे।' इस घोषणा को 'मुँगेरी लाल के हसीन सपने' कहकर मीडिया चैनलों, अख़बारों एवं तथाकथित बुद्धिजीवियों ने रेल मंत्री की खूब खिल्ली उड़ाई। कइयों ने तो यहाँ तक भविष्यवाणी कर डाली कि अब रेलवे का बेड़ा गर्क हो जाएगा। मगर सभी प्रकार की आशंकाओं को निर्मूल साबित करते हुए वर्ष 2005 से 2008 के बीच रेलवे का ऐतिहासिक वित्तीय कायाकल्प हो गया। रेल मंत्री द्वारा वर्ष

2008-09 के रेल बजट में कही गई निम्नांकित पंक्तियों से यह बात स्पष्ट हो जाएगी :

हर साल तरक्की के जो नए मुकाम हमने हासिल किए, वही हमारी अगली सफलता के पैमाने बन गए। वर्ष 2005 में हमने नौ हजार करोड़ रुपये का कैश सरप्लस अर्जित किया जो वर्ष 2006 में बढ़कर 14 हजार और वर्ष 2007 में 20 हजार करोड़ रुपये के स्तर पर पहुँच गया। सम्मानित सदन को यह जानकर प्रसन्नता होगी कि वर्ष 2007-08 में हमने लाभांश पूर्व 25 हजार करोड़ रुपये का कैश सरप्लस अर्जित कर एक नया कीर्तिमान बनाया है। हमारा ऑपरेटिंग रेशियो भी सुधरकर 76 प्रतिशत हो गया है। भारतीय रेल एक सरकारी विभाग के रूप में काम करता है। लेकिन हमें इस बात का गर्व है कि लाभांश पूर्व नेट सरप्लस के आधार पर हमारी यह उपलब्धि विश्व की टाप 'फार्च्यून 500 कंपनियों' में से अधिकांश कंपनियों से बेहतर है।

अब घाटे की रेल मुनाफ़े की रेल बन गयी है। रेलवे का ऑपरेटिंग रेशियो 98 प्रतिशत से सुधरकर 76 प्रतिशत हो गया है, जो चीन एवं अमरीका की रेलवे से भी बेहतर है। रेलवे अपनी पूंजी पर अब 21 प्रतिशत सालाना मुनाफ़ा कमा रही है, जो मुम्बई शेयर बाजार की कई 'ब्लू-चिप' कंपनियों से भी अच्छा है। पहले रेलवे के पास अपनी जर्जर संपत्तियों को बदलने के लिए भी पैसे नहीं थे, जबकि आज वह अपनी ही कमाई से सालाना 20 हजार करोड़ रुपये का निवेश कर रही है। कभी ऋण के मकड़जाल में फंसी रेलवे का बैंक बैलेंस बढ़कर 22 हजार करोड़ रुपये हो गया है। जिस संस्था के दिवालिया होने की भविष्यवाणी की जा रही थी आज उसे अमरीका और जापान के बैंक भारत की नामी-गिरामी कंपनियों से भी कम ब्याज दर पर कर्ज देने के लिए लालायित रहते हैं। वर्ष 2008 में विश्वव्यापी मंदी के कारण 'ब्लूचिप कंपनियों' को भी अंतरराष्ट्रीय बाजारों से ऋण लेने में कठिनाई हो रही थी। ऐसे प्रतिकूल समय में भी नवंबर 2008 में 'भारतीय रेल वित्त निगम' ने जापान के 'बैंक ऑफ टोक्यो' से मात्र चार प्रतिशत की ब्याज दर पर 10 करोड़ डॉलर का ऋण हासिल करने में सफलता पाई। 2001 की तुलना

में रेलवे के वित्तीय कायाकल्प की एक छोटी सी झलक तालिका 1.1 से और स्पष्ट होगी :

तालिका 1.1 वित्तीय कायाकल्प की एक झलक

	2001	2008
लाभांश पूर्व नकद सरप्लस (करोड़ रु.)	4,790.0	25,006.0
निवेश योग्य सरप्लस (करोड़ रु.)	4,204.0	19,972.0
पूंजीगत निवेश (करोड़ रु.)	9,395.0	28,680.0
फंड बैलेंस (बैंक बैलेंस) (करोड़ रु.)	359.0	22,279.0
ऑपरेटिंग रेशियो	98.3%	75.9%
निवेशित पूंजी पर रिटर्न	2.5%	20.7%
डेब्ट सर्विस कैश कवरेज रेशियो	1.7	6.5

स्रोत: सांख्यिकी एवं अर्थ निदेशालय, रेल मंत्रालय

चित्र 1.1 दिवाला से दीवाली तक का गणित

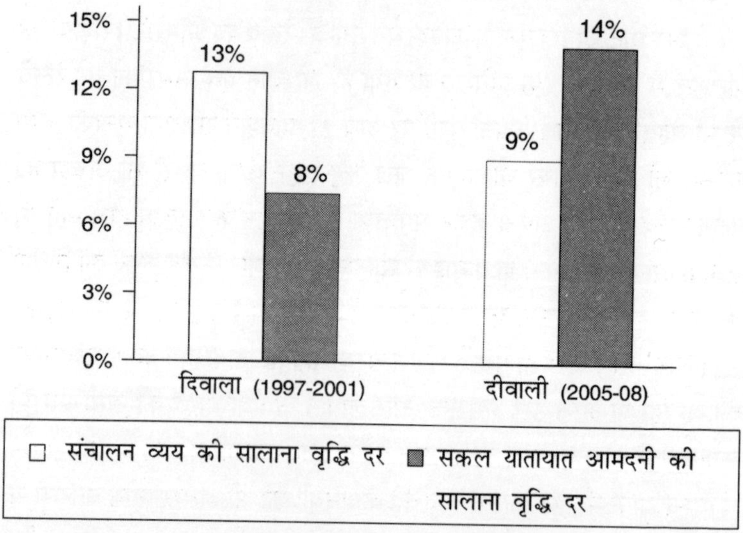

अब रेलकर्मियों की उत्पादकता (productivity) उनकी तनख़्वाह के मुकाबले ज्यादा तेजी से बढ़ रही है। पहले इसका ठीक उलटा हो रहा था। वर्ष 1997 से 2001 के बीच रेलवे के खर्चे, आमदनी के मुकाबले पाँच प्रतिशत ज्यादा तेज

गति से बढ़ रहे थे, जबकि 2005 से 2008 के बीच आमदनी ख़र्चे के मुकाबले पाँच प्रतिशत ज्यादा तेज गति से बढ़ी (देखें, चित्र सं. 1.1)। यही वजह है कि 2005 से 2008 के बीच कैश सरप्लस नौ हजार करोड़ रुपये से बढ़कर 25 हजार करोड़ रुपये हो गया है। अब रेलवे का माल और यात्री व्यवसाय सालाना 9 प्रतिशत की दर से बढ़ रहा है जो नब्बे के दशक की विकास दर से दोगुना है। जहाँ पहले पार्सल-लगेज, विज्ञापन इत्यादि से प्राप्त होने वाली विविध आय में सालाना 10 प्रतिशत की वृद्धि हो रही थी, वहीं अब इसमें सालाना 22 प्रतिशत की वृद्धि हो रही है। वॉल्यूम में वृद्धि, घटती प्रति इकाई लागत (61 पैसे से 54 पैसे) और बढ़ती प्रति इकाई आमदनी (74 पैसे से 93 पैसे) के कारण रेलवे का माल व्यवसाय अब 'सोने की चिड़िया' बन गया है (चित्र संख्या 1.2)। हर श्रेणी के यात्री किराए में कमी के बावजूद यात्री व्यवसाय के घाटे में कमी आई है (चित्र संख्या 1.3)

चित्र 1.2 प्रति टन किलोमीटर आय एवं लागत

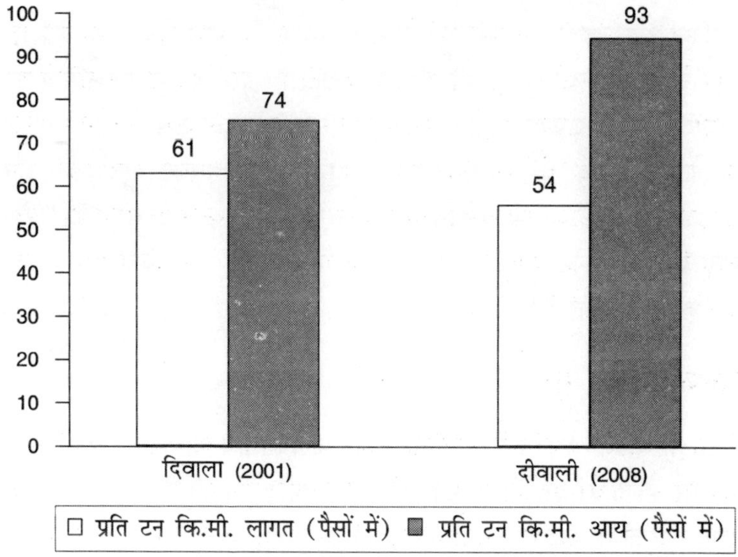

चित्र 1.3 प्रति यात्री किलोमीटर आय एवं लागत

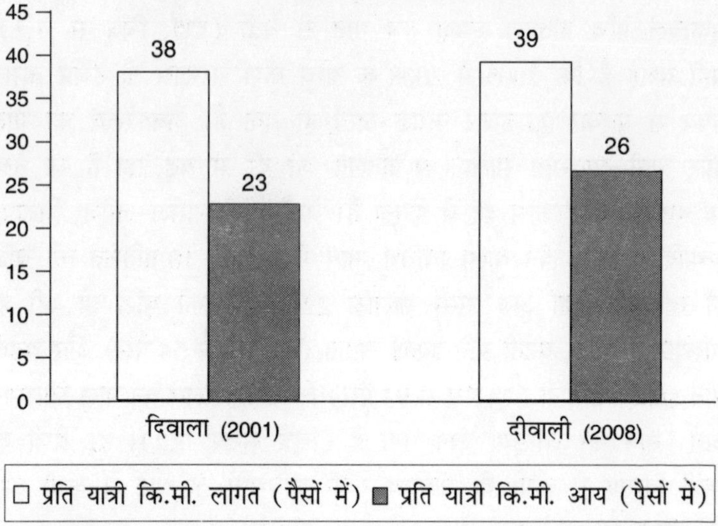

स्रोत : सांख्यिकी एवं अर्थ निदेशालय, रेल मंत्रालय

रेलवे का वित्तीय कायाकल्प होने के साथ-साथ देश की जनता को सुरक्षित और बेहतर रेल सेवा का लाभ भी मिला है। आज जनता भारतीय रेल और रेलकर्मियों को आदर की दृष्टि से देखती है। इसी कारण रेलकर्मियों का जोश और ज़्बा उफान पर है। जिन लालू प्रसाद को पहले कम ही लोग गंभीरता से लेते थे वे अब 'प्रोफेसर लालू प्रसाद' हो गए हैं जो हारवर्ड, एमआईटी और आईआईएम, अहमदाबाद जैसे विश्वविख्यात मैनेजमेंट स्कूल के छात्रों को 'अंडा तोड़े बिना आमलेट बनाने का गुर' अर्थात् कड़े निर्णय लिए बिना पैसा कमाने की कला सिखाते हैं।

मैनेजमेंट के गुर

रेलवे का कायाकल्प निजी कंपनियों में होने वाले वित्तीय कायाकल्प से बुनियादी तौर पर अलग है। जहाँ निजी कंपनियों द्वारा दिवालिएपन की स्थिति से उबरने के लिए कीमतों में वृद्धि तथा कर्मचारियों की छंटनी जैसे कठोर कदम अपनाए जाते हैं, वहीं रेलवे ने आम आदमी और कर्मचारियों पर किसी प्रकार का अतिरिक्त

बोझ डाले बगैर मानवीय पक्ष को केंद्र में रखकर यह ऐतिहासिक उपलब्धि हासिल की है। रेलवे की पटरियाँ वही हैं, कर्मचारी वही हैं, लेकिन कल तक दिवालिएपन के कगार पर खड़ी भारतीय रेल आज सोना उगल रही है। यह कायाकल्प न तो वित्तीय लेखों में की गई बाज़ीगरी का नतीजा है और न ही मालगाड़ियों में की गई ओवरलोडिंग का। यह सारा बदलाव रेलकर्मियों की कार्यकुशलता और संपत्तियों की उत्पादकता में हुए तेजी से सुधार का नतीजा है। भारतीय रेल की आपूर्ति रणनीति (supply side management) का निचोड़ अंग्रेज़ी के तीन शब्दों में व्यक्त किया जा सकता है : फास्टर, हैवियर एवं लॉन्गर ट्रेन्स। बाज़ार में जीतने की रणनीति (demand side management) को तीन और शब्दों में व्यक्त किया जा सकता है : डॉयनमिक, डिफरेंशियल एवं कस्टमर सेंट्रिक। कायाकल्प के इस सपने को साकार करने में समस्त रेल परिवार ने टीम भावना के साथ काम किया।

फास्टर, हैवियर और लॉन्गर ट्रेन

मैनेजमेंट के उपरोक्त सूत्रों को न तो रेल मंत्री ने ईज़ाद किया है और न ही उनके सलाहकारों ने। ये सूत्र तो पहले से मौजूद थे। अंग्रेजी के फास्टर, हैवियर और लॉन्गर शब्द उतने ही पुराने हैं जितनी कि रेल प्रणाली। वस्तुतः 19वीं सदी में रेलवे का आविष्कार ही इन्हीं कारणों से हुआ था। रेल मंत्री ने तो बस उन भूले-बिसरे नुस्ख़ों को अपनाया और तेजी से लागू भर करवा दिया।

'फास्टर ट्रेन' का अर्थ यहाँ तेज रफ्तार की गाड़ी चलाने से नहीं बल्कि मालगाड़ियों के 'टर्न अराउंड टाइम' को कम करने से है। दो लोडिंग के बीच के अंतराल को 'टर्न अराउंड टाइम' कहा जाता है। यदि आज लोड हुई मालगाड़ी में अगली लोडिंग सात दिन बाद हो तो इसका टर्न अराउंड टाइम सात दिन माना जाएगा। रेलवे के पास कुल चार हजार मालगाड़ियाँ (गुड्स ट्रेन) हैं। वर्ष 2004 में मालगाड़ियों का टर्न अराउंड टाइम सात दिन होता था और रेलवे औसतन प्रतिदिन 570 गाड़ियाँ लोड करती थी। लेकिन 2008 में बिना कोई नई गाड़ी खरीदे रेलवे प्रतिदिन 800 मालगाड़ियाँ लोड कर रही है। इसका कारण सिर्फ इतना है कि अब मालगाड़ियों का टर्न अराउंड टाइम सात दिन से घटकर पाँच दिन हो गया है। इस एक सुधार की बदौलत अब रेलवे प्रतिदिन 230 अतिरिक्त गाड़ियाँ

लोड करके सालाना 10 हजार करोड़ रुपये कमा रही है। फास्टर ट्रेन की रणनीति का यही रहस्य है। इसी प्रकार हैवियर ट्रेन चलाकर अर्थात् उन्हीं वैगनों में छह टन ज्यादा माल लोड करने से रेलवे की सालाना माल ढुलाई क्षमता नौ करोड़ टन बढ़ गई है। इससे सालाना छह हजार करोड़ रुपये की ज्यादा आमदनी हो रही है। इसी तरह लॉन्गर ट्रेन अर्थात् ज्यादा सवारी डिब्बों वाली गाड़ियाँ चलाकर तथा लोकप्रिय यात्री गाड़ियों में तीन हजार नए डिब्बे जोड़ने से रेलवे को सालाना तीन हजार करोड़ रुपये की अतिरिक्त आमदनी हो रही है। 14 डिब्बों वाली सवारी गाड़ी की बजाय 24 डिब्बे वाली गाड़ी चलाने से जहाँ प्रतीक्षारत ग्राहकों की यात्रा सुगम हुई वहीं रेलवे ने अरबों रुपये कमाए। पहले पूरा ध्यान निर्माण, खरीद और खर्च पर था। अब पूरा ध्यान बेहतर रख-रखाव, कार्यकुशलता और उत्पादकता पर है। अब रोज एक नई गाय खरीदने की बजाय मौजूदा गायों का भरपूर दोहन करने अर्थात् 'फास्टर, हैवियर एवं लॉन्गर' ट्रेन चलाने पर विशेष तवज्जो दी जा रही है।

डॉयनमिक, डिफरेंशियल एवं कस्टमर सेंट्रिक नीति

रेलवे की मूल्य नीति अब समय, मार्ग और मौसम के अनुसार लचीली और परिवर्तनशील अर्थात् डॉयनमिक हो गई है। पहले सुस्त मौसम (लीन सीजन) और व्यस्त मौसम (पीक सीजन), दोनों में माल भाड़ा एक समान होता था। लेकिन अब लीन सीजन में माल भाड़े में 15 प्रतिशत तक डिस्काउंट दिया जाता है, जबकि पीक सीजन में 4-6 प्रतिशत सरचार्ज लगाया जाता है। खाली लौटती गाड़ियों में भारी डिस्काउंट दिया जाता है और व्यस्त मार्गों पर सरचार्ज लगाया जाता है। इसी प्रकार रेलवे की मूल्य नीति अब डिफरेंशियल अर्थात् बाज़ार में प्रतिस्पर्द्धा और माँग की स्थिति पर आधारित हो गई है। पहले रेलवे की मूल्य नीति 'अफोर्डेबिलिटी' (affordability) के सिद्धांत पर आधारित थी अर्थात् ग्राहक की हैसियत और वस्तु की कीमत को ध्यान में रखकर किराया-भाड़ा तय होता था। गरीब यात्रियों और सस्ती वस्तुओं का किराया-भाड़ा कम तथा अमीर यात्रियों और महँगी वस्तुओं का किराया-भाड़ा अधिक रखा जाता था। जनता का प्रतिनिधि होने के नाते रेल मंत्री को आम आदमी, खासकर गरीबों का ख्याल रखना पड़ता है।

यही वजह है कि द्वितीय श्रेणी के यात्री किराए का निर्धारण अभी भी यात्रियों की आर्थिक स्थिति को ध्यान में रखकर किया जाता है। लेकिन द्वितीय श्रेणी के किरायों को छोड़कर बाकी पूरी की पूरी मूल्य नीति - माल भाड़ा नीति, उच्च श्रेणी के यात्री किराए एवं पार्सल भाड़ा नीति- अब बाज़ार में प्रतिस्पर्द्धा की स्थिति को ध्यान में रखकर तय की जाती है। रेल मंत्री निचले दर्जे के यात्री किराए में वृद्धि करने का तो विरोध करते हैं, लेकिन वातानुकूलित श्रेणी के किराए में कमी करने का स्वागत भी करते हैं। इसलिए रेलवे ने सस्ती एयरलाइंस से मिल रही कड़ी प्रतियोगिता का सामना करने के लिए वर्ष 2005-08 के बीच फर्स्ट एसी एवं सेकेंड एसी के किराए में क्रमशः 28 एवं 20 प्रतिशत की कटौती की। इसी प्रकार, रेलवे की माल भाड़ा नीति में भी आमूलचूल परिवर्तन किए गए हैं। नई नीति के तहत नमक को छोड़कर अन्य सभी वस्तुओं के माल भाड़े वस्तुओं की कीमत देखकर नहीं बल्कि रेलवे की प्रतियोगी स्थिति को ध्यान में रखकर निर्धारित किए जाते हैं। ऐसी वस्तुओं के माल भाड़े में वृद्धि की गई है जिनमें रेलवे की प्रतियोगी स्थिति मजबूत है तो दूसरी ओर ऐसी वस्तुओं के माल भाड़े में कमी की गई है जिनमें रेलवे की प्रतियोगी स्थिति कमजोर है। रेल मंत्री को इस बात से फर्क नहीं पड़ता कि स्टील का माल भाड़ा ज्यादा है या कच्चे लोहे का। इसीलिए, नई नीति के तहत जहाँ स्टील और पेट्रोलियम पदार्थों जैसी तैयार वस्तुओं के माल भाड़े में 10 से 25 प्रतिशत की कमी की गई है वहीं कच्चे लोहे जैसे खनिज पदार्थों के माल भाड़े में 50 से 400 प्रतिशत तक की वृद्धि की गई। माल भाड़े में इस प्रकार की डिफरेंशियल अर्थात् अलग-अलग नीति अपनाने की मूल वजह यह है कि कच्चे लोहे जैसे 'खनिज पदार्थों' को रेलवे खदान से उठाकर सीधे फैक्ट्री के अंदर तक पहुँचाती है। इसीलिए ग्राहक को रेल भाड़े के अतिरिक्त अन्य किसी प्रकार का खर्च नहीं वहन करना पड़ता। लिहाज़ा, कच्चे लोहे जैसे 'खनिज पदार्थों' के परिवहन में रेलवे की प्रतियोगी स्थिति मजबूत होती है। दूसरी ओर, रेलवे स्टील जैसे 'तैयार माल' को एक स्टेशन से दूसरे स्टेशन तक (जैसे मुंबई से दिल्ली) पहुँचाती है, न कि ग्राहक के दरवाजे तक। दोनों छोर पर ट्रकों की व्यवस्था करने, माल को बार-बार चढ़ाने-उतारने इत्यादि में होने वाले खर्चे रेल भाड़े के अतिरिक्त होते हैं। लिहाज़ा कम दूरी के परिवहन में ये खर्चे रेल भाड़े से कहीं ज्यादा बैठते

हैं। दूसरी ओर ट्रक माल को फैक्ट्री से सीधे ग्राहक के दरवाजे तक पहुँचाते हैं। इससे समय और धन दोनों की बचत होती है। यही कारण है कि रेलवे की प्रतियोगी स्थिति स्टील जैसे 'तैयार माल' के परिवहन में कमजोर और कच्चे लोहे जैसे खनिज पदार्थों में मजबूत होती है। इन्हीं तथ्यों को ध्यान में रखते हुए जहाँ कच्चे लोहे जैसे खनिज पदार्थों के मालभाड़े में भारी वृद्धि की गई है वहीं स्टील, पेट्रोलियम पदार्थ जैसे तैयार माल के मालभाड़े में कमी की गई है। इन्हीं नीतियों की बदौलत रेलवे बाज़ार में अपनी हिस्सेदारी के क्रम को मोड़ने में सफल हुई है। जहाँ पहले रेलवे साल दर साल स्टील और सीमेंट के परिवहन में अपनी हिस्सेदारी गँवाती जा रही थी, वहीं वर्ष 2005-08 के बीच स्टील के परिवहन में रेलवे की हिस्सेदारी 35 से बढ़कर 45 और सीमेंट में 41 से बढ़कर 45 प्रतिशत हो गई।

प्रतियोगी बाज़ार में हिस्सेदारी बढ़ाने की लड़ाई बाज़ार में लड़नी और जीतनी पड़ती है। सिर्फ मूल्य नीति को डॉयनमिक और डिफरेंशियल बनाकर प्रतियोगी बाज़ार में सफल नहीं हुआ जा सकता। इसका सिर्फ और सिर्फ एक नुस्ख़ा है–ग्राहकों की जरूरतों पर खरा उतरिए और उनका दिल जीतिए, वह भी अपने प्रतिस्पर्द्धी से कहीं बेहतर। एक दिन नहीं, बल्कि हर दिन और साल-दर-साल। इसमें कामयाबी का सिर्फ एक ही पैमाना है–ग्राहकों की पूर्ण तसल्ली। पहले रेलवे अंतर्मुखी थी। उसका पूरा ध्यान फाइलों, प्रक्रियाओं एवं उत्पादों में सिमटा हुआ था। अब रेलवे बहिर्मुखी एवं 'कस्टमर सेंट्रिक' बन गई है। संगठन अब भी वही है लेकिन उसकी सोच में भारी बदलाव आया है। उसका सारा ध्यान अब ग्राहक पर केंद्रित है (customer centric)। आधुनिक तकनीक को अपनाकर तथा मजबूत गठबंधन बनाकर रेलवे अपने ग्राहकों को पहले से बेहतर सुविधाएं उपलब्ध करा रही है। अब यात्री घर बैठे इंटरनेट से टिकट बुक कर सकते हैं और गाड़ियों के आगमन-प्रस्थान एवं आरक्षण से संबंधित जानकारी अपने मोबाइल से प्राप्त कर सकते हैं। पूर्णतः वातानुकूलित गरीब रथ और वातानुकूलित श्रेणियों में सीट खाली रहने पर निम्न श्रेणी के यात्रियों को निःशुल्क अपग्रेड करने की सुविधा से लाखों लोगों ने जिन्दगी में पहली बार वातानुकूलित श्रेणी में यात्रा करने का लुत्फ उठाया है। गाड़ियों एवं स्टेशनों की साफ-सफाई, सामान्य श्रेणी के डिब्बों

में लकड़ी की सीटों की जगह गद्देदार कुशन की सीट की व्यवस्था और छोटे स्टेशनों के प्लेटफार्म को ऊँचा और लम्बा करने जैसे अनेक महत्वपूर्ण सुधार कार्य किए गए।

समावेशी सुधार कार्यक्रम की चुनौती

मैनेजमेंट के विद्यार्थी अक्सर लालूजी से यह सवाल पूछते हैं कि यदि यह सब इतना ही आसान था तो पहले क्यों नहीं हुआ ? इस पर रेल मंत्री बड़ी सहजता से जवाब देते हैं– 'रेलवे एक 'जर्सी गाय' की तरह है। जिस प्रकार पूरी तरह नहीं दुहे जाने से गाय बीमार पड़ जाती है, उसी प्रकार क्षमता का पूरा दोहन न होने से रेलवे भी बीमार हो गई थी।' रेल मंत्री के जवाब से यह बात साफ नहीं होती कि रेलवे ने गंभीर वित्तीय संकट से उबरने के लिए अपनी परिसंपत्तियों का पूरा दोहन पहले क्यों नहीं किया? इसके कई आंतरिक और बाह्य कारण हो सकते हैं। लेकिन एक प्रमुख कारण रेलवे के व्यावसायिक हितों एवं सामाजिक दायित्वों के बीच का कथित विरोधाभास था। इस संबंध में राकेश मोहन कमेटी ने कहा था :

एक तरफ रेलवे एक व्यावसायिक प्रतिष्ठान है, जिसे वित्तीय रूप से आत्मनिर्भर होना चाहिए। दूसरी तरफ इसे एक ऐसे सरकारी विभाग के रूप में पहचाना जाता है, जिसके सामाजिक दायित्व उसके व्यावसायिक हितों से कहीं ऊपर हैं। अब रेलवे की भूमिका को भलीभांति परिभाषित करने एवं विरोधाभासों को स्पष्ट करने का समय आ गया है।

रेलवे ने अपने गौरवशाली इतिहास के 155 वर्षो में अनेकों उतार-चढ़ाव देखे हैं। 19वीं शताब्दी में रेल नेटवर्क बिछाने में हजारों मजदूरों एवं रेलकर्मियों ने न केवल खून-पसीना बहाया, बल्कि जान की बाज़ी तक लगा दी। रेलकर्मियों ने भारत-पाकिस्तान के विभाजन के बाद विभिन्न रेल प्रणालियों के एकीकरण एवं आधुनिकीकरण की चुनौतियों और 1980 के दशक के संचालनिक संकट का भी डटकर मुकाबला किया। इस सफलता के मुख्यतः दो कारण थे–प्रतिभाशाली रेलकर्मी और मजबूत संगठन। लेकिन अहम् प्रश्न यह है कि इतने मजबूत संगठन वाली रेलवे वर्ष 2001 के वित्तीय संकट का उसी भावना से मुकाबला क्यों नहीं

कर पाई। इसका एक प्रमुख कारण यह था कि वर्ष 1991 में नई आर्थिक नीति लागू होने के बाद देश की अर्थव्यवस्था और परिवहन बाज़ार में आमूलचूल परिवर्तन हुए। नई मुक्त बाज़ार व्यवस्था में लाइसेंस, कोटा और परमिट राज समाप्त हो गया। स्टील, एयरलाइन्स जैसे अनेक उद्योग निजी कंपनियों के लिए खोल दिए गए। इससे रेलवे को माल व्यवसाय में ट्रकों से और वातानुकूलित प्रथम एवं द्वितीय श्रेणी के व्यवसाय में सस्ती एयरलाइनों से कड़ी टक्कर मिलने लगी। इसके साथ ही सरकार से मिलने वाली बजटीय सहायता भी निरंतर कम होती जा रही थी। सामाजिक दायित्वों से बंधी रेलवे लगातार बढ़ती हुई लागत का बोझ निचले दर्जे के यात्रियों पर नहीं डाल पा रही थी। इसलिए उसे बार-बार मालभाड़े एवं उच्च श्रेणी के यात्री किराए में वृद्धि करनी पड़ रही थी। इससे माल ग्राहक तेजी से ट्रकों की ओर और उच्च श्रेणी के यात्री एयरलाइनों की ओर मुखातिब हो रहे थे। फलस्वरूप व्यापार के मुनाफ़े वाले हिस्सों में रेलवे की भागीदारी उत्तरोत्तर कम होती जा रही थी और यात्री व्यवसाय का घाटा साल दर साल बढ़ता जा रहा था।

रेलवे की वित्तीय स्थिति में सुधार लाने के लिए विशेषज्ञों ने यात्री किराए में वृद्धि करने, कर्मचारियों की संख्या घटाने, टैरिफ रेगुलेटर (tarrif regulator) अर्थात् नियामक का गठन करने जैसे सुझाव दिए। लेकिन जनादेश ऐसे कठोर निर्णय लेने के खिलाफ था। इन विरोधाभासों ने रेलकर्मियों को हताश, किंकर्तव्यविमूढ़ और उदासीन बना दिया था। रेलकर्मियों की हताशा को प्रकाश टंडन की अध्यक्षता में भारतीय रेल के संगठनात्मक ढाँचे और प्रबंधन प्रणाली की समीक्षा के लिए गठित कमेटी (1994) ने कुछ इस प्रकार व्यक्त किया :

संगठन के हर स्तर पर रेलकर्मी यह मानकर बैठे हैं कि समस्या का निदान 'कोई और' ही कर सकता है' (दे काम्प्लेक्स)। 'कोई और' ही निर्णय ले सकता है (दे कैन डिसाइड), इस प्रवृत्ति से पूरे संगठन में किंकर्तव्यविमूढ़ता की स्थिति बनी हुई है। इससे कर्मियों की रेलवे के प्रति प्रतिबद्धता एवं निष्ठा का ह्रास हो रहा है और संगठन बद से बदतर स्थिति में पहुँचता जा रहा है।

जाहिर है संगठन को निराशा एवं घने अंधकार के माहौल से बाहर लाने के लिए रेलकर्मियों को यह विश्वास दिलाने की जरूरत थी कि रेलवे के सामाजिक

दायित्वों एवं व्यावसायिक हितों में कोई बुनियादी विरोधाभास नहीं है। रेलवे के समक्ष चुनौती समावेशी सुधार कार्यक्रम को लागू कर वित्तीय कायाकल्प करने की थी। कुछ वैसे ही जैसे 'द इकोनामिक टाइम्स' के पुरस्कार वितरण समारोह 2006 में प्रधान मंत्री डॉ. मनमोहन सिंह ने कहा था :

आज भारत के राजनीतिक नेतृत्व के समक्ष ऊर्जावान आधुनिक भारत की आकांक्षाओं पर खरा उतरने की चुनौती है, और वह भी समाज के कमजोर और गरीब वर्गों, जो कि कम ऊर्जावान नहीं हैं, के हितों का पूरा ख्याल रखते हुए।

आम आदमी के हितों को केन्द्र में रखकर रेलवे का वित्तीय कायाकल्प करने के लिए लीक से हटकर सोचने, घिसी-पिटी मान्यताओं पर प्रश्नचिह्न लगाने और समावेशी सुधार कार्यक्रम के असल मकसद को पुनर्परिभाषित करने की जरूरत थी। डॉ. राकेश मोहन कमेटी के अनुसार रेलवे 'दोहरे व्यक्तित्व' से ग्रसित थी। उनका यह तर्क इस बात पर आधारित था कि हर नीति के सामाजिक एवं व्यावसायिक परिणाम होते हैं। यदि नीति व्यावसायिक रूप से रेलवे के लिए लाभप्रद होती है तो सामाजिक हितों को ठेस पहुँचती है, जबकि सामाजिक हितों का ख्याल रखने वाली नीति से व्यावसायिक हितों पर प्रतिकूल प्रभाव पड़ता है। बेशक यात्री किराया बढ़ाने से रेलवे को लाभ होता है, किंतु इससे आम आदमी पर बोझ पड़ता है। इसी प्रकार दूर-दराज़ की रेलवे लाइनों को बंद करने से वहाँ की जनता को भले तकलीफ होती है, परंतु इससे रेलवे का घाटा कम होता है। यानि 'विन-लूज' और 'लूज-विन'। अर्थात् जिन नीतियों से रेलवे को लाभ पहुँचता है उससे जनता को नुकसान होता है, जबकि जनता के फायदे वाले कदमों से रेलवे घाटे में रहती है। ये उदाहरण राकेश मोहन कमेटी द्वारा दिए गए 'दोहरे व्यक्तित्व' के तर्क के पक्ष में जाते हैं। लेकिन हमें यह नहीं भूलना चाहिए कि किसी भी नीति के दो और परिणाम होते हैं। इनमें से एक है 'विन-विन' जिसमें रेलवे और जनता दोनों जीतते हैं जैसे कि लोकप्रिय गाड़ियों में अतिरिक्त डिब्बे लगाने से प्रतीक्षारत यात्रियों को सीटें उपलब्ध हो जाती हैं तथा रेलवे की आमदनी में भी इज़ाफ़ा होता है, तथा दूसरा है 'लूज-लूज' जिसमें दोनों हारते हैं। रेलवे में व्याप्त संकुचित विभागीय

लड़ाई इसका सटीक उदाहरण है जिसकी वजह से योजनाएं रेलवे के फायदे के लिए नहीं बल्कि विभागीय कोटे के तहत स्वीकृत की जाती थीं। निम्नांकित तालिका से स्पष्ट होगा कि हर सुधार नीति के दो नहीं चार परिणाम होते हैं :

तालिका 1.2 समावेशी सुधार कार्यक्रम के संभावित परिणाम

	लाभप्रद	अलाभप्रद
लोकप्रिय	***परिणाम 1: रेलवे और जनता दोनों की जीत*** तेज, लंबी और भारी गाड़ी। लोकप्रिय यात्री गाड़ियों में डिब्बे जोड़ने से रेलवे और ग्राहक दोनों की जीत होती है।	***परिणाम 3: जनता की जीत रेलवे की हार*** दूरदराज के इलाकों में नई लाइन के निर्माण से वहाँ के लोगों को तो फायदा होता है लेकिन रेलवे का घाटा बढ़ता है।
अलोकप्रिय	***परिणाम 2: रेलवे की जीत, जनता की हार*** यात्री किराया बढ़ाने से रेलवे का घाटा तो कम होता है लेकिन आम आदमी पर बोझ बढ़ता है।	***परिणाम 4: रेलवे और जनता दोनों की हार*** संकुचित विभागीय हितों को ध्यान में रखकर स्वीकृत की गई रेल परियोजनाओं से न तो रेलवे को फायदा होता है न ही समाज को।

रेलवे के सामाजिक और व्यावसायिक हितों के बीच के कथित विरोधाभास को समझने के लिए हर नीति का गहराई से विश्लेषण किया गया। प्रयास पुरानी मान्यताओं से ऊपर उठकर जमीनी सच्चाई को जानना और धारणाओं का यथार्थ से मिलान कर यह समझना था कि रेलवे की वित्तीय स्थिति इन्हीं विरोधाभासों के चलते बिगड़ती जा रही थी अथवा अन्य कारणों से। सरसरी तौर पर जो बात समझ में आई उसे हू-ब-हू स्वीकार नहीं किया गया। कुल मिलाकर कोशिश यह पता करने की थी कि कौन-कौन से कार्य ऐसे थे जिनकी वजह से रेलवे को घाटा हो रहा था, परंतु उन्हें रेलवे के सामाजिक दायित्वों के कारण बदला नहीं जा सकता था। दूसरी ओर कोशिश यह पता करने की भी थी कि व्यापार के ऐसे कौन-कौन से कार्य थे जिनमें किसी प्रकार की राजनीतिक दखलंदाजी नहीं थी और जिन्हें व्यापार के सामान्य सिद्धांतों के अनुसार चलाकर मुनाफ़ा कमाया जा सकता था। इस विश्लेषण के जो नतीजे सामने आए वे वाकई चौंकाने वाले थे। रेलवे के

व्यापार और निवेश से जुड़े विभिन्न पहलुओं को छोटे-छोटे टुकड़ों में बाँटकर बारीकी से अध्ययन करने से ज्ञात हुआ कि रेलवे के व्यापार एवं निवेश निर्णयों के 80 प्रतिशत हिस्से में न तो किसी प्रकार का विरोधाभास है और न ही राजनीतिक दखलंदाजी। इस संबंध में चित्र 1.4 और 1.5 के अवलोकन से तस्वीर और साफ होती है :

चित्र 1.4 वित्तीय वर्ष 2008 में यातायात राजस्व का प्रतिशत

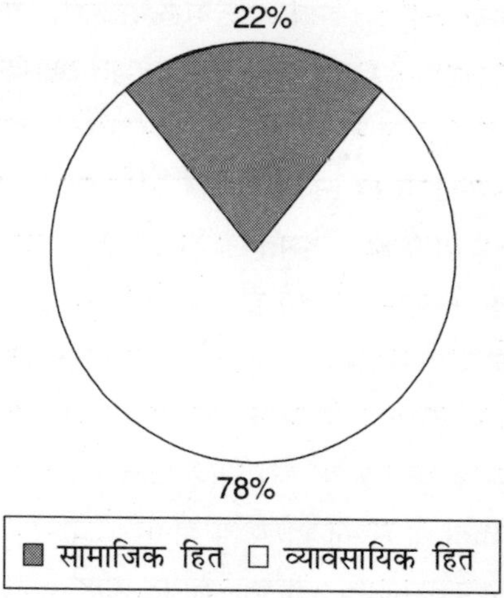

चित्र 1.5 वित्तीय वर्ष 2007 में पूंजीगत निवेश का प्रतिशत

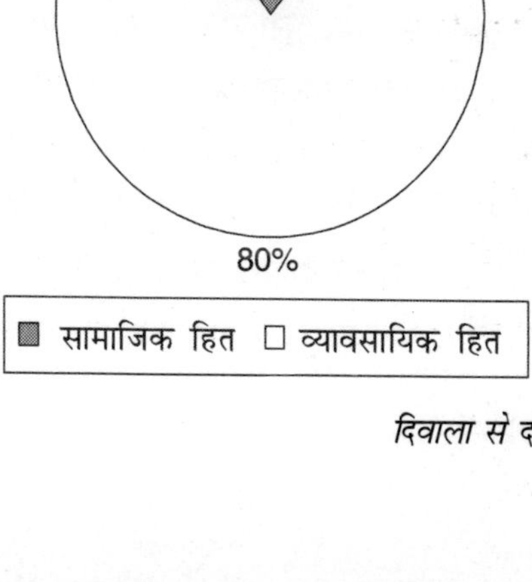

चित्र (1.4) के अवलोकन से स्पष्ट होता है कि वर्ष 2008 में हुई 71 हजार 720 करोड़ रुपये की रेलवे की आमदनी के मात्र 22 प्रतिशत हिस्से अर्थात् द्वितीय श्रेणी के यात्री व्यवसाय में ही सामाजिक मुद्दे प्रधान थे। द्वितीय श्रेणी के यात्री किराए में वृद्धि करने से आम आदमी पर बोझ पड़ता है। इसलिए जनादेश इनमें वृद्धि करने की इजाजत नहीं देता। आमदनी के शेष 78 प्रतिशत हिस्से अर्थात् माल परिवहन, पार्सल-लगेज और एसी श्रेणी के व्यवसाय का रेलवे के सामाजिक दायित्वों से कोई संबंध नहीं है। इनके भाड़े में कमी अथवा वृद्धि से आम आदमी को कोई फर्क नहीं पड़ता है। फिर रेलवे 78 प्रतिशत आमदनी वाले व्यापार के इन हिस्सों में ज्यादा मुनाफा क्यों नहीं कमा पा रही थी ? इसी प्रकार चित्र 1.5 के अवलोकन से स्पष्ट होगा कि निवेश के मात्र 20 प्रतिशत हिस्सों में ही सामाजिक दायित्व प्रधान होते हैं बाकी 80 प्रतिशत निवेश की राशि रेलवे की संचालन संबंधी आवश्यकताओं को ध्यान में रखकर ही खर्च की जाती है। जब निवेश की 80 प्रतिशत राशि खर्च करने में किसी प्रकार की राजनीतिक दखलंदाजी नहीं थी तो फिर रेलवे निवेश के इस बड़े हिस्से का पूरा लाभ क्यों नहीं उठा पा रही थी ? वस्तुतः इसका प्रमुख कारण था विभागीय खींचतान एवं आपसी मनमुटाव, जबकि दोष मढ़ा जाता था सामाजिक दायित्वों पर। उदाहरण के लिए पिछले 15 सालों के दौरान रेल पटरियों एवं पुलों को मजबूत बनाने में 30 हजार करोड़ रुपये खर्च किए गए किंतु विभागों की आपसी खींचतान के चलते रेलवे इन पटरियों और पुलों पर 'हैवियर ट्रेन' चलाने का निर्णय नहीं ले सकी और निवेश के लाभों से वंचित रह गई।

इसी प्रकार व्यापार से जुड़े हर पहलू एवं हर नीति चाहे वह निवेश नीति हो अथवा मूल्य नीति, संचालन नीति हो अथवा रखरखाव नीति, सभी का बारीकी से विश्लेषण किया गया। संक्षेप में, पूरा प्रयास जनादेश को राजनीतिक हस्तक्षेप का नाम देकर उसकी अवहेलना करना नहीं बल्कि जनादेश की मर्यादा में रहते हुए समावेशी सुधार कार्यक्रम लागू करने की संभावनाओं को टटोलना था। इस विश्लेषण से यह बात स्पष्ट हो गई कि व्यापार से जुड़े अधिकांश मुद्दों के 80 से 100 प्रतिशत हिस्सों में सामाजिक दायित्व गौण और रेलवे के व्यावसायिक हित प्रधान थे। इससे यह बात भी साफ हो गई कि रेलवे के वित्तीय संकट के मूल में

जनादेश नहीं बल्कि कुछ और था। वास्तव में रेलवे की बद से बदतर होती हालत के लिए सामाजिक दायित्वों का बोझ नहीं अपितु संकुचित विभागीय मानसिकता, लाभ कमाने की प्रबल इच्छा का अभाव, व्यावसायिक सूझबूझ की कमी, एकाधिकारी मनोवृत्ति तथा सेवाओं की खराब गुणवत्ता जैसे कारण जिम्मेदार थे। इस तरह के विश्लेषण से संगठन का ध्यान निजीकरण, छंटनी और किराए में वृद्धि जैसे मुद्दों से हटाकर ऐसी संभावनाओं को तलाशने पर केन्द्रित किया गया जिनसे देश की जनता, भारतीय अर्थव्यवस्था और रेलवे सभी को फायदा हो। पहले कदम के रूप में ऐसी नीतियों और गतिविधियों पर पूर्ण विराम लगाया गया, जिनसे रेलवे और समाज दोनों को घाटा हो रहा था और ऐसी नीतियों को प्रोत्साहित किया गया, जिनसे दोनों को फायदा होता था। समावेशी सुधार की रणनीति के सपने को साकार करने के लिए विभागीय खींच-तान को खत्म करना एवं मिल-जुलकर एक टीम के रूप में काम करने की संस्कृति को अपनाना पहली प्राथमिकता थी, ताकि एक और एक मिलकर ग्यारह हो जाएं।

संगठन को विश्वास में लेने की चुनौती

इतने बड़े संगठन में जान फूंकने के लिए ये सब प्रयास जरूरी तो थे, लेकिन काफी नहीं। समावेशी सुधार की मुहिम में रेलकर्मियों को तहेदिल से शामिल करने के लिए उनके मन में नेतृत्व की ईमानदारी, निष्ठा और न्यायप्रियता के प्रति भरोसा जगना आवश्यक था। मीडिया द्वारा बनाई गई छवि के कारण लालू प्रसाद के लिए यह कार्य विशेष रूप से चुनौतीपूर्ण हो गया था। बिहार राज्य के उनके शासनकाल को लेकर लोगों के मन में तमाम तरह की भ्राँतियाँ और आशंकाएं थीं। उनके रेल मंत्री बनने के बाद घटी कुछ घटनाओं से इस तरह की आशंकाओं को और बल मिला।

जहाँ एक सांसद महोदय ने पटना में गाड़ी पहुँचने से चंद मिनट पहले राजधानी एक्सप्रेस का निर्धारित प्लेटफार्म बदलने के लिए स्थानीय रेल अधिकारियों को मजबूर कर दिया, वहीं दूसरी घटना में पार्टी के कुछ गैर-जिम्मेदार कार्यकर्ताओं ने निर्धारित से ऊपर की श्रेणी में यात्रा कर परेशानी खड़ी कर दी। लेकिन रेल मंत्री ने हर ऐसे मामले में अपने रिश्तेदारों या पार्टीजनों का समर्थन करने की बजाय

रेल प्रबंधकों का साथ दिया और उनका हौसला बढ़ाया। उन्होंने रेलवे के अधिकारियों और कर्मचारियों को निडर होकर नियमानुसार कार्य करने की हिदायत दी। रेल मंत्री के निर्देशानुसार रेलवे बोर्ड द्वारा क्षेत्रीय रेलवे एवं मंडलों को लिखित रूप से निर्देशित किया गया कि यदि कोई व्यक्ति मंत्री के नाम का दुरुपयोग कर किसी प्रकार का हस्तक्षेप करता है अथवा गलत काम कराना चाहता है तो संबंधित अधिकारियों को उस पर किसी प्रकार की कार्रवाई करने से पहले पत्र लिखकर रेलवे बोर्ड से आदेश मँगाने होंगे। फिर भी प्रारंभिक महीनों में कई छिट-पुट घटनाएं होती रहीं। लेकिन सभी घटनाओं में रेल मंत्री ने सख्त रवैया अपनाया और नियमों का उल्लंघन करने वालों पर कड़ा जुर्माना लगाने जैसी कार्रवाइयों को जायज ठहराया। पार्टी कार्यकर्ताओं एवं सगे-संबंधियों की नाराज़गी के बावजूद वह जरा भी नहीं डिगे। इस बार लालू जी ने प्रबंधन के महान चिंतक पीटर ड्रकर के इन शब्दों को अच्छी तरह आत्मसात् कर लिया था कि 'प्रभावी नेतृत्व के लिए आत्मानुशासन पहली आवश्यक शर्त है।' उनके मामले में यह अनुशासन न केवल स्वयं पर अपितु सगे-संबंधियों एवं पार्टीजनों पर भी रखना था।

कई अधिकारियों को यह आशंका भी सता रही थी कि अब ट्रांसफर-पोस्टिंग जातीय समीकरणों के आधार पर किए जाएंगे। लेकिन रेल मंत्री ने रेलवे बोर्ड को निष्ठा, काबिलियत और वरीयता के आधार पर स्थानांतरण और पदोन्नति के निर्णय लेने के लिए पूरी स्वायत्तता देकर इन आशंकाओं को निर्मूल साबित कर दिया। उन्होंने न तो स्वयं हस्तक्षेप किया और न ही किसी प्रकार का राजनीतिक हस्तक्षेप बर्दाश्त किया। फलस्वरूप नौकरशाही के मन में 'जनादेश' के प्रति आदर जागृत हुआ। प्रायः राजनीतिक नेतृत्व और नौकरशाही एक-दूसरे पर दोषारोपण करते नज़र आते हैं। जहाँ राजनेता जनादेश के नाम पर स्थानांतरण, पदोन्नति जैसे संगठन के रोजमर्रा के कार्यों में हस्तक्षेप करते हैं वहीं नौकरशाही व्यावसायिक हितों की आड़ में–'रेलवे का निजीकरण नहीं होगा, छँटनी नहीं होगी तथा यात्री किराया नहीं बढ़ेगा', जैसे जनादेश का तहेदिल से आदर नहीं करती और इसके कार्यान्वयन में अवरोध उत्पन्न करती है। इसके विपरीत लालू जी ने रेलवे के दैनिक कार्यों में हस्तक्षेप न कर लोकतंत्र की मर्यादा का पालन किया और नौकरशाही

ने जनादेश का आदर करते हुए लोकतंत्र को मजबूती प्रदान की। जनादेश और राजनीतिक हस्तक्षेप में किया गया यही फर्क रेलवे के कायाकल्प की बुनियाद बना। इससे राजनीतिक नेतृत्व और नौकरशाही के बीच आपसी समझ और विश्वास को बल मिला, जिसने समावेशी सुधार की प्रक्रिया में मील के पत्थर का कार्य किया। 'दिवाला से दीवाली तक' का यह सफर इसी आपसी विश्वास, तालमेल और संवाद की बदौलत संभव हुआ। इससे एक ऐसी टीम का गठन हुआ जो भावनात्मक रूप से रेलवे के समावेशी सुधार कार्यक्रम के प्रति प्रतिबद्ध थी। रेल मंत्री की टीम के एक सदस्य का कहना है कि 'हम खाते-पीते, सोते-जागते और उठते-बैठते बस एक ही सपना देखते हैं और वह है रेलवे के समावेशी सुधार का।' समावेशी सुधार कार्यक्रम के प्रति एक-एक रेलकर्मी की प्रतिबद्धता को एक शायर के शब्दों में कुछ इस प्रकार व्यक्त किया जा सकता है :

मेरे जुनूँ का नतीजा ज़रूर निकलेगा,
इसी सियाह समन्दर से नूर निकलेगा।

पूर्वाग्रहों से मुक्ति

अविश्वास और आशंकाओं के बादल छंटते ही नेतृत्व और रेलकर्मियों के बीच एक भावनात्मक रिश्ता कायम हो गया और रेलकर्मी एकजुट होकर रेल सुधार की मुहिम में जुट गए। लेकिन समावेशी सुधार के इस कार्यक्रम को आगे बढ़ाने के लिए अनेक पूर्वाग्रहों से मुक्ति पाना भी जरूरी था। प्रधानमंत्री डॉ. मनमोहन सिंह के शब्दों में :

बुनियादी तौर पर सुधारों का संबंध विचारों एवं सोचने के नजरिए में बदलाव लाना है। हमारे अंदर लीक से हटकर कुछ नया सोचने का साहस होना चाहिए। हमें पुरानी मान्यताओं पर प्रश्नचिह्न लगाना होगा। अपना रास्ता स्वयं बनाना होगा। जैसा कि एक पुरानी चीनी कहावत है, 'रास्ता चलने से ही बनता है।' हमें नई दिशाओं में चलना सीखना होगा और प्रगति की राह स्वयं बनानी होगी।

रेलवे के व्यापार का स्वरूप और मकसद क्या है, लागत संरचना कैसी है और इनकी परिवर्तनशीलता एवं संवेदनशीलता (variability and sensitivity) कैसी है, माँग की लोच क्या है तथा परिवहन के अन्य साधनों के मुकाबले रेलवे की प्रतिस्पर्द्धात्मक क्षमता की स्थिति क्या है, आदि ऐसे अनेक मुद्दे थे जिन पर यथार्थवादी दृष्टिकोण अपनाने की जरूरत थी। इनके बारे में कई दशकों से चली आ रही मान्यताओं, धारणाओं और मनःस्थितियों को एक नए नजरिए से देखने, समझने और गुण-दोष के आधार पर उनका विश्लेषण करने की जरूरत थी।

एक, पहले यह मान्यता रही है कि भारतीय रेल का बाज़ार में एकाधिकार है, लिहाज़ा इसको नियंत्रित करने के लिए एक रेगुलेटर बिठाया जाना चाहिए। लेकिन, यह सोच परिवहन बाजार में रेलवे की घटती भागीदारी से मेल नहीं खाती। वर्ष 1951 में माल ढुलाई के बाजार में रेलवे की हिस्सेदारी 89 प्रतिशत थी जो वर्ष 2004 में घटकर मात्र 40 प्रतिशत रह गई थी। इसी प्रकार यात्री व्यवसाय में रेलवे की हिस्सेदारी 69 प्रतिशत से घटकर 20 प्रतिशत रह गई। रेलवे ने अपनी हिस्सेदारी ट्रक, पाइप-लाइन, शिपिंग लाइन, बस एवं एयरलाइन के हाथों खोई। घटती हिस्सेदारी, कम होते मार्जिन, गिरती कार्यकुशलता तथा सेवा की गुणवत्ता का निम्न स्तर स्पष्ट रूप से संकेत दे रहे थे कि रेलवे को बाज़ार में कड़ी प्रतियोगिता का सामना करना पड़ रहा था। लेकिन इस जमीनी हकीकत को नजरअंदाज कर विशेषज्ञ रेल टैरिफ रेगुलेटर बिठाने की बातें कर रहे थे। बाज़ार की लड़ाई बाज़ार में लड़नी और जीतनी पड़ती है। इसका सिर्फ एक ही तरीका है और वह है प्रतिस्पर्धी से कम दाम पर उच्च कोटि की सेवा प्रदान करना। यह बात समझ में आते ही पूरा ध्यान टैरिफ रेगुलेटर बिठाने की जगह कार्यकुशलता एवं उत्पादकता में सुधार लाकर प्रति इकाई लागत घटाने, ग्राहकों को भगवान समझ कर गुणवत्ता में सुधार लाने, बाजार में हिस्सेदारी बढ़ाने, मार्जिन सुधारने और प्रति गाड़ी आमदनी बढ़ाने पर केन्द्रित हो गया।

दो, कड़ी प्रतिस्पर्धा वाले बाज़ार में पैसा व्यवसाय की धुरी होता है। लेकिन, पिछले कई दशकों से रेलवे का मुख्य ध्यान गाड़ी चलाने पर था, मुनाफ़ा कमाने पर नहीं। पिछले साठ सालों में किसी भी रेल बजट अथवा पंचवर्षीय योजना में 'प्रॉफिट' या 'लाभ' शब्द का इस्तेमाल तक नहीं हुआ। मुनाफ़े की जगह 'काम

के लिए काम' करने की बीमारी सिर्फ सरकारी महकमों को ही नहीं अपितु निजी कंपनियों को भी लग जाती है। जापान की प्रसिद्ध कार कंपनी 'निसॉन' का कायाकल्प करने वाले सी.ई.ओ. (मुख्य कार्यकारी अधिकारी) कार्लोस गोहन अपनी पुस्तक 'शिफ्ट' में लिखते हैं :

वस्तुतः 'निसॉन' पैसा कमाने के लिए धंधा नहीं कर रही थी। वह यह जाने बिना कि फायदा हो रहा है या घाटा, कारें बेच रही थी। वरिष्ठ पदाधिकारी लाभप्रदता की बात अवश्य करते थे, लेकिन कंपनी का संचालन पैसा कमाने के लिए नहीं किया जा रहा था। अगर आपमें पैसा कमाने की तड़प और ललक नहीं है तो लक्ष्मी अपने आप आपके ऊपर मेहरबान नहीं होगी। जादू-टोना करके पैसा नहीं कमाया जा सकता।

फसल अपने-आप नहीं उगती। उसे उगाने के लिए धरती का सीना चीरना पड़ता है। इसी प्रकार पैसा कमाने के लिए भी दिन-रात मशक्कत करनी पड़ती है। लेकिन, निजी क्षेत्र की कंपनियों और रेलवे के मुनाफा कमाने के तौर-तरीके में बुनियादी फर्क है। रेलवे आम आदमी के हितों को तिलांजलि देकर नहीं, बल्कि उन्हें केंद्र में रखकर ही पैसा कमा सकती है। इसके लिए नई सोच और नई कार्य संस्कृति विकसित कर व्यापार की असीम संभावनाओं का दोहन करने की जरूरत थी। व्यापार की इस नई समझ को पैसे कमाने की गाड़ी में तब्दील करने के लिए 'व्यावसायिक समझ और कौशल' बेहद जरूरी है। पैसा कमाने के अवसर को दूसरों से पहले भाँपना और उसे अपनी गिरफ्त में लेकर नोटों की गड्डी में बदलना ही 'व्यावसायिक समझ और कौशल' है।

रेलवे की नई 'व्यावसायिक समझ' का एक शानदार उदाहरण निर्यात किए जाने वाले कच्चे लोहे से की गई नौ हजार करोड़ रुपये की कमाई में मिलता है। रेलवे ने कच्चे लोहे के परिवहन में अपनी मजबूत प्रतियोगी स्थिति का पूरा फायदा उठाया। 2004-2008 के बीच कच्चे लोहे की कीमतें अंतरराष्ट्रीय बाज़ार में पाँच गुनी बढ़ गईं। रेलवे ने इस स्वर्णिम अवसर को पहचाना और निर्यात किए जाने वाले कच्चे लोहे के मालभाड़े में चार गुनी वृद्धि की। मालभाड़ा चार गुना हो जाने

के बावजूद लदान के लिए तांता लगा रहा और अगस्त 2008 में कच्चे लोहे के लदान के लिए दस हजार से ज्यादा गाड़ियों की माँग लंबित थी। सबसे मजे की बात यह है कि बढ़े हुए मालभाड़े का असर भारत की जनता पर नहीं बल्कि आयात करने वाले देशों की कंपनियों पर पड़ रहा था। निर्यातकों ने भी खुशी-खुशी बढ़े हुए मालभाड़े का भुगतान किया, क्योंकि अंतरराष्ट्रीय बाज़ार में कच्चे लोहे की कीमत सात गुना बढ़ जाने के कारण वे भी मोटी कमाई कर रहे थे। इस प्रकार रेलवे भी जीती और निर्यातक भी। जो इस 'व्यावसायिक समझ और कौशल' को नहीं समझते वे रेलवे के कायाकल्प को आँकड़ों की 'बाज़ीगरी' करार देते हैं।

तीन, भारतीय रेल की वित्तीय संहिता (फाईनेंस कोड) में प्रावधान है कि दीर्घकालीन परिवर्तनीय लागत (long term variable cost) 78.5 प्रतिशत मानकर मूल्य नीति एवं अन्य नीतियों का निर्धारण किया जाए। ऐसे खर्चे जो उत्पादन बढ़ने से बढ़ते हैं उन्हें 'वैरिएबल कास्ट' कहा जाता है। जैसे एक कमीज बनाने में यदि दो मीटर कपड़ा लगता है तो दो कमीज के लिए चार मीटर कपड़े की जरूरत होगी। यहाँ कपड़े की लागत 'वैरिएबल कॉस्ट' है। लेकिन एक की जगह दो कमीज सिलने के लिए दर्जी को एक और दुकान खोलने की जरूरत नहीं हैं। अर्थात् दर्जी की दुकान का किराया 'स्थिर लागत' (fixed cost) कहलाता है। गहराई से किए गए विश्लेषण से ज्ञात हुआ कि रेलवे के कुल खर्चों में अधिकांश खर्चे 'स्थिर लागत' के रूप में पूर्व निर्धारित होते हैं जबकि 'वैरिएबल कॉस्ट' बहुत थोड़ी होती है। सभी जानते हैं कि रेल नेटवर्क बिछाने के लिए भारी पूँजी का निवेश करना पड़ता है। लेकिन, एक बार नेटवर्क बिछ जाने के बाद गाड़ियों की संख्या बढ़ते जाने से प्रति इकाई लागत गिरती जाती है। वॉल्यूम बढ़ने से आमदनी ज्यादा बढ़ती है, जबकि खर्चों में वृद्धि मामूली ही होती है। व्यापार की वृद्धि दर 2 प्रतिशत हो या 10 प्रतिशत, रेलवे के खर्चों की रफ्तार पर कोई विशेष असर नहीं पड़ता। यह मोटी-सी बात समझ में आते ही रणनीति आईने की तरह साफ हो गई। 'व्यापार बढ़ाओ, लागत घटाओ, भाड़ा घटाओ, बाजार में हिस्सेदारी बढ़ाओ, प्रॉफिट मार्जिन सुधारो और खरबों की कमाई करो'।

चार, पहले पूरा ध्यान यात्री किराया और मालभाड़ा दरों पर था। अब पूरा ध्यान 'प्रति गाड़ी आमदनी' बढ़ाने पर है। अब रेलवे ने इस तथ्य को बखूबी

समझ लिया है कि किराया बढ़ाना ट्रेन से आमदनी बढ़ाने का एकमात्र जरिया नहीं है। सवारी गाड़ियों में यात्री डिब्बों की संख्या, डिब्बों का डिजाइन एवं ले-आउट, क्षमता के मुकाबले यात्रियों का प्रतिशत (ऑक्यूपेन्सी) जैसी अनेक बातें हैं जिनसे बिना किराया बढ़ाए उस गाड़ी से होने वाली आमदनी को बढ़ाया जा सकता है। इन सारे बिन्दुओं पर एकसाथ कार्रवाई करके यात्री गाड़ी से प्राप्त होने वाली आमदनी को बढ़ाया गया। इसी प्रकार प्रति मालगाड़ी आमदनी बढ़ाने के लिए अब मालभाड़े से कहीं ज्यादा ध्यान 'फास्टर, हैवियर एवं लॉन्गर ट्रेन' चलाने पर दिया जा रहा है।

संकल्पशक्ति का ध्रुवीकरण

वित्तीय संकट का सामना करने के लिए विशेषज्ञ समितियों द्वारा दिए गए कर्मचारियों की छँटनी और रेलवे के निजीकरण जैसे सुझावों के चलते रेलकर्मियों का मनोबल काफी गिरा हुआ था। वे अपनी नौकरी और पेंशन को लेकर चिंतित थे। अपने भविष्य को लेकर आशंकित 14 लाख रेलकर्मियों का मनोबल बढ़ाने में रेल मंत्री की इस घोषणा ने–'न तो रेलवे का निजीकरण होगा और न ही किसी की छँटनी होगी', टॉनिक का काम किया। लालू जी द्वारा बार-बार रेलवे को 'सोने की चिड़िया' कहकर संबोधित करने से भी रेलकर्मियों में एक नए आत्मसम्मान एवं आत्मविश्वास का संचार हुआ। बात चाहे अधिकारियों के तबादले की रही हो या पदोन्नति की, उन्होंने हमेशा 'सही काम के लिए सही व्यक्ति' को चुना और फिर उसे अपना काम करने की पूरी आजादी दी। यह ठीक उसी तरह से था जैसे कि 'जनरल इलेक्ट्रिक' के पूर्व सी.ई.ओ. जैक वेल्स ने कहा था :

मुझे एक अच्छा टी.वी. शो बनाना नहीं आता, मुझे रॉकेट बनाने का भी इल्म नहीं है। मगर मैं इतना अवश्य जानता हूँ कि 'एन.बी.सी.' (जनरल इलेक्ट्रिक का टीवी चैनल) का बॉस कौन है। मेरा काम सही आदमी का चयन करना और फिर उसे जरूरी धनराशि और अधिकार उपलब्ध कराना है। इतना सब करने पर भी यदि वो असफल रहे तो उन्हें बाहर का रास्ता दिखाना भी मुझे आता है।

जैक वेल्स के इस दृष्टिकोण और मौजूदा रेलवे नेतृत्व की रणनीति में सिर्फ इतना फर्क है कि यदि रेलकर्मी ईमानदारी से प्रयास करने के बावजूद निर्धारित लक्ष्यों को प्राप्त करने में विफल रहते हैं तो भी सेवा से बर्खास्तगी की जगह उनकी हौसला अफ़जाई की जाती है। रेलवे ने यह रणनीति महज इसलिए नहीं अपनाई कि सरकारी उपक्रम में मनचाहे ढंग से 'हायर एंड फायर' (hire and fire) की आजादी नहीं होती, बल्कि इसलिए कि बुरे वक्त में हौसला अफ़जाई करने वाला ही सच्चा मित्र होता है। इस संबंध में कोंकण रेलवे में हुई भीषण रेल दुर्घटना का उल्लेख करना प्रासंगिक होगा। भूस्खलन के कारण हुई इस दुर्घटना में कई लोग मारे गए। रेल मंत्री के दुर्घटनास्थल के दौरे की खबर सुनकर अधिकारी एवं रेलकर्मी डरे हुए थे। लेकिन स्थल निरीक्षण के दौरान रेल मंत्री लालू प्रसाद को महसूस हुआ कि दैवी प्रकोप के कारण हुई इस दुर्घटना में अधिकारियों एवं कर्मचारियों की तरफ से कोई लापरवाही नहीं बरती गई है। उन्होंने घटनास्थल पर ही तत्परता से राहत एवं बचाव कार्य करने के लिए प्रबंध निदेशक एवं अन्य रेलकर्मियों की सार्वजनिक रूप से पीठ थपथपाई। कथनी और करनी की इस एकरूपता ने रेलकर्मियों के दिलों को छू लिया।

एक सरकारी संगठन होने के नाते रेलवे की अपनी कुछ सीमाएँ हैं। इसलिए इसमें निजी क्षेत्र की कंपनियों की तरह न तो अच्छे काम के आधार पर वेतन-भत्ते निर्धारित किए जा सकते हैं और न ही वरीयता को नज़रअंदाज करते हुए केवल अच्छे काम के आधार पर प्रोन्नति दी जा सकती है। रेल परिवार 'वरिष्ठता आधारित पदोन्नति' एवं 'समान पद के लिए समान वेतन' जैसे सिद्धांतों पर काम करता है। वैसे भी, रेलवे एक ऐसा परिवार है जहाँ काम को पैसे से ज्यादा तवज़्जो दी जाती है। आपको तमाम ऐसे रेलकर्मी मिल जाएंगे जो पीढ़ी-दर-पीढ़ी रेलवे में काम करते आ रहे हैं। रेलवे उनके लिए मात्र जीविका का साधन नहीं बल्कि जीवन शैली है। रेलवे के प्रति उनकी प्रतिबद्धता और निष्ठा के आगे पैसे की चमक-दमक फीकी पड़ जाती है। सच कहा जाए तो रेलकर्मी ही भारतीय रेल की सबसे बड़ी धरोहर हैं।

चौदह लाख रेलकर्मियों को प्रेरित करने की रणनीति बनाने से पहले रेलकर्मियों की इस भावना को समझना और आत्मसात् करना निहायत जरूरी है। रेलकर्मी

पैसे की बजाय नेतृत्व के प्यार और आत्मसम्मान को ज्यादा तवज्जो देते हैं। अगर उन्हें यह भरोसा हो जाए कि नेतृत्व उनके हितों को लेकर चिंतित है और उनके काम की कद्र की जा रही है तो वे जान की बाज़ी लगाकर भी अपने काम को अंजाम देते हैं। उदाहरण के लिए रेल मंत्री ने रेल की पटरियों पर काम करने वाले 'गैंग-मैन' और 'की-मैन' को सर्दी के मौसम में नंगे पैर, बिना दस्ताने और बिना स्वेटर पहने काम करते हुए देखा। लौटते हुए वे दो 'गैंग-मैन' को अपने साथ लेते आए। बस फिर क्या था, अगले ही दिन रेल की पटरियों पर काम करने वाले दो लाख कर्मियों को आधुनिक यूनीफार्म, दस्ताने और जरूरी औज़ार निःशुल्क उपलब्ध कराने के आदेश जारी हो गए। इसी प्रकार एक बार स्थल निरीक्षण के दौरान जब रेल मंत्री ने एक इंजन ड्राइवर से पूछा कि आप खाना कहाँ खाते हैं तो उसने बताया कि हम कच्चा खाना या नमक-सत्तू लेकर चलते हैं। जहाँ रुकते हैं वहीं पकाकर खा लेते हैं। फिर क्या था मंत्री जी ने अगले ही दिन आदेश दिया कि सभी क्रू (ड्राइवर व सहयोगी कर्मियों) को गंतव्य स्टेशन पहुँचने पर रेलवे कैंटीन में रियायती दरों पर खाने की सुविधा दी जाए। ये बहुत छोटी-छोटी बातें हैं लेकिन रेलकर्मियों के प्रति नेतृत्व के प्यार को बड़ी शिद्दत के साथ दर्शाती हैं। नोटों की चकाचौंध की अपेक्षा नेतृत्व का यह स्नेह रेल कर्मचारियों का हौसला बढ़ाने में ज्यादा असरदार साबित हुआ।

इतना ही नहीं, जब रेलवे ने वर्ष 2006 में 15 हजार करोड़ रुपये का कैश सरप्लस अर्जित किया तो रेल मंत्री ने इसका जश्न 14 लाख रेलकर्मियों के साथ मिलकर मनाया। उन्होंने पिछले कई वर्षों से लगातार 59 दिन का बोनस पा रहे रेलकर्मियों को 65 दिन का बोनस दिए जाने का ऐलान किया। वर्ष 2008 तक बोनस बढ़कर 73 दिन का हो गया और इसकी गणना के लिए वेतन की अधिकतम सीमा भी 2 हजार 500 रुपये से बढ़ाकर 3 हजार 500 रुपये प्रति माह कर दी गई। इस तरह वर्ष 2005 से 2008 के दौरान रेलकर्मियों की बोनस की राशि लगभग दोगुनी हो गई है। इसके अलावा जब भी किसी विभाग अथवा निदेशालय ने निर्धारित लक्ष्य को प्राप्त किया तो उन्हें 'सामूहिक नगद पुरस्कार' से भी नवाजा गया। इन सबका उद्देश्य रेलकर्मियों को यह एहसास कराना था कि 'यह हमारी रेल है और इसका नफ़ा-नुकसान हमारा नफ़ा-नुकसान है।'

रेलवे जैसे सरकारी संगठन में अधिकारियों को ऊपर वर्णित कोई भी लाभ नहीं दिया जा सकता है। लेकिन, इसका यह तात्पर्य नहीं कि उनकी जरूरतों का ख्याल नहीं रखा गया। अधिकारों के विकेन्द्रीकरण का सबसे अधिक लाभ रेलवे के अधिकारियों को ही मिला, क्योंकि अब उनके पास निर्णय लेने की पर्याप्त स्वतंत्रता थी। उन्हें लैपटॉप कम्प्यूटर, मोबाईल, दफ्तर आने-जाने के लिए गाड़ी इत्यादि अनेक तरह की सुविधाएं उपलब्ध कराई गईं। साथ ही पाँच वर्षों में एक बार देश में और दस वर्षों में एक बार विदेश में हर अधिकारी के अनिवार्य प्रशिक्षण की व्यवस्था की गई है। इस प्रकार कर्मचारी हों या अधिकारी सभी का ख्याल रखा गया। इससे रेल सुधार कार्यक्रम के प्रति उनकी प्रतिबद्धता और निष्ठा में 'दिन दूनी रात चौगुनी' वृद्धि हुई।

रेलकर्मी रेल सुधार कार्यक्रम को 'ऊपर से थोपा हुआ अभियान' न समझें इसलिए कोई भी बड़ा निर्णय लेने से पहले आम राय बनाने पर जोर दिया गया। इस प्रक्रिया में कुछ विलंब अवश्य हुआ, और सच कहें तो अनेक मौकों पर निराशा भी हुई। लेकिन इसका फायदा यह हुआ कि रेलकर्मियों ने सुधार कार्यक्रम को अपना कार्यक्रम समझा। उदाहरण के लिए, एक्सल लोड बढ़ाने का निर्णय लेने के लिए अर्थात् मालडिब्बों में 58 टन की बजाय 60 टन माल लदान करने के लिए सिविल, मेकैनिकल, इलेक्ट्रिकल, ट्रैफिक तथा वित्त विभाग से राय-मशविरा लिया गया। फील्ड इकाइयों से भी राय ली गई। विभागों के अपने-अपने दृष्टिकोण थे और अपनी-अपनी राय। उन्हें एक मंच पर लाने का बेहद आसान और शॉर्टकट रास्ता था, 'मंत्री कार्यालय से आदेश जारी कर देना'। लेकिन इससे यह परिवर्तन चिर-स्थाई नहीं होता। इसलिए सभी विभागों के मतभेदों को दूर करने और उनकी चिंताओं और आशंकाओं का निराकरण करने के लिए आम राय बनाने पर जोर दिया गया। आम राय से एक बार फैसला हो जाने के बाद सभी ने उसे दिल से स्वीकारा और जी-जान से उसके कार्यान्वयन में जुट गए। इससे समावेशी सुधार कार्यक्रम के प्रति पूर्ण रूप से समर्पित मजबूत टीम का गठन हुआ। साथ ही साथ 14 लाख रेलकर्मियों की संकल्पशक्ति का ध्रुवीकरण हुआ।

सपने से हकीकत तक

सफलता के लिए व्यापार की गूढ़ समझ और एक मजबूत टीम का गठन जितना जरूरी था उतना ही जरूरी था रणनीति का तेजी से कार्यान्वयन। पिछली शताब्दी के सबसे महान मैनेजमेंट चिंतक पीटर ड्रकर के शब्दों में :

महान पुरुष महान काम नहीं करते, वे सरल और साधारण सी दिखने वाली बातों की पहचान करते हैं और फिर होशियारी से और तेजी से उसका कार्यान्वयन करते हैं। यही सफल नेतृत्व का सबसे बड़ा गुण है।

लंबी, भारी और तेज गाड़ी चलाने की बात उतनी ही पुरानी है जितनी कि खुद रेल प्रणाली। भारी मालगाड़ी चलाने के मुद्दे पर रेलवे में कई दशकों से विचार हो रहा था। इसी प्रकार 24 डिब्बों की यात्री गाड़ियाँ चलाने की सोच भी नई नहीं है, लेकिन विभागों की आपसी खींचतान के चलते ऐसे बेहद जरूरी निर्णय भी वर्षों से नहीं हो पाए। हर बार कोई न कोई अड़ंगा खड़ा हो जाता था। नेतृत्व की व्यवहार कुशलता, दूरदर्शिता और पहलकदमी ने इन अवरोधों को एक झटके में न सिर्फ दूर कर दिया बल्कि ऐसे महत्वपूर्ण निर्णयों का तेजी से कार्यान्वयन भी सुनिश्चित करा दिया।

घाटे की रेल को फायदे की रेल में तब्दील करने की कहानी के पाँच मूल मंत्र थे। एक, बड़े सपने सँजोए गए जिससे कार्य के प्रति नई सोच एवं संस्कृति का विकास हुआ। एक बार लक्ष्य मिल जाने के बाद रेलकर्मी स्वतः प्रयत्नशील हो गए और वे स्वयं 'हैवियर एवं लॉन्गार ट्रेन' चलाने जैसे निर्णयों की आवश्यकता पर जोर देने लगे। इस प्रकार महत्त्वाकांक्षा और उपलब्ध साधनों का समुचित उपयोग एक-दूसरे के पूरक एवं प्रेरक बन गए और सारा ध्यान साल दर साल नई संपत्तियाँ खरीदने की बजाय 'फास्टर, हैवियर एवं लॉन्गार' ट्रेन चलाकर उपलब्ध संपत्तियों के इष्टतम प्रयोग पर केन्द्रित हो गया। दो, बहुविभागीय कार्यदलों के माध्यम से विभागों में आपसी तालमेल एवं सहयोग स्थापित किया गया। चाहे गाड़ियों की परीक्षण पद्धति में परिवर्तन का मसला हो अथवा एक्सल लोड बढ़ाने का, नई योजनाएं स्वीकृत करने का मामला हो अथवा यात्री सुविधाओं में विस्तार

का, सार्वजनिक निजी भागीदारी का मामला हो अथवा सूचना प्रौद्योगिकी (आई.टी.) के अधिकाधिक उपयोग का। सभी मसले इन कार्यदलों के माध्यम से ही सुलझे। इस रणनीति से 'एक और एक मिलकर ग्यारह' हो गए। तीन, पके हुए फलों को सबसे पहले तोड़ने की नीति अपनाई गई। ऐसे निवेश चिह्नित किए गए, जिनसे कम लागत एवं कम समय में भारी सुधार हो सकता था। उदाहरण के लिए टर्नअराउंड टाइम सात दिन से घटाकर पाँच दिन पर लाने के लिए स्टेशन एवं गुड्स शेड के प्लेटफार्म की लंबाई बढ़ाई गई, परीक्षण एवं मरम्मत डिपो में मूलभूत सुविधाओं का विस्तार किया गया और सूचना प्रौद्योगिकी (आई.टी.) का व्यापक उपयोग कर ऑपरेटिंग सिस्टम को मजबूत बनाया गया। ऐसे सभी निवेशों की कुछ खास विशेषतायें थीं–कम लागत (कुछ ही करोड़ रुपये), कम समय में कार्यान्वयन (एक वर्ष से कम), निवेश की जल्द वापसी (छह माह से कम) तथा निवेश की राशि से कई गुना लाभ (दस से सौ गुना)। चार, मजबूत गठबंधन बनाए गए। ग्राहकों के साथ दीर्घकालिक संबंध स्थापित करने, सेवा की गुणवत्ता में सुधार लाने, कल तक प्रतिद्वंदी रहे लोगों को साझीदार बनाने एवं बढ़ती हुई माँग को पूरा करने के लिए ग्राहकों और आपूर्तिकर्ताओं के साथ मजबूत गठबंधन बनाए गए। इससे जहाँ एक ओर गाड़ियों की उपलब्धता में सुधार हुआ, वहीं प्रति इकाई लागत में कमी आई। पाँच, अंतिम मूलमंत्र के रूप में रणनीति पर सिलसिलेवार एवं नपे-तुले ढंग से अमल किया गया। भारी मालगाड़ी चलाने का निर्णय पहले ऐसे मार्गों पर लागू किया गया जिन पर यात्री गाड़ियाँ नहीं चलती हैं। धीरे–धीरे यात्री मार्गों पर भी इसका विस्तार किया गया। इतना ही नहीं, एक बार में प्रति वैगन 6 टन लोड बढ़ाने की बजाय दो–दो टन करके चरणबद्ध तरीके से मालगाड़ियों का वजन बढ़ाया गया। छोटे-छोटे नपे-तुले कदम उठाने से संगठन में विरोध कम हुआ। धीरे-धीरे आगे बढ़ने से जोखिम भी नियंत्रण में रहा और सुधारात्मक उपाय उठाने में आसानी हुई। इन पाँचों मंत्रों के पीछे का महामंत्र राष्ट्रपिता महात्मा गाँधी के इस सिद्धांत से प्रेरित था कि 'कोई भी काम शुरू करने से पहले सोचो कि समाज की अंतिम पंक्ति में बैठे आदमी पर इसका क्या असर होगा' अर्थात् 'आम आदमी के हित को सर्वोपरि रखते हुए रेलवे का वित्तीय कायाकल्प।'

उपर्युक्त मंत्रों को अमल में लाने के लिए 'काक चेष्टा, बको ध्यानम्' के सूत्र पर अमल किया गया। अर्थात् बगुले की तरह लक्ष्य पर ध्यान केंद्रित किया गया और कौए की तरह तब तक प्रयास किया गया जब तक कि लक्ष्य हासिल नहीं कर लिया गया। इस सूत्र के कई आयाम हैं। एक, रणनीति के विभिन्न पहलुओं पर एकसाथ नज़र रखी गई। मिसाल के तौर पर अकेले वैगन टर्नअराउंड टाइम को घटाने के लिए 20 से ज्यादा पहलुओं पर एकसाथ काम किया गया। चूंकि हर पहलू से अनेक विभाग जुड़े हुए थे इसलिए आपसी तालमेल और सहयोग को बढ़ावा दिया गया। दो, उचित अवसरों का पूरा सदुपयोग किया गया। उदाहरण के तौर पर चूंकि रेल बजट के समय बड़े से बड़े निर्णय पलक झपकते ही हो जाते हैं इसलिए महत्वपूर्ण नीतिगत बदलावों के लिए रेलवे बजट का उपयोग किया गया। तीन, जरूरत पैदा कर परिवर्तन की नींव रखी गई। जैसे प्लेटफार्म को लंबा करने से पहले ही गाड़ी की लंबाई बढ़ा दी गई। इससे जनता को कुछ समय के लिए असुविधा अवश्य हुई लेकिन संगठन पर इस कार्य को जल्द पूरा करने का भारी जनदबाव बना। चार, रेलवे में निर्णयों के कार्यान्वयन की अनोखी क्षमता है। रेलकर्मी अपने लक्ष्यों को प्राप्त करने के लिए रात-दिन एक कर देते हैं। विलम्ब तो सिर्फ निर्णय लेने में होता है, उनके कार्यान्वयन में नहीं। एक बार नीतिगत निर्णय हो जाए, फिर चिंता करने की जरूरत नहीं। ऐसी ही कुछ बातें कार्लोस गोहन ने अपनी पुस्तक 'शिफ्ट' में जापान की प्रसिद्ध कार कंपनी 'निसॉन' की कार्यान्वयन क्षमता के बारे में लिखी हैं :

जब नेतृत्व सर्वमान्य रणनीति के तहत सबको आसानी से समझ में आने वाले स्पष्ट निर्देश देता है तो आपको समयबद्ध कार्यान्वयन के लिए ज्यादा चिंतित होने की आवश्यकता नहीं। आप मुझे गलत न समझें, निर्णय लेने के बाद भी उन्हें कार्यान्वित करने में बहुत सारी ऊर्जा और समय लगता है। लेकिन कोई आश्चर्य नहीं कि ये काम समय रहते कार्यान्वित हो जाते हैं।

कार्लोस गोहन की 'निसॉन' की कार्यान्वयन क्षमता के बारे में कही गई ये बातें रेलवे पर भी समान रूप से लागू होती हैं।

कितना टिकाऊ होगा कायाकल्प

रेलवे द्वारा 'दिवाला से दिवाली' तक का सफर अभूतपूर्व तेजी के साथ तय किया गया है। इसलिए इस पर सहज रूप से विश्वास नहीं होता। विशेषकर इसलिए भी क्योंकि यह मुनाफा रेलवे द्वारा कमाया गया है, जो कि एक सरकारी विभाग के रूप में कार्य करती है। इस कायाकल्प के चिरस्थायी होने के बारे में मुख्य रूप से पाँच तरह की आशंकाएं व्यक्त की जा रही हैं। कुछ लोग इसे 'आँकड़ों की कारीगरी' बताते हैं तो कुछ अन्य रेल संरक्षा को ताक पर रखकर 'मालगाड़ियों में की गई ओवरलोडिंग का खेल'। कुछ ऐसे बुद्धिजीवी भी हैं जो इसे 'अर्थव्यवस्था में आए उछाल' का परिणाम-भर मानते हैं, जबकि कुछ लोग यह मानते हैं कि लालू जी के चले जाने के बाद यह कार्यक्रम धराशायी हो जाएगा। कुछ अन्य इसे 'पके-पकाए फल खाने' की रणनीति का खेल मानते हैं–ऐसा खेल, जिसकी कुछ ही दिनों में हवा निकल जाएगी। कायाकल्प की अभिनव सोच, रणनीति और नीयत को न समझ पाने के कारण ही उपर्युक्त आशंकाएं पैदा होती हैं। लेकिन वास्तव में ये सभी आशंकाएँ निर्मूल एवं निराधार हैं।

रेलवे के वित्तीय लेखे खुली किताब की तरह हैं। रेलवे के वित्तीय लेखों को नियंत्रक एवं महा लेखापरीक्षक द्वारा अंकेक्षित किया जाता है। इसके अलावा रेलवे के वित्तीय लेखे संसद के दोनों सदनों में पेश किए जाते हैं। भारतीय रेल का 22 हजार करोड़ रुपये का बैंक बैलेंस रिजर्व बैंक के पास जमा है, जिसे कभी भी सत्यापित किया जा सकता है। रेल संरक्षा के संबंध में उठाई गई सभी आशंकाएं भी निराधार हैं। वस्तुतः गाड़ियों की संरक्षा एवं उत्पादकता में अन्योन्याश्रय संबंध है। एक दुर्घटना होने पर यातायात कई दिनों के लिए बाधित हो जाता है। इसलिए रेल संरक्षा को नजरअंदाज कर रेलवे पैसा नहीं कमा सकती है। इन दोनों में एक साथ सुधार होने पर ही रेलवे को फायदा हो सकता है। यह मात्र संयोग नहीं है कि वर्ष 2001-08 के दौरान रेल दुर्घटनाओं की संख्या 473 से घटकर 194 रह गई है। इसका प्रमुख कारण यह है कि जहाँ पहले रेलवे के पास पुरानी पटरियों तथा डिब्बों तक को बदलने के लिए पैसे नहीं थे वहीं अब इन्हें बदलने के लिए रेलवे पहले से तीन गुना ज्यादा अर्थात् सात हजार करोड़ रुपये सालाना उपलब्ध

करा रही है। यह भी उल्लेखनीय है कि संरक्षा की दृष्टि से संवेदनशील सभी निर्णय 'रेल संरक्षा आयुक्त' की सहमति से लिए गए, जो एक अन्य मंत्रालय के मातहत है।

यह सही है कि अगर देश की अर्थव्यवस्था मंदी की चपेट में आ जाए तो रेलवे जैसी संस्था तेजी से अपने व्यापार में वृद्धि नहीं कर सकती है। लेकिन अर्थव्यवस्था की तेज विकास दर अपने आप में व्यापार बढ़ाने और मुनाफा कमाने की गारंटी नहीं है। देश की अर्थव्यवस्था ने वर्ष 1987 से 2001 के दौरान सालाना छह प्रतिशत की दर से वृद्धि दर्ज की, लेकिन रेलवे इस प्रगति का फायदा नहीं उठा पाई और उसका माल यातायात सालाना मात्र दो प्रतिशत की दर से बढ़ता रहा। दूसरी ओर वर्ष 2005-08 के दौरान अर्थव्यवस्था की प्रगति दर छह प्रतिशत से बढ़कर आठ प्रतिशत हो गई लेकिन इस बार रेलवे ने अपनी कार्यकुशलता और उत्पादकता बढ़ाकर इस तेजी का पूरा फायदा उठाया। बढ़ती हुई मांग को पूरा करने के लिए रेलवे ने आमूलचूल परिर्वतन कर अपनी उत्पादकता बढ़ाई और अपने माल व्यवसाय को सालाना नौ प्रतिशत की दर से आगे बढ़ाकर खरबों रुपये की कमाई की।

लालू और उनकी टीम रहे या न रहे, रेलवे के समावेशी सुधार कार्यक्रम निर्बाध गति से जारी रहेंगे। सभी निर्णय सभी पक्षों से सलाह-मशविरा कर और आम राय के आधार पर लिए गए हैं। यह लालू जी का 'निजी कार्यक्रम' नहीं है अपितु छोटे-बड़े सभी रेलकर्मी समावेशी सुधार कार्यक्रम को अपना कार्यक्रम समझते हैं। चूंकि ये कार्यक्रम संगठन की दिनचर्या, प्रक्रिया और कार्य संस्कृति का अभिन्न अंग बन गए हैं, इसलिए संगठन के हर स्तर पर इन कार्यक्रमों ने अपनी जड़ें मजबूती से जमा ली हैं।

इसी प्रकार यह कहना उचित नहीं है कि रेलवे का कायाकल्प पके-पकाए आमों को तोड़ लेने का नतीजा है। हमें इस बारे में तनिक भी संदेह नहीं है कि रेलवे में अभी भी असीम संभावनाएं हैं। दरअसल, अब तक जो कुछ हुआ है वह तो 'सिर्फ झाँकी है, पूरी फिल्म अभी बाकी है।' रेलकर्मियों की मनःस्थिति ठीक वैसी ही है जैसी तमाम बड़े आविष्कारों के बाद महान वैज्ञानिक न्यूटन की थी। उन्होंने कहा था :

मुझे नहीं पता कि सारा विश्व मेरे बारे में क्या सोचता है। मैं तो बस इतना ही कहूँगा कि मैंने अभी तक जो पाया है वह किनारे बैठकर सीपियाँ बीनने जैसा है। अभी तो अथाह समुद्र मेरे सामने है। समुद्र में छिपी अथाह संपदा की खोज करने की बात तो दूर, मैं तो अभी तक इसमें डुबकी लगाने का साहस भी नहीं जुटा पाया हूँ।

अपार संपदा और योग्य रेलकर्मियों के बलबूते हासिल रेलवे के इस वित्तीय कायाकल्प को न केवल अगले कई सालों तक बल्कि कई दशकों तक कायम रखा जा सकता है। हमें यह नहीं भूलना चाहिए कि चीन का रेलवे नेटवर्क भारतीय रेल जितना ही है लेकिन चीन का माल यातायात भारतीय रेल से लगभग चार गुना है। इसी प्रकार भारतीय रेल में सभी अमेरिकी रेलों से दस गुना ज्यादा रेलकर्मी काम करते हैं। लेकिन अमेरिका का माल यातायात हमसे सात गुना ज्यादा है। यह सही है कि यात्री एवं माल व्यवसाय के महत्वाकांक्षी लक्ष्य को प्राप्त करने के लिए रोलिंग स्टॉक की क्षमता, तकनीकी उन्नयन तथा उन्नत प्रौद्योगिकी पर भारी निवेश करना होगा। इसीलिए रेलवे ने 2005-2008 के बीच कमाए गए 70 हजार करोड़ रुपयों को तिजोरी में बंद करके नहीं रखा है। निवेश भी उसी अनुपात में बढ़ रहा है। जहाँ रेलवे वर्ष 2003 में महज 11 हजार करोड़ रुपये का निवेश कर रही थी वहीं 2008 में यह बढ़कर 28 हजार करोड़ रुपये हो गया है। इसी अवधि में वैगन उत्पादन छह हजार से बढ़कर 14 हजार और डीजल एवं बिजली इंजन का उत्पादन 180 से बढ़कर 500 हो गया है। इससे भी ज्यादा महत्वपूर्ण बात यह है कि नेटवर्क के आधुनिकीकरण और रोलिंग स्टॉक के तकनीकी उन्नयन के कारण नई पटरियों और रोलिंग स्टॉक की क्षमता पहले की अपेक्षा काफी बढ़ गई है। नए डिजाइन के बंद वैगनों वाली मालगाड़ी की क्षमता पुरानी मालगाड़ियों की अपेक्षा 78 प्रतिशत बढ़ गई है। अब इसमें 2 हजार 300 टन की बजाय 4 हजार 100 टन माल की ढुलाई की जा सकेगी। नए डिजाइन के खुले वैगनों की मालगाड़ी में भी पहले की अपेक्षा 22 प्रतिशत ज्यादा माल की ढुलाई होगी। इसी प्रकार, सवारी डिब्बों की क्षमता भी बढ़ाई गई है।

इतना ही नहीं, रेलवे भविष्य की तेजी से बढ़ती हुई माँग को पूरा करने के

लिए दीर्घकालीन निवेश नीति के तहत 11वीं पंचवर्षीय योजना में 2 लाख 30 हजार करोड़ रुपये का निवेश करेगी जो 10वीं पंचवर्षीय योजना में आबंटित राशि की करीब तीन गुनी है। इस योजना का प्रमुख उद्देश्य रेलवे की परिवहन क्षमता को बढ़ाकर दोगुना करना और संचालन की प्रति इकाई लागत में कमी लाना है। इसीलिए एकतरफ स्वर्णिम चतुर्भुज और उसके विकर्णों पर केवल माल ढुलाई के लिए समर्पित माल गलियारे (डेडीकेटेड फ्रेट कॉरिडोर) का निर्माण किया जाएगा वहीं दूसरी ओर रोलिंग स्टॉक की क्षमता बढ़ाने के लिए पाँच नई उत्पादन इकाइयाँ लगाई जाएंगी। संक्षेप में, रेलवे बहुआयामी निवेश नीति के तहत भविष्य की आवश्यकताओं को पूरा करने के लिए पर्याप्त राशि का निवेश करेगी।

इस प्रकार स्पष्ट है कि ऊपर वर्णित सभी आशंकाएं निराधार हैं जो कि कायाकल्प की रणनीति, सोच और नीयत को न समझ पाने के कारण उत्पन्न हुई हैं। बुद्धिजीवी और विशेषज्ञ रेलवे के कायाकल्प की उम्र को लेकर कुछ ज्यादा ही चिंतित नजर आ रहे हैं। चिंता रेलवे को भी है। लेकिन रेलवे की चिंता नेटवर्क के संतृप्त होने अथवा रोलिंग स्टॉक की कमी होने को लेकर नहीं है। रेलवे की चिंता का कारण कुछ और है। दरअसल रेलवे के कायाकल्प में महँगाई की कम दरों ने बहुत बड़ी भूमिका निभाई है। 2005-2008 के बीच चार वर्षों में महँगाई की दर मात्र पाँच प्रतिशत रही, जबकि रेलवे का व्यापार सालाना नौ प्रतिशत की तेजी से बढ़ा। इसी वजह से रेलवे 'चालू मूल्यों पर' माल ढुलाई की प्रति इकाई लागत घटाने में कामयाब हुई। महँगाई दर बढ़ने से प्रति इकाई लागत घटने का यह क्रम बाधित हो सकता है। विशेषकर तब, जबकि महँगाई दर माल परिवहन की सालाना वृद्धि दर से भी अधिक हो जाए। इसी प्रकार कच्चे लोहे जैसे खनिज पदार्थों की कीमतों में आए भारी उछाल का भी रेलवे ने भरपूर फायदा उठाया। लेकिन अमेरिका के ऋण बाजार और मुद्रा बाजारों में आई भारी मंदी के फलस्वरूप कच्चे लोहे के दामों में हुई वृद्धि का गुब्बारा अब फूट चुका है जिसका गंभीर असर रेलवे के व्यापार और मुनाफे पर पड़ेगा। इस प्रकार रेलवे की चिंता विकास दर में कमी से कहीं ज्यादा राष्ट्रीय एवं अंतरराष्ट्रीय अर्थव्यवस्था में आई अस्थिरता से है।

दूसरी महत्वपूर्ण चुनौती यह है कि पहले रेलवे में नौकरी नौजवानों की पहली पसंद होती थी, लेकिन अब आई.आई.टी, आई.आई.एम. से पढ़े छात्र निजी

कंपनियों का रुख कर रहे हैं। तेज-तर्रार और समर्पित रेलकर्मी रेलवे की सबसे बड़ी धरोहर हैं। रेलवे को एक 'आकर्षक नियोक्ता' के रूप में अपनी पहचान बनाए रखते हुए युवा प्रतिभाओं को आकर्षित करने के लिए हरसंभव उपाय करने होंगे। इतना ही नहीं, रेलकर्मियों के ज्ञान और क्षमता में लगातार सुधार लाने की मुहिम भी चलानी होगी।

तीसरी चुनौती व्यापार की वर्तमान विकास दर को बनाए रखने के लिए रेलवे को ग्राहकों की आवश्यकताओं पर खरा उतरने की है। उसे व्यापार को छोटे-छोटे टुकड़ों में बाँटकर वस्तुवार, मौसमवार, मार्गवार देखने और समझने की बहुमुखी रणनीति पर चलना होगा। रेलवे को अलग-अलग वस्तुओं के लिए अलग-अलग मूल्य, संचालन और निवेश नीति तैयार करनी होगी। उद्देश्य सिर्फ एक रखना होगा—ग्राहकों की संतुष्टि। यह हमेशा याद रखना होगा कि विभिन्न प्रकार की वस्तुओं के परिवहन में रेलवे की प्रतियोगी स्थिति भिन्न-भिन्न है। बाजार और ग्राहक की पैनी समझ के आधार पर बनाई गई नीतियों को न केवल भविष्य में भी जारी रखना होगा, अपितु उनमें सतत् रूप से संशोधन और सुधार करने होंगे। लेकिन रेलवे के समक्ष सबसे बड़ी चुनौती अपने माल व्यवसाय का विविधीकरण कर कुछ वस्तुओं पर जरूरत से ज्यादा निर्भरता कम करने की है। रेलवे के माल व्यवसाय का दायरा कितना सीमित है, यह इस तथ्य से भी स्पष्ट होगा कि मात्र कोयले से कुल ट्रैफिक का लगभग 40 प्रतिशत और आठ प्रमुख वस्तुओं से 85 प्रतिशत से अधिक ट्रैफिक प्राप्त होता है। इसलिए रेलवे को इस कायाकल्प को चिरस्थायी बनाने के लिए मोटर वाहन, पेट्रो केमिकल्स जैसे गैर-परंपरागत एवं नॉन बल्क वस्तुओं के परिवहन में अपनी हिस्सेदारी बढ़ानी होगी। चौथी महत्वपूर्ण बात यह है कि रेलवे का कायाकल्प एक नई सोच, नई पहल और नई कार्य संस्कृति की बदौलत संभव हो पाया है। इन्हीं गुणों की बदौलत रेलवे सुस्त हाथी से 'सिलिकन वैली' के एक ऐसे फुर्तीले चीते की तरह उभरी है जो कि हाथी के आकार का है। यह चमक बनाए रखने के लिए उसे इसी तरह की नवीनता, तत्परता, एकाग्रता और आक्रामकता बरकरार रखनी होगी। इसी भावना से रेलवे बोर्ड के संस्थागत ढाँचे में भी कुछ बुनियादी सुधार अपेक्षित होंगे, ताकि पूरी रेलवे संकुचित विभागीय भावना से ऊपर उठकर रेलवे के समग्र हित

में एक टीम के रूप में काम करे।

संक्षेप में, कायाकल्प को चिरस्थायी बनाने के लिए रेल प्रशासन को एक टीम बनाकर काम करना होगा, लीक से हटकर सोचना होगा और खुद को ग्राहकों की आवश्यकता के अनुसार ढालना होगा। रेलवे भविष्य में किस रफ्तार से प्रगति करेगी यह इस बात पर निर्भर करेगा कि वह अपने आपको बाजार और ग्राहक की आवश्यकताओं के अनुरूप कितना ढाल पाती है और नित्य नई चुनौतियों का कितनी बहादुरी से सामना करती है।

समावेशी सुधार कार्यक्रम की प्रासंगिकता

आम आदमी के हित को केन्द्र में रखकर लागू की गई रेलवे की रणनीति अन्य ढाँचागत क्षेत्रों के लिए भी काफी उपयोगी साबित हो सकती है। निजीकरण, कर्मचारियों की छंटनी, दामों में वृद्धि जैसे किताबी नुस्ख़े ऐसे ढाँचागत क्षेत्रों में तो कारगर सिद्ध हुए हैं, जिनका गरीब लोगों से सीधा सरोकार नहीं होता। इनकी सफलता का सबसे बेहतरीन उदाहरण भारत में मोबाइल फोन क्रांति पेश करती है। ये फार्मूले हवाई अड्डे, राष्ट्रीय राजमार्ग एवं बंदरगाहों जैसे ढाँचागत क्षेत्रों में भी कमोबेश सफल हुए हैं। लेकिन, आम आदमी की रोजमर्रा की जिन्दगी से जुड़े बिजली आपूर्ति, पेय जल और सिंचाई की व्यवस्था जैसे ढाँचागत क्षेत्रों में इनकी राजनीतिक स्वीकार्यता नहीं है। इसका प्रमुख कारण यह है कि कर्मचारियों की छंटनी और सेवाओं के उपयोग के दामों में भारी वृद्धि जैसे अलोकप्रिय निर्णय लेने की इजाजत जनादेश नहीं देता। इन विरोधाभासों को संतुलित करने के लिए रेलवे द्वारा अपनाए गए समावेशी सुधार कार्यक्रम की रणनीति से काफी उपयोगी मार्गदर्शन मिल सकता है। विभिन्न ढाँचागत क्षेत्रों के लिए कोई रेडीमेड फारमूला नहीं हो सकता। हर क्षेत्र की समस्याएं एवं परिवेश अलग-अलग हैं। इसीलिए समावेशी सुधार कार्यक्रम की रणनीति व्यापार विशेष की आवश्यकताओं और संदर्भ को ध्यान में रखकर ही बनाई जा सकती है। रेलवे के कायाकल्प की रणनीति तो सिर्फ मार्गदर्शक सुझाव भर है, जिन्हें दूसरे बुनियादी क्षेत्रों के लिए समावेशी सुधार कार्यक्रम बनाते समय जेहन में रखा जा सकता है।

इस सिलसिले में तीन बातें सबसे महत्वपूर्ण हैं–एक, रेलवे का अनुभव

दर्शाता है कि व्यावसायिक एवं सामाजिक हितों के बीच संतुलन स्थापित किया जा सकता है। इसके लिए व्यापार के हर पहलू और हर नीति को सामाजिक और व्यावसायिक हिस्सों में अलग-अलग बाँटकर बारीकी से देखना और समझना जरूरी है। ज्यादातर ढाँचागत क्षेत्रों में सामाजिक दृष्टि से संवेदनशील पहलू 10-20 प्रतिशत से ज्यादा नहीं होते। रेलवे के मामले में ये गरीब यात्री, पिछड़े क्षेत्र तथा रेलकर्मी थे। दूसरे क्षेत्रों में संवेदनशील मुद्दे कुछ अलग हो सकते हैं। उदाहरण के लिए ऊर्जा क्षेत्र में किसानों, झुग्गी-झोपड़ियों और दूरदराज़ के इलाकों में सस्ती अथवा मुफ्त बिजली उपलब्ध कराने का जनादेश प्रायः देखने को मिलता है। लेकिन, गरीबों को सस्ती बिजली देने से होने वाले घाटे की भरपाई के लिए यह जरूरी नहीं है कि मंझोले और बड़े उद्योगों को इतनी ऊँची दरों पर बिजली उपलब्ध कराई जाए कि वे धीरे-धीरे बिजली बोर्डों से बिजली लेना ही बन्द कर दें और स्वयं की ऊर्जा उत्पादन इकाई लगा लें। जिस तरह रेलवे ने वातानुकूलित श्रेणियों के यात्री किराए में कमी कर करोड़ों रुपये कमाए, उसी प्रकार बिजली बोर्ड भी बड़े और छोटे उद्योगों, अमीर उपभोक्ताओं और पॉश कॉलोनियों में बिजली आपूर्ति की दरें व्यावसायिक सिद्धांतों के आधार पर निर्धारित कर मुनाफा कमा सकते हैं। इसी प्रकार दूर-दराज़ के गाँवों एवं शहर की झुग्गी-झोपड़ियों में बिजली पहुँचाने के लिए किया जाने वाला निवेश, बिजली बोर्डों द्वारा किए जाने वाले सालाना निवेश का एक छोटा-सा हिस्सा ही होता है। कुल निवेश की 90 प्रतिशत से अधिक राशि बिजली बोर्डों की क्षमता, उत्पादकता और कार्यकुशलता में सुधार लाने के लिए खर्च की जा सकती है।

संक्षेप में, समावेशी सुधार कार्यक्रम लागू करने के लिए व्यापार और राजनीतिक परिवेश की गहरी समझ नितांत जरूरी है। यही समझ समावेशी सुधार के ऐसे सफर को सुगम बना सकती है जिसमें संगठन, जनता और देश सभी जीतते हैं। उदाहरण के लिए, चाहे कोई भी क्षेत्र हो, उपलब्ध साधनों के अधिकतम उपयोग तथा राजस्व की चोरी को रोककर संगठन की वित्तीय स्थिति में अभूतपूर्व सुधार लाया जा सकता है। जिस तरह रेलवे ने मालगाड़ियों में ओवरलोडिंग पर रोक लगाकर हजारों करोड़ रुपये कमाए, उसी तरह ऊर्जा क्षेत्र में बिजली की चोरी रोक कर एवं बकाया बिल भुगतान की वसूली कर बिजली बोर्डों की वित्तीय स्थिति

में सुधार लाया जा सकता है। इस समझ को हकीकत में बदलने के लिए सभी विभागों को मिलजुल कर काम करने तथा व्यापारिक नजरिया अपनाने की जरूरत होगी। किसी भी किस्म की एकाधिकारवादी मानसिकता के लिए यहाँ कोई जगह नहीं है। इस तरह की सोच विकसित करने के लिए एकतरफ नौकरशाही को जनादेश का सम्मान करना होगा तो दूसरी तरफ राजनीतिक नेतृत्व को संगठन के रोजमर्रा के कामों में हस्तक्षेप करने से परहेज रखना होगा। आत्मानुशासन से ही प्रशासन के दो महत्वपूर्ण स्तंभों के बीच आपसी समझ, विश्वास और सम्मान की भावना जन्म ले सकती है।

दो, अभिनव सोच। तेजी से बदलते अंतरराष्ट्रीय परिदृश्य में सार्वजनिक उपक्रमों के लिए यह आवश्यक है कि व्यवसाय की प्रकृति, लागत ढांचे, मूल्य नीति आदि के बारे में दकियानूसी मान्यताओं पर प्रश्नचिह्न लगाकर यथार्थवादी और वस्तुपरक सोच विकसित की जाए। उदाहरण के लिए इस मनोवृत्ति को त्यागना होगा कि पैसा कमाना सरकारी कंपनियों का प्रमुख उद्देश्य नहीं है। इस अकाट्य सत्य को आत्मसात् करना जरूरी होगा कि वित्तीय रूप से कंगाल संस्थान समाज की सेवा नहीं कर सकते, वरन् उस पर बोझ ही बनते हैं। इसी प्रकार संगठन की उत्पादकता और कार्यकुशलता में अभूतपूर्व सुधार लाने के लिए संगठन का सारा ध्यान 'कंस्ट्रक्शन और प्रोक्योरमेंट' से हटाकर 'मौजूदा परिसंपत्तियों के सही रख-रखाव और अधिकतम उपयोग' पर केन्द्रित करना होगा।

तीन, कायाकल्प की रणनीति को साकार करने के लिए पाँच प्रमुख बातों पर खास निगाह रखनी जरूरी है। सबसे पहले तो लक्ष्य महत्वाकांक्षी रखने होंगे। लक्ष्यों को साकार करने के लिए विभिन्न विभागों के बीच आपसी संवाद, तालमेल तथा समन्वय सुनिश्चित करना होगा। निवेश बहुत सोच समझकर और रणनीतिक पक्ष को ध्यान में रखकर करने होंगे तथा इन सब के लिए मजबूत गठजोड़ बनाने होंगे। साधनों की उपलब्धता को ध्यान में रखते हुए नपे-तुले कदम उठाने होंगे, ताकि जोखिम भी नियंत्रण में रहे। अंत में निर्धारित लक्ष्यों को प्राप्त करने के लिए सारी ताकत झोंकनी होगी और तब तक धैर्य के साथ प्रयास जारी रखने होंगे, जब तक कि लक्ष्य प्राप्त न हो जाए। पैसा कमाने के लिए ये सब प्रयास ठीक उसी प्रकार से करने होंगे, जैसे एक कुशल व्यापारी करता है।

संक्षेप में, भारतीय रेल ने दशकों से चले आ रहे इस मिथक को तोड़ा है कि सामाजिक दायित्व मुनाफा कमाने की राह में रोड़ा है। अपने प्रयासों से भारतीय रेल ने पूरी दुनिया को दिखा दिया है कि सामाजिक दायित्वों के बखूबी निर्वहन के साथ-साथ मुनाफ़ा कमाया जा सकता है। रेलवे यह कदापि दावा नहीं करती कि भारतीय रेल के कायाकल्प का नुस्ख़ा सभी क्षेत्रों पर समान रूप से लागू होता है। अलग-अलग क्षेत्रों की अलग-अलग समस्याएं और विशिष्टताएं हैं और उसी के अनुरूप रणनीति बनानी अपेक्षित है। यहां उद्देश्य सिर्फ नीति निर्माताओं और प्रशासकों को पुनर्चिंतन करने के लिए प्रेरित करना है, ताकि निजी कंपनियों की भांति सार्वजनिक उपयोग की सेवा उपलब्ध कराने वाली सरकारी कंपनियाँ भी जरूरी सबक लेकर अपने व्यापार एवं कारोबार कंपनी को पुनर्जीवित कर सकें। अगले अध्यायों में हम कायाकल्प की इस कहानी और रणनीति की विस्तार से चर्चा करेंगे।

2

भारतीय रेल का राजनीतिक अर्थशास्त्र

सांगठनिक ढाँचा और संचालन

भारतीय रेल एक अद्वितीय सरकारी संस्था है जिसे समझना जितना रोचक है उतना ही जटिल भी। निःसंदेह यह विश्व के सबसे बड़े सरकारी संस्थानों में से एक है। यह भारत सरकार के एक मंत्रालय के रूप में काम करती है। भारतीय रेल का नेटवर्क 63 हजार 300 किलोमीटर लम्बा है जिस पर प्रतिदिन 13 हजार गाड़ियाँ दौड़ती हैं। इनमें से नौ हजार सवारी गाड़ियाँ और शेष मालगाड़ियाँ होती हैं। यह न केवल गाड़ियाँ चलाती है, बल्कि अपने कारखानों एवं कार्यशालाओं में इंजन, सवारी डिब्बों और पहियों का निर्माण एवं रख-रखाव भी करती है। रेलवे यात्री निवास, अस्पताल और विद्यालयों के प्रबंधन की जिम्मेदारी भी संभालती है। यही वजह है कि भारतीय रेल नीति निर्माताओं, विशेषज्ञों और अंतरराष्ट्रीय संगठनों के बीच चर्चा और कौतूहल का विषय बनी हुई है।

रेल मंत्री इस विशाल संगठन के मुखिया होते हैं, जो जनादेश लेकर आते हैं। संगठन के मुख्य रूप से तीन प्रशासनिक स्तर हैं–रेलवे बोर्ड, क्षेत्रीय रेलवे और मंडल कार्यालय। रेलवे बोर्ड शीर्ष प्रशासनिक संस्था है। इसमें अध्यक्ष के अलावा सचिव स्तर के छह पदाधिकारी होते हैं। सदस्य यातायात, सदस्य बिजली, सदस्य इंजीनियरी, सदस्य यांत्रिक तथा वित्त आयुक्त अपने-अपने क्षेत्र के विशेषज्ञ एवं अनुभवी पदाधिकारी होते हैं। छठा पदाधिकारी सदस्य कार्मिक कहलाता है। चूंकि ये सभी सदस्य सेवानिवृत्त होने से एक-दो वर्ष पूर्व ही इन पदों पर पहुँच पाते हैं इसलिए इनका कार्यकाल काफी छोटा होता है। रेलवे बोर्ड अपने

35 निदेशालयों के माध्यम से नीति निर्धारण एवं तकनीकी पर्यवेक्षण कार्यों को निष्पादित करता है।

चित्र 2.1 भारतीय रेल का सांगठनिक ढाँचा

राजनीतिक जनादेश	रेल मंत्री एवं राज्य मंत्री
नीति निर्धारण एवं तकनीकी नेतृत्व	रेलवे बोर्ड
भौगोलिक आधार पर गठित स्वायत्त प्रशासनिक इकाइयाँ	16 क्षेत्रीय रेलवे
फील्ड इकाइयाँ	68 मंडल

क्षेत्रीय रेलवे मंडल कार्यालय रेलवे बोर्ड के बीच की कड़ी के रूप में काम करते हैं। इनकी कमान महाप्रबंधक सँभालते हैं जो बोर्ड की सामान्य निगरानी में काम करते हैं। वर्तमान में कुल 16 क्षेत्रीय रेलवे हैं जिन्हें प्रशासनिक एवं तकनीकी कार्यों के निष्पादन के लिए काफी स्वायत्तता प्राप्त है। एक क्षेत्रीय रेलवे में कई मंडल होते हैं जिनका नेतृत्व मंडल रेल प्रबंधक करता है। रेलवे में कुल 68 मंडलीय कार्यालय हैं। इसके अतिरिक्त रेलवे की कई उत्पादन इकाइयाँ, कार्यशालाएं एवं प्रशिक्षण संस्थान भी हैं। रेलवे में लगभग 14 लाख अधिकारी एवं कर्मचारी कार्यरत हैं। इनमें से 16 हजार ग्रुप 'ए' एवं 'बी' के अधिकारी हैं, जबकि नौ लाख ग्रुप 'सी' एवं पाँच लाख ग्रुप 'डी' के कर्मचारी हैं।

भारतीय रेल का इतिहास

प्राय: यह माना जाता है कि भारत में रेलवे की शुरुआत 16 अप्रैल, 1853 को मुम्बई-थाणे रेल लाइन चालू होने के साथ हुई। लेकिन वास्तव में यह भारत की

पहली रेल लाइन नहीं थी। इससे 17 साल पहले चेन्नई के निकट 1836-37 में साढ़े तीन मील लंबी एक रेल लाइन बिछाई गई थी। इसी पर भारत की पहली मालगाड़ी चलाई गई थी। पाठकों को यह जानकर आश्चर्य होगा कि उस समय यह गाड़ी पवन ऊर्जा से चलाई जाती थी। इसीलिए इसे 'पवन चक्की रेल' भी कहा जाता था।

शुरू में भारत में रेल लाइन का निर्माण ईस्ट इण्डिया कंपनी सहित कई निजी ब्रिटिश कंपनियों द्वारा किया गया था। ये कंपनियाँ इंग्लैंड के पूँजी बाजार से पैसा जुटाकर रेल लाइनें बिछाने का काम करती थीं। बाद में बीकानेर, ग्वालियर और जोधपुर की रियासतों ने भी अपने-अपने इलाकों में रेल लाइनों का निर्माण करवाया। उस समय सरकार निजी कंपनियों को उनके द्वारा किए गए निवेश पर सालाना पाँच प्रतिशत की दर से निश्चित रिटर्न का भुगतान करती थी। रेल लाइन निर्माण की लागत जितनी ज्यादा होती थी, रिटर्न उतना ही ज्यादा होता था। इसीलिए रेल लाइन की निर्माण लागत बढ़ा-चढ़ा कर दिखाई जाती थी ताकि पाँच प्रतिशत की निर्धारित दर से रिटर्न मिलता रहे। दूसरे शब्दों में कहें तो उस समय ब्रिटिश सरकार से रेल निर्माण में वही गलतियाँ हुईं, जो उदारीकरण नीति लागू होने के प्रारंभिक वर्षों में निजी कंपनियों को नए बिजली उत्पादन संयंत्र लगाने में लागत के आधार पर किए गए निवेश पर 16 प्रतिशत रिटर्न की गारंटी देने में हुई थी। ब्रिटिश साम्राज्य को कई वर्ष बाद अपनी इस गलती का एहसास हुआ। इसीलिए सन् 1857 के प्रथम स्वतंत्रता संग्राम के बाद ब्रिटिश सरकार ने रेल निर्माण एवं उसके प्रबंधन का काम धीरे-धीरे अपने हाथों में ले लिया। आजादी के वक्त देश में 42 रेलवे प्रणालियाँ थीं। भारत सरकार ने इन सबका राष्ट्रीयकरण कर दिया। इस तरह सरकार के एक मंत्रालय के रूप में भारतीय रेल का प्रादुर्भाव हुआ। आजादी के समय विभिन्न रेल प्रणालियों में अलग-अलग तरह की रेल तकनीक, रोलिंग स्टॉक (इंजन, मालडिब्बे आदि) और पटरियाँ प्रयोग में लाई जा रही थीं। इन सबको एक सूत्र में पिरो कर एकरूपता लाने के लिए रेलकर्मियों को भागीरथ प्रयास करने पड़े। भारतीय रेल के 155 साल के गौरवशाली इतिहास के कुछ महत्त्वपूर्ण पड़ाव चित्र 2.2 में देखे जा सकते हैं।

चित्र 2.2 भारतीय रेल का सफरनामा

तकनीकी पड़ाव

1836
चेन्नई के निकट चिन्ताद्रिपेट में साढ़े तीन किलोमीटर लम्बी रेल लाइन का निर्माण। इस पर पवन चालित मालगाड़ियाँ चलती थीं

1853
16 अप्रैल को मुम्बई से थाणे के बीच सवारी गाड़ी की शुरुआत

1891
तृतीय श्रेणी के डिब्बों में शौचालय की व्यवस्था

1925
पहली विद्युत चलित ट्रेन की शुरुआत

1936
वातानुकूलित कोच की शुरुआत

1950
चितरंजन कारखाने में पहले स्वदेशी भाप इंजन का उत्पादन

1967
सीमेंट-कंक्रीट स्लीपर की शुरुआत

1969
दिल्ली से हावड़ा के बीच पहली राजधानी एक्सप्रेस की शुरुआत

1971
आमान परिवर्त नीति को स्वीकृति

1973
भाप इंजन का उत्पादन बन्द

1984
कोलकाता में पहली भूमिगत मेट्रो सेवा की शुरुआत।

1985
कम्प्यूटर आधारित आरक्षण की शुरुआत

1988
शताब्दी एक्सप्रेस की शुरुआत

1998
कोंकण रेलवे का शुभारम्भ

2002
जनशताब्दी ट्रेन की शुरुआत

2006
गरीब रथ और ई–टिकटिंग की शुरुआत

संस्थागत पड़ाव

1849
नई लाइन के निर्माण के लिए निःशुल्क भूमि का आवंटन एवं किए गए निवेश पर पाँच प्रतिशत के रिटर्न की सरकारी गारंटी

1887
विक्टोरिया टर्मिनल मुम्बई का निर्माण

1890
भारतीय रेलवे अधिनियम पारित

1905
रेलवे बोर्ड का गठन

1924
एकवर्थ कमेटी द्वारा रेलवे के लिए अलग बजट की अनुशंसा

1930
उच्च तकनीकों के समावेश के लिए केन्द्रीय मानक कार्यालय का गठन

1947
स्वतन्त्रता के पश्चात् 42 रेल प्रणालियों का राष्ट्रीयकरण

1950
छह क्षेत्रीय रेलवे का गठन

1957
तकनीकी मानकों के विकास हेतु अनुसन्धान, अभिकल्प एवं मानक संगठन (आरडीएसओ) का गठन

1974
राइटस का गठन

1976
इरकॉन का गठन

1979
रेल विद्युतीकरण हेतु केन्द्रीय संगठन का गठन

1986
रेलवे सूचना प्रणाली केन्द्र (क्रिस) का गठन

1986
भारतीय रेलवे वित्त निगम लिमिटेड का गठन

1988
कॉनकोर का गठन

1998
गिनीज बुक ऑफ वर्ल्ड रिकार्ड द्वारा फेयरी क्वीन को विश्व का सबसे पुराना चालू भाप इंजन का दर्जा

1999
- दार्जिलिंग रेल विश्व धरोहर सम्पदा घोषित
- दिल्ली रूट रिले इंटरलाकिंग सिस्टम को गिनीज सर्टीफिकेट भारतीय रेलवे
- पर्यटन एवं खानपान निगम का गठन

2000
भारतीय रेलटेल कार्पोरेशन लिमिटेड का गठन

2002
रेल विकास निगम लिमिटेड का गठन

2002
सात अतिरिक्त क्षेत्रीय रेलवे के गठन के साथ ही क्षेत्रीय रेलवे की संख्या बढ़कर 16 हुई

1980 का संचालनिक संकट

भारतीय रेल और तकनीक के बीच गहरा संबंध रहा है। रेलवे में 1950 से 1980 के बीच आधुनिकीकरण एवं तकनीकी उन्नयन के अनेक कार्य किए गए। भाप इंजन का स्थान धीरे-धीरे डीजल और विद्युत इंजन ले रहे थे। पुराने चार पहिए वाले माल डिब्बे की जगह आठ पहिए वाले माल डिब्बे आ रहे थे। नए रोलिंग स्टॉक पुराने की अपेक्षा काफी बेहतर थे और इनका रख-रखाव भी कम करना पड़ता था। लेकिन इंजन, सवारी डिब्बे और माल डिब्बे एक बार बनने के बाद 35 से 40 साल तक चलते हैं इसलिए उन्हें समय से पहले अचानक हटाना संभव नहीं था। नतीजतन, एक तरफ नए माल डिब्बे की खरीद होती रही तो दूसरी तरफ पुराने भी सेवा में बने रहे। इस बेमेल खिचड़ी से रेल संचालन में काफी दिक्कत हो रही थी। दूसरी कठिनाई यह थी कि पहले रेलवे फुटकर में एक-एक पैकेट माल बुक किया करती थी। इससे हर 400 किलोमीटर के बाद माल गाड़ियों में डिब्बों को काटना और जोड़ना पड़ता था। इस सबसे गाड़ियों के तेज संचालन में काफी कठिनाइयाँ आती थीं। कुल मिलाकर रेलवे न तो देश की तेजी से बढ़ती हुई अर्थव्यवस्था के साथ कदम से कदम मिलाकर चल पा रही थी और न ही उसे अपेक्षित गति दे पा रही थी। एक समय ऐसा भी था जब रेलवे की सुस्ती की वजह से ताप बिजलीघरों तथा स्टील कारखानों को समय पर कच्चा लोहा और कोयला मिलना मुश्किल हो गया था। रेलवे की आंतरिक शब्दावली में इस स्थिति को 'संचालनिक संकट' कहा जाता है। तत्कालीन प्रधान मंत्री श्रीमती इंदिरा गाँधी ने

इस स्थिति से निपटने के लिए रेलवे बोर्ड के अध्यक्ष सहित सभी सदस्यों को एकसाथ उनके पदों से हटा दिया और मध्य रेलवे के महाप्रबंधक श्री एम.एस.गुजराल को रातों-रात रेलवे बोर्ड का अध्यक्ष नियुक्त कर दिया।

श्री गुजराल ने पदभार ग्रहण करने के बाद अनेक साहसिक कदम उठाए और एकसाथ कई पहलुओं पर काम किया। उन्होंने न केवल पुरानी और नई तकनीक के माल डिब्बों को अलग-अलग किया, बल्कि एक-एक पैकेट माल बुक करने की परंपरा का भी अंत कर दिया। पहले निर्णय से जहाँ गाड़ियों की कार्यकुशलता बढ़ गई, वहीं दूसरे निर्णय के परिणामस्वरूप हर 400 किलोमीटर पर मालगाड़ियों में डिब्बे जोड़ने और काटने की विलंबकारी प्रक्रिया समाप्त हो गई। श्री गुजराल द्वारा उठाए गए अन्य साहसिक कदमों में इंजन ड्राइवरों एवं ट्रेड यूनियनों को अनुशासित करने तथा कसौटी पर खरे न उतरने वाले अकुशल अधिकारियों को रातों-रात स्थानांतरित करना शामिल था। इससे रेलवे की संचालनिक कार्यकुशलता में अभूतपूर्व सुधार हुआ और गाड़ियाँ न केवल समय पर तेजी से चलने लगीं, बल्कि माल लदान में एक नया इतिहास रचा गया। अस्सी के दशक में किया गया अतिरिक्त माल लदान पूर्व के दशक की तुलना में चार गुना ज्यादा था। श्री गुजराल भारी मालगाड़ियाँ चलाने के प्रस्ताव पर भी विचार कर रहे थे लेकिन यकायक उनका स्थानांतरण हो जाने के कारण इस पर अगले ढाई दशक तक कोई निर्णय नहीं लिया जा सका।

2001 का वित्तीय संकट

वर्ष 2001 का वित्तीय संकट भारतीय रेल के लिए सबसे बड़ी चुनौती बनकर सामने आया। रेलवे का ऑपरेटिंग रेशियो बिगड़कर 98 प्रतिशत हो गया, इसका फंड बैलेंस घटकर मात्र 359 करोड़ रुपये रह गया और रेलवे लगातार दो साल भारत सरकार को लाभांश का भुगतान करने से चूक गई। इतना ही नहीं रेलवे के पास पुरानी परिसंपत्तियों को बदलने तक के लिए पैसे नहीं थे। माल लदान में सालाना तीन प्रतिशत की वृद्धि हो रही थी और आमदनी के मुकाबले खर्चे कहीं ज्यादा तेजी से बढ़ रहे थे। परिणामस्वरूप रेलवे की वित्तीय स्थिति तेजी से बिगड़ती जा रही थी। डॉ. राकेश मोहन समिति ने तो यहाँ तक भविष्यवाणी कर

डाली थी कि यदि यही हाल रहा तो वर्ष 2016 तक रेलवे का दिवाला पिट जाएगा।

रेलवे की वित्तीय स्थिति खराब होने के अनेक आंतरिक और बाह्य कारण थे। एक प्रमुख कारण वर्ष 1991 में नई आर्थिक नीति लागू होने के बाद देश की समाजवादी अर्थव्यवस्था में आमूलचूल बदलाव होना था। उदारीकृत आर्थिक नीति के तहत देश को लाइसेंस राज से मुक्ति मिली और कोटा-परमिट व्यवस्था का अंत हो गया। आयातित वस्तुओं पर शुल्क घटा दिए गए और सरकारी क्षेत्र के लिए आरक्षित तमाम उद्योग निजी क्षेत्र के लिए खोल दिए गए। संक्षेप में 'समाजवादी अर्थव्यवस्था' तेजी से 'बाजार आधारित अर्थव्यवस्था' की ओर कदम बढ़ा रही थी। चूंकि अब देश के उद्योगों को दूसरे देशों के उद्योगों से कड़ी प्रतिस्पर्द्धा का सामना करना पड़ रहा था, लिहाजा सभी कंपनियाँ अपनी लागत घटाने के हर संभव उपाय कर रही थीं। नई आर्थिक नीति लागू होने से पूर्व भाड़ा एकीकरण नीति के तहत स्टील की ढुलाई का भाड़ा पूरे देश में एक समान रहता था। स्टील की बिक्री पूरे देश में एक ही कीमत पर की जाती थी। इसलिए स्टील कंपनियों को इस बात से कोई विशेष फर्क नहीं पड़ता था कि रेलवे का मालभाड़ा कम है अथवा ज्यादा। नई आर्थिक नीति लागू होने के बाद भाड़ा एकीकरण की नीति समाप्त कर दी गई। फलस्वरूप स्टील परिवहन की पूरी लागत कंपनियों को स्वयं वहन करनी पड़ने लगी। इसीलिए स्टील कंपनियाँ परिवहन लागत को कम करने के लिए हर संभव उपाय करने लगीं। इसी दौरान देश में सड़कों का भी तेजी से विकास हो रहा था। ट्रक स्टील को फैक्ट्री से उठाकर सीधे ग्राहक के दरवाजे तक पहुँचाते हैं। इसलिए कुल मिलाकर ट्रक रेलवे की अपेक्षा सस्ते पड़ने लगे। इससे ट्रकों से ढुलाई बढ़ने लगी। खाद, पेट्रोलियम पदार्थ जैसी अनेक वस्तुओं में कमोबेश इसी प्रकार के परिवर्तन हुए। इन सबका रेलवे के माल व्यवसाय पर प्रतिकूल असर पड़ा। बढ़ती हुई संचालनिक लागत की भरपाई करने के लिए रेलवे साल दर साल महँगी वस्तुओं और वातानुकूलित श्रेणियों के किराए में बार-बार वृद्धि करती रही। इन सब कारणों से इसकी प्रतियोगी क्षमता कमजोर होती गई। जिसका ख़ामियाजा उसे बाज़ार में हिस्सेदारी गँवाकर अदा करना पड़ा। इतना ही नहीं राजकोषीय घाटा अधिक होने के कारण रेलवे को केंद्र सरकार से मिलने वाली बजटीय सहायता भी उत्तरोत्तर कम होती गई।

दिवालियेपन के कगार पर

वर्ष 2001 तक रेलवे की वित्तीय स्थिति नाजुक और भयावह हो चुकी थी। डॉ. राकेश मोहन की अध्यक्षता में गठित विशेषज्ञ समिति की राय में रेलवे की बिगड़ती वित्तीय स्थिति के लिए मुख्य रूप से पाँच कारण जिम्मेदार थे :

एक, रेलवे की वित्तीय स्थिति मुख्यतः उसके 'दोहरे व्यक्तित्व' के कारण बिगड़ी। रेलवे के व्यावसायिक और सामाजिक दायित्वों के बीच के विरोधाभास को ही इस समिति ने 'दोहरे व्यक्तित्व' की संज्ञा दी थी। विशेषज्ञ दल का मानना था कि कमोबेश सारे रेल मंत्री रेलवे के निवेश संबंधी निर्णयों में हस्तक्षेप करते हैं और ऐसी योजनाओं में निवेश करने के लिए रेलवे को विवश करते हैं जिनमें मुनाफा तो दूर, उलटे घाटा होता है। इतना ही नहीं आम आदमी के हितों की रक्षा के नाम पर निम्न श्रेणी के यात्री किराए कम रखे जाते हैं। यात्री व्यवसाय के घाटे की भरपाई के लिए रेलवे को मालभाड़े एवं उच्च श्रेणियों के यात्री किराए में वृद्धि करनी पड़ती है। इसका खामियाजा उसे बाजार में घटती हुई भागीदारी के रूप में चुकाना पड़ता है।

दो, भारतीय रेल नीति-निर्धारण, गाड़ी-संचालन एवं मूल्य-निर्धारण सहित सभी कार्य स्वयं करती है। इसलिए संगठन के किसी भी स्तर पर जिम्मेदारी तय करना कठिन होता है।

तीन, गाड़ी-संचालन के मुख्य कार्य के अलावा रेलवे इंजन एवं डिब्बों का ही निर्माण नहीं करती बल्कि सामाजिक जिम्मेदारी के तहत अस्पताल, स्कूल, यात्री निवास, होटल, स्टाफ क्वार्टर और प्रशिक्षण संस्थान भी चलाती है। इतनी सारी जिम्मेदारियाँ निभाने से रेलवे का ध्यान कार्यकुशलता और उत्पादकता जैसे प्रमुख कार्यों से हट जाता है। यह सब उस समय तो ठीक था, जब देश का समुचित विकास नहीं हुआ था, लेकिन आज के जमाने में इन गतिविधियों को जारी रखने का कोई औचित्य नहीं है।

चार, बजटीय घाटा अधिक होने के कारण भारत सरकार भी साल-दर-साल राजकोष से पैसा देकर रेलवे के घाटे की भरपाई करने की स्थिति में नहीं थी। यही कारण था कि पाँचवीं पंचवर्षीय योजना (1975-80) के मुकाबले नौवीं योजना (1997-2002) में बजटीय सहायता 75 प्रतिशत से घटकर मात्र 25

प्रतिशत रह गई। इसकी भरपाई करने के लिए भारतीय रेल वित्त निगम (IRFC) के माध्यम से बाजार से कर्ज लेना पड़ता है, जिससे रेलवे पर कर्ज का बोझ बढ़ता जा रहा था।

पाँच, 16 लाख रेलकर्मियों एवं 11 लाख पेंशन भोगियों के वेतन एवं पेंशन के खर्चे तेजी से बढ़ रहे थे। 'पाँचवे वेतन आयोग' की सिफारिशें लागू होने के बाद रेलवे की वित्तीय स्थिति और भी खराब हो गई।

संक्षेप में, विशेषज्ञ दल की राय में दोहरे व्यक्तित्व, राजनीतिक हस्तक्षेप, सरकार से मिलने वाली बजटीय सहायता में कमी, निम्न उत्पादकता और गलत निवेश निर्णयों के कारण रेलवे की वित्तीय स्थिति बिगड़ती गई। विशेषज्ञ दल का यह मानना था कि रेलवे को इस संकट से उबरने के लिए कुछ कड़े निर्णय लेने पड़ेंगे। विश्व बैंक ने तो यहाँ तक टिप्पणी कर दी थी कि 'भारतीय रेल के पास दो ही विकल्प बचे हैं। सुधार कार्यक्रम को गंभीरतापूर्वक लागू कर जरूरी बदलाव करे अथवा वित्तीय और संचालनिक बर्बादी के लिए तैयार रहे।' स्थिति में सुधार लाने के लिए विशेषज्ञों ने निम्नलिखित सुझाव दिए :

- यात्री व्यवसाय का घाटा कम करने के लिए निम्न श्रेणी के किराए में अगले पाँच सालों तक आठ से दस प्रतिशत की सालाना वृद्धि की जाए।
- रेलवे को कई हिस्सों में विभाजित कर नीति-निर्धारण, किराया-भाड़ा निर्धारण, संचालन की जिम्मेदारियां अलग-अलग घटकों को सौंप दी जाएं।
- किराए भाड़े के निर्धारण के लिए एक स्वायत्त टैरिफ रेगुलेटर की स्थापना की जाए।
- अस्पताल, स्कूल, उत्पादन इकाइयों एवं कार्यशालाएं चलाने जैसे गैर-जरूरी कार्य रेलवे को नहीं करने चाहिए।
- 16 लाख कर्मचारियों की लम्बी फौज को अगले पाँच वर्षों में 25 प्रतिशत कम किया जाए।
- रेलवे के सामाजिक और व्यावसायिक दायित्वों को सही एवं साफ ढंग से परिभाषित कर उन्हें अलग-अलग किया जाए।

इस तरह की अनुशंसाओं ने रेल परिवार को बौद्धिक एवं भावनात्मक दोनों स्तर पर काफी उत्तेजित किया। रेलवे को पुनर्गठित करने के सुझाव के खिलाफ लाल झंडे के नीचे कर्मचारी संगठनों ने कोलकाता में धरना दिया। फिर भी, रेलवे ने विशेषज्ञों के अनेक सुझावों पर अमल किया। इनमें यात्री किराए में वृद्धि, सेवानिवृत्त होने वाले कर्मचारियों की जगह केवल एक तिहाई नए कर्मचारियों की भर्ती, विश्व बैंक एवं एशियाई विकास बैंक से ऋण लेना आदि शामिल था। इन प्रयासों के परिणामस्वरूप रेलवे की वित्तीय स्थिति में कुछ सुधार हुआ। लेकिन, इसके बावजूद वर्ष 2004 में रेलवे की वित्तीय स्थिति नाजुक बनी हुई थी।

किताबी नुस्ख़ों की व्यावहारिकता

रेलवे की माली हालत सुधारने के लिए विश्व बैंक और राकेश मोहन समिति द्वारा दिए गए सुझावों को लागू करने से सामाजिक असंतोष, बेरोजगारी और यात्री किराए में वृद्धि का खतरा बना रहता है। लालू जी जैसे जननेता इस बात को भली-भांति समझते हैं और इसीलिए अनेक नीतिगत मामलों में उनका नजरिया राकेश मोहन जैसे विशेषज्ञों से ठीक उलटा था। लालू जी द्वारा की गई निम्नांकित लोक-लुभावन घोषणाओं एवं निर्णयों से विशेषज्ञों द्वारा दिए गए सुझावों की अव्यावहारिकता स्पष्ट हो जाएगी :

एक, विशेषज्ञों ने रेलकर्मियों की संख्या 25 प्रतिशत कम करने का सुझाव दिया था, जबकि रेल मंत्री रेलवे को रोजगार के अवसर उपलब्ध कराने का एक माध्यम बनाना चाहते थे। पहले ही बजट में उन्होंने रेलवे स्टेशनों और रेलगाड़ियों में प्लास्टिक से बने कपों के प्रयोग पर रोक लगा दी और चाय-काफी कुल्हड़ में बेचने के आदेश दिए। इसी प्रकार उन्होंने गाड़ियों, स्टेशनों एवं रेल यात्री निवासों के भीतर मिल में बने कपड़े की जगह खादी और हैंडलूम के कपड़ों से बने चादर, तौलियों एवं कम्बलों का उपयोग करने की हिदायत दी। इन निर्णयों का उद्देश्य गाँव-देहात के गरीब कुम्हारों, कारीगरों एवं बुनकरों को रोजगार के अवसर उपलब्ध कराना था। उन्होंने रेलवे में नियुक्ति पर लगी रोक को समाप्त कर दिया। इतना ही नहीं, उन्होंने वर्षों से स्टेशनों पर बोझा ढो रहे 20 हजार कुलियों को 'गैंगमैन' के पद पर रेलवे में पक्की नौकरी दे दी।

दो, विशेषज्ञों ने द्वितीय श्रेणी के यात्री किराए में सालाना आठ से दस प्रतिशत की वृद्धि करने की अनुशंसा की थी। इसके विपरीत रेल मंत्री ने सभी श्रेणियों के किराए में कुछ न कुछ कमी कर दी। द्वितीय श्रेणी के किराए में प्रति टिकट तीन रुपये की कमी की गई। इसी प्रकार समिति ने रेलवे के लिए टैरिफ रेगुलेटर बिठाने का सुझाव दिया था, जबकि रेल मंत्री का मानना था कि वे जनता के प्रति जवाबदेह हैं और संसद ही देश का सबसे बड़ा 'रेगुलेटर' है। इसलिए अलग से टैरिफ रेगुलेटर बैठाने का कोई औचित्य नहीं है। टैरिफ निर्धारण में वे स्वायत्त नियामक नहीं, बल्कि स्वायत्तता चाहते थे।

तीन, विशेषज्ञों ने रेलवे की 'उत्पादन इकाइयों' के निजीकरण का सुझाव दिया था। इसके विपरीत रेल मंत्री ने रेल पहिए, सवारी एवं मालडिब्बे तथा डीजल और बिजली के इंजन बनाने के पाँच नए कारखाने लगाने की घोषणा कर दी। इनमें से तीन कारखाने उनके अपने संसदीय क्षेत्र छपरा और मधेपुरा में, जबकि चौथा कारखाना यू.पी.ए. अध्यक्ष श्रीमती सोनिया गाँधी के संसदीय क्षेत्र रायबरेली में लगना था। इससे पहले रेलवे माल डिब्बों व उसके महत्वपूर्ण कल-पुर्जों का निर्माण स्वयं नहीं करती थी, लेकिन रेलवे ने माल डिब्बे के बोगी-कपलर जैसे कलपुर्जे के कारखाने लगाने के लिए बिहार के डालमियानगर औद्योगिक विहार की जमीन खरीद ली। इतना ही नहीं, रेल मंत्री के आदेशानुसार बिहार के मोकामा एवं मुजफ्फरपुर में भारत वैगन इंजीनियरिंग कंपनी की दो रुग्ण इकाइयों का रेलवे ने अधिग्रहण कर लिया। विशेषज्ञों की राय थी कि रेलवे को इन गैरजरूरी कार्यों में पड़ने के बजाय सिर्फ रेल चलाने पर ध्यान केंद्रित करना चाहिए, परंतु रेल मंत्री ने इन कार्यों को रेलवे का 'सामाजिक दायित्व' समझकर अपनाया और आगे बढ़ाया।

चार, विशेषज्ञों ने घाटे की नई लाइनों और आमान परिवर्तन योजनाओं में निवेश की आलोचना की थी। परंतु रेल मंत्री ने 13 हजार किलोमीटर लम्बी छोटी लाइन को बड़ी लाइन में परिवर्तित करने की घोषणा कर दी। इसी प्रकार वर्ष 2005-08 के दौरान 10 हजार 500 करोड़ रु. की लागत से 41 नई रेल लाइनों के निर्माण को स्वीकृति दी गई। इसके अलावा इस अवधि में घाटे वाली यात्री सेवा को बन्द करने की बजाय 1,500 नई यात्री सेवाएँ प्रारंभ की गईं। इससे

पहले किसी भी रेल मंत्री ने अपने कार्यकाल में इतनी अधिक नई रेलगाड़ियां शुरू नहीं की थीं।

संक्षेप में, विशेषज्ञों के सुझाव किताबी ज्ञान पर आधारित थे। इन सुझावों को लागू करने से रेलकर्मियों तथा देश की गरीब जनता पर भारी बोझ पड़ना अवश्यंभावी था। आम जनता की राजनीति करने वाले लालू प्रसाद को यह सब मंजूर नहीं था। वह तो असंभव से दिखने वाले काम को संभव करके दिखाना चाहते थे।

संगठन को विश्वास में लेने की चुनौती

जब जुलाई 2004 में रेल मंत्री ने 'भारतीय रेल को दुनिया की अव्वल नंबर की रेल बनाने' की घोषणा की तो देश के बुद्धिजीवी वर्ग ने इसकी जमकर खिल्ली उड़ाई। लगभग एक साल तक अखबार, टीवी चैनल और यहाँ तक कि रेल भवन में बैठे कुछ लोग भी लालू जी की नीयत और काबिलियत पर तरह-तरह की आशंकाएं व्यक्त करते रहे। 15 सालों (वर्ष 1990 से 2004) तक बिहार राज्य के उनके शासनकाल को लेकर लोगों के मन में तमाम तरह की भ्रांतियाँ और आशंकाएं थीं। उनके रेल मंत्री बनने के बाद घटी दो घटनाओं ने आग में घी डालने का काम किया।

उनके कार्यकाल के प्रारंभिक महीनों में उत्तर प्रदेश के एक सांसद महोदय रेल मंत्री से मिलने रेल भवन आए। रेल मंत्री ने रेलवे बोर्ड के अध्यक्ष को बुलाकर सांसद महोदय की शिकायतों पर उचित कार्यवाही करने का निर्देश दिया। इसके तुरंत बाद रेल मंत्री तो संसद चले गए परंतु सांसद महोदय अध्यक्ष, रेलवे बोर्ड से मिलने उनके कक्ष में चले गए। अध्यक्ष, रेलवे बोर्ड और सांसद महोदय की बैठक के दौरान जो कुछ हुआ उसे अक्षरशः लिखना उचित नहीं होगा। यहाँ इतना ही कहना पर्याप्त होगा कि सांसद महोदय के व्यवहार से अध्यक्ष रेलवे बोर्ड ने अपने-आपको अपमानित महसूस किया। उनके ही कार्यालय में कोई उनकी बेइज्जती करे यह उनके लिए बर्दाश्त से बाहर था। लिहाजा, उन्होंने लंबी छुट्टी पर जाने का मन बना लिया। गौरतलब है कि नौकरशाही में इस तरह की छुट्टी को त्यागपत्र के रूप में देखा जाता है।

कुछ ही दिनों के बाद एक और घटना हो गई। एक दूसरे सांसद महोदय ने रेलवे बोर्ड के प्रशासनिक अधिकारियों से अपने निजी इस्तेमाल के लिए एक कार उपलब्ध कराने का अनुरोध किया। यद्यपि इस तरह रेल मंत्रालय से कार प्राप्त करना सांसद महोदय के अधिकार क्षेत्र से बाहर था, फिर भी उनके रसूख को देखते हुए मंत्रालय ने उनके लिए एक वातानुकूलित एंबेसडर कार भेज दी। लेकिन एंबेसडर कार देखते ही सांसद महोदय आग बबूला हो गए । उन्होंने कार यह कहकर लौटा दी कि उन्हें एक होंडा सिटी कार चाहिए। अधिकारियों ने उनके इस आदेश का भी पालन किया।

संक्षेप में, ऐसी घटनाओं से इन आशंकाओं को बल मिला कि अब रेलवे कुशासन का शिकार हो जाएगी। समाचारपत्रों एवं टीवी चैनलों में भी मंत्री, उनके परिवार तथा पार्टी के बारे में तरह-तरह की मसालेदार खबरें आने लगीं। हर घटना को बिहार में उनके 15 साल के शासन के परिप्रेक्ष्य में देखा जा रहा था। किसी को भी इस बात का अंदाजा नहीं था कि इस बार लालू जी रेल मंत्री के रूप में अपनी प्रशासनिक क्षमता का लोहा मनवाने के लिए कटिबद्ध थे। लिहाजा, इन दोनों घटनाओं पर उन्होंने बेहद कड़ा रुख अपनाया। जैसे ही उन्हें अध्यक्ष, रेलवे बोर्ड के साथ दुर्व्यवहार की जानकारी मिली, वे तुरंत रेल भवन आए और उन्हें अपने कमरे में बुलाया। उन्होंने न केवल अध्यक्ष, रेलवे बोर्ड में अपना पूरा विश्वास व्यक्त किया बल्कि उन्हें आश्वस्त किया कि रेलवे बोर्ड के रोजमर्रा के कार्यों में किसी प्रकार का राजनीतिक हस्तक्षेप बर्दाश्त नहीं किया जाएगा।

दूसरी घटना की जानकारी होने पर भी रेल मंत्री को काफी हैरानी हुई। उन्होंने रेलवे बोर्ड से यह जानना चाहा कि इस तरह के गैर-वाजिब अनुरोध को क्यों माना गया? ऐसी घटनाओं की पुनरावृत्ति रोकने के लिए उन्होंने रेलवे बोर्ड और सभी क्षेत्रीय रेलवे के महाप्रबंधकों को इस तरह के अनुरोध न मानने और नियमानुसार कार्रवाई करने के लिखित निर्देश दिए। निर्देश में यह भी स्पष्ट किया गया कि यदि कोई व्यक्ति मंत्री के नाम का दुरुपयोग कर किसी प्रकार का हस्तक्षेप करता है तो संबंधित अधिकारियों को पत्र लिखकर बोर्ड से निर्देश मँगाने होंगे। इतना ही नहीं, क्षेत्रीय एवं मंडलीय कार्यालयों को यह भी लिखित निर्देश दिए गए कि रेल मंत्री अथवा उनके निजी स्टाफ के हस्ताक्षर से प्राप्त होने वाले पत्रों पर भी तब

तक कोई कार्रवाई न की जाए जब तक कि उन पत्रों की प्रामाणिकता को रेलवे बोर्ड से संपुष्ट न करा लिया जाए। यह उल्लेखनीय है कि सरकारी प्रक्रिया में सामान्यत: रेल मंत्री अथवा उनके निजी स्टाफ सीधे क्षेत्रीय कार्यालयों से पत्राचार नहीं करते। सभी सरकारी आदेश पदाधिकारियों द्वारा निर्गत किए जाते हैं न कि रेल मंत्री अथवा उनके निजी स्टाफ द्वारा। चूंकि पुरानी आदतें जल्दी नहीं जातीं इसलिए शुरू के महीनों में इन निर्देशों को कुछ महीने के अंतराल पर कई बार क्षेत्रीय रेलवे एवं मंडल कार्यालयों को दोहराया गया। फिर भी प्रारंभिक महीनों में कई छिट-पुट घटनाएं होती रहीं। ऐसी घटनाओं में रिश्तेदारों या पार्टी कार्यकर्ताओं द्वारा खरीदी गई टिकट की श्रेणी से कहीं ऊँची श्रेणी में यात्रा करना तथा पटना में राजधानी एक्सप्रेस का प्लेटफार्म जबरदस्ती बदलवाना उल्लेखनीय है। सभी घटनाओं में रेल मंत्री ने सख्त रवैया अपनाया और नियमों का उल्लंघन करने वालों पर कड़ा जुर्माना लगाने जैसी कार्रवाइयों को जायज ठहराया। पार्टी कार्यकर्ताओं एवं सगे-संबंधियों की नाराज़गी के बावजूद वह जरा भी नहीं डिगे। इस बार लालू जी ने प्रबंधन के महान चिंतक पीटर ड्रकर के इन शब्दों को अच्छी तरह आत्मसात् कर लिया था कि 'प्रभावी नेतृत्व के लिए आत्मानुशासन पहली आवश्यक शर्त है।' उनके मामले में यह अनुशासन न केवल स्वयं पर अपितु सगे-संबंधियों एवं पार्टीजनों पर भी रखना था। रेल मंत्री के इस रुख से आशंकाओं के बादल छंटने लगे और रेलकर्मियों के मन में उनके प्रति आदर की भावना जगने लगी और वे उनकी प्रशासनिक कार्यकुशलता को लेकर आश्वस्त होने लगे।

इतना ही नहीं, रेल मंत्री ने रोजमर्रा के सरकारी कार्यों में निष्पक्ष रवैया अपनाया। शुरुआती दिनों में अधिकारी इस बात को लेकर आशंकित थे कि अब स्थानांतरण और पदोन्नतियाँ जात-पात के आधार पर होंगी। परंतु यह सब न केवल योग्यता के आधार पर हुआ बल्कि अधिकारियों को अपनी टीम खुद चुनने की पूरी आजादी दी गई। रेलवे द्वारा प्रति वर्ष दिए जाने वाले खरबों रुपये के ठेके में भी रेल मंत्री ने पूरी पारदर्शिता बरते जाने तथा किसी व्यक्ति या कंपनी विशेष के साथ भेदभाव न करने के निर्देश दिए।

इस संदर्भ में सफल प्रशासन के लिए राजनीतिक नेतृत्व और नौकरशाही की पारस्परिक भूमिका को समझना और तद्नुसार कार्यवाही करना बेहद जरूरी

था। भारत के संविधान में इन भूमिकाओं का विस्तारपूर्वक वर्णन किया गया है। रेल मंत्री जनादेश लेकर आते हैं–'रेलवे का निजीकरण नहीं होगा, छंटनी नहीं होगी तथा किराया नहीं बढ़ेगा' जैसे नीतिगत मुद्दे वे तय करते हैं। दूसरी ओर नौकरशाही नीतियों का नियमानुसार कार्यान्वयन करती है। संविधान इस बारे में पूरी तरह से स्पष्ट है। फिर भी व्यवहार में संविधान के इन दोनों स्तंभों के बीच प्रायः टकराव और अंतर्विरोध की स्थिति बन जाती है। कुछ राजनेता जनादेश के नाम पर स्थानांतरण, प्रोन्नति, ठेके प्रदान करने जैसे रोजमर्रा के कार्यों में हस्तक्षेप करने लगते हैं। दूसरी ओर नौकरशाही जनादेश के प्रति ढुलमुल रवैया अपनाने लगती है। इससे संविधान के इन दोनों स्तंभों के बीच आपसी मनमुटाव और अविश्वास की भावना उत्पन्न होती है जिसका प्रतिकूल असर संगठन की कार्यकुशलता एवं उत्पादकता पर पड़ता है। यदि राजनेता दैनिक कार्यों में हस्तक्षेप न करें और नौकरशाही जनादेश की मर्यादा का पालन करे तो संगठन को नई दिशा मिल सकती है।

जनादेश और राजनीतिक हस्तक्षेप में किया गया यही फर्क रेलवे के कायाकल्प की बुनियाद बना। एक ओर रेल मंत्री ने रेलवे के दैनिक कार्यकलापों में हस्तक्षेप न कर लोकतंत्र की मर्यादा का पालन किया, तो दूसरी ओर अधिकारियों ने भी जनादेश का आदर कर लोकतंत्र को मजबूती प्रदान की। इससे संविधान के इन दो स्तंभों के बीच एक-दूसरे के प्रति आपसी समझ और विश्वास की भावना विकसित हुई। 'दिवाला से दीवाली' तक का यह सफर इसी आपसी विश्वास, संवाद और तालमेल की बदौलत संभव हुआ। यह कहना गलत होगा कि संविधान के दोनों स्तंभों के बीच अब किसी प्रकार के मतभेद नहीं हैं। मतभेद तो लोकतंत्र की बुनियाद हैं। परंतु महत्वपूर्ण बात यह है कि दोनों स्तंभों ने अपनी-अपनी 'लक्ष्मण रेखा' नहीं लाँघी। नेतृत्व और नौकरशाही के बीच की यह समझ यकीनन बेहद महत्वपूर्ण थी, लेकिन पर्याप्त नहीं। रेलवे का वित्तीय कायाकल्प करने के लिए रेलवे के राजनीतिक अर्थशास्त्र की पैनी समझ भी नितांत जरूरी थी।

रेलवे के राजनीतिक अर्थशास्त्र का विश्लेषण

रेल मंत्री प्रायः रेलकर्मियों को गाँव-देहात की कहानियाँ सुनाकर प्रोत्साहित करते रहते हैं। शुरुआती दिनों में वे यह कहते सुने जाते थे कि जब मेरे जैसा ग्वाला

कुछ गायों से शुरुआत कर सैकड़ों गायों का मालिक बन सकता है तो दो लाख माल डिब्बे, 40 हजार सवारी डिब्बे और आठ हजार इंजन वाली रेलवे घाटे में क्यों चलती है? लेकिन रेल मंत्री न तो गाय का दूध घाटे में बेचते हैं और न ही उनकी गौशाला में जरूरत से ज्यादा आदमी काम करते हैं। वे स्वयं न तो गायों के लिए पशु चिकित्सालय चलाते हैं और न ही गौशाला के कर्मचारियों के लिए स्कूल और अस्पताल चलाते हैं। वे गाय का दूध लागत से कम दाम पर नहीं बल्कि बाजार दाम पर बेचते हैं। ऐसा नहीं है कि रेल मंत्री रेलवे की सामाजिक जिम्मेदारियों को नहीं समझते। ऐसा भी नहीं है कि वे यह नहीं समझते कि गौशाला और रेलवे के प्रबंधन में भारी फर्क है। उन्हें इस बात का भी भलीभाँति एहसास है कि रेलवे की चुनौतियाँ गौशाला चलाने के मुकाबले कहीं ज्यादा कठिन और पेचीदी हैं।

रेलवे के व्यावसायिक हितों एवं सामाजिक दायित्वों के बीच के कथित विरोधाभास के संदर्भ में यह समझ लेना जरूरी है कि व्यापार में पैसा कैसे कमाया जाता है? इतना तो हर कोई समझता है कि सस्ता खरीदकर महँगा बेचने से फायदा होता है, जबकि लागत से कम पर बेचने से नुकसान होता है। निजी क्षेत्र की कंपनियाँ जब कभी घाटे का शिकार होती हैं तो वे वापस मुनाफे में आने के लिए अनेक तरह की तरकीबें अपनाती हैं। विश्वप्रसिद्ध कंपनी 'जनरल इलेक्ट्रिक' के तत्कालीन मुखिया जैक वेल्स ने अपनी पुस्तक 'स्ट्रेट फ्राम द गट' (दिल से) में इन विकल्पों का उल्लेख 'फिक्स, सेल ऑर क्लोज' के रूप में किया है। यानि घाटे के व्यापार को मुनाफे के व्यापार में तब्दील करो (फिक्स)। और यदि यह संभव न हो तो घाटे के व्यापार को बेच दो (सेल) और यदि खोजने पर भी वाजिब दाम पर खरीदार न मिले तो उसे बंद कर दो (क्लोज)। घाटे के व्यापार को मुनाफे के व्यापार में लाने के सिर्फ दो तरीके हैं। वस्तु की कीमत बढ़ा दो या फिर उसकी लागत इतनी घटा दो कि पुराने दामों पर ही मुनाफा होने लगे। यदि यह संभव न हो तो फिर ऐसे कारोबार को बेच दो और अगर खोजने पर भी खरीदार न मिले तो फिर ऐसे कारोबार को बंद करने में ही भलाई है। वित्तीय संकट से गुजरती 'जनरल इलेक्ट्रिक' को संकट से उबारने के लिए वेल्स की यह रणनीति मैनेजमेंट गुरु पीटर ड्रकर के इस सिद्धांत को ध्यान में रखकर बनाई गई थी कि, "यदि आप आज किसी व्यापार में नहीं हैं तो क्या आप उस व्यापार को अब शुरू करना चाहेंगे?

इसका उत्तर यदि न में है तो आप ऐसे पुराने व्यापार में क्यों फंसे हुए हैं।" यानि कि ऐसे घाटे के व्यापार को बेच देना और ग्राहक न मिलने पर उसे बंद कर देना ही आपके हित में होगा। वेल्स ने कड़ाई से इस सिद्धांत को 'जनरल इलेक्ट्रिक' पर लागू किया और कंपनी की ऐसी सभी इकाईयों को बेच डाला अथवा बंद कर दिया जिसमें उसे मुनाफा नहीं हो रहा था अथवा जिसमें 'जनरल इलेक्ट्रिक' की विश्वभर में हिस्सेदारी पहले अथवा दूसरे नंबर पर नहीं थी।

'जनरल इलेक्ट्रिक', 'आईबीएम' और सैकड़ों अन्य निजी कंपनियों में यह रणनीति काफी कारगर हुई। लेकिन रेलवे के लिए इस तरह की रणनीति आर्थिक रूप से वांछनीय होते हुए भी अव्यावहारिक थी, क्योंकि कारोबार को बेचने अथवा बंद करने से समाज को बेरोजगारी और छँटनी के रूप में बड़ी कीमत चुकानी पड़ती। वस्तुतः रेलवे को सामाजिक दायित्वों से कन्नी काटे बिना मुनाफा कमाने की अग्नि परीक्षा से गुजरना था। यह काम कठिन ही नहीं, बल्कि असंभव सा दिख रहा था। परंतु रेलवे ने इसे एक चुनौती के रूप में स्वीकार किया और यही रेलकर्मियों का मिशन बन गया। इस मिशन को अमली जामा पहनाने के लिए हर पुरानी मान्यता और पद्धति को नए सिरे से परखा गया और लीक से हटकर सोचने की संस्कृति को बढ़ावा दिया गया। इसके बाद समावेशी सुधार का यह सफर अपने-आप सुगम होता चला गया।

जनादेश की मर्यादा में रहकर सुधार

जनादेश की मर्यादा में रहते हुए पैसा कमाने के लिए हर नीति को दो बिन्दुओं पर खरा उतरना जरूरी है। एक : इस नीति से रेलवे को मुनाफा होता है अथवा घाटा कम होता है। दो : यदि मुनाफा होता है तो क्या उससे सामाजिक हितों की बलि चढ़ती है? इसीलिए यदि कोई नीति पहली कसौटी पर खरी उतरती है लेकिन दूसरी पर नहीं तो वह व्यावसायिक दृष्टि से तो वाँछनीय होती है लेकिन सामाजिक दृष्टि से स्वीकार्य नहीं होती। डॉ राकेश मोहन कमेटी ने इसी विरोधाभास को दूर करने के लिए रेलवे के सामाजिक दायित्वों का बोझ रेलवे की बजाय सरकार द्वारा वहन किए जाने का सुझाव दिया था। आइए देखते हैं कि यह विरोधाभास कितना गंभीर और चुनौती कितनी कठिन है।

यह जानने के लिए कि रेलवे अपने सामाजिक दायित्वों की वजह से दिवालियेपन की कगार पर पहुँची अथवा इसके लिए अन्य कारण जिम्मेदार थे, एक चार सूत्रीय रणनीति पर अमल किया गया। पहले कदम के रूप में हर व्यापार और हर नीति के सामाजिक और व्यावसायिक पहलुओं को अलग-अलग किया गया। चाहे रेलयात्रियों का मसला हो अथवा माल ग्राहकों का, मूल्य नीति हो या वाणिज्यिक नीति, संचालनिक नीति हो अथवा रख-रखाव नीति, हर मसले के मूल में जाकर इस कथित विरोधाभास को समझने का प्रयास किया गया। सरसरी तौर पर जो बात समझ में आई उसे हू-ब-हू स्वीकार नहीं किया गया। कुल मिलाकर कोशिश यह पता करने की थी कि कौन-कौन से कार्य ऐसे थे जिनकी वजह से रेलवे को घाटा हो रहा था, परंतु उन्हें रेलवे के सामाजिक दायित्वों के कारण बदला नहीं जा सकता था। दूसरी ओर कोशिश यह पता करने की भी थी कि व्यापार के ऐसे कौन-कौन से कार्य थे जिनमें किसी प्रकार की राजनीतिक दखलंदाजी नहीं थी और जिन्हें व्यापार के सामान्य सिद्धांतों के अनुसार चलाया जा सकता था। इस विश्लेषण के जो नतीजे सामने आए वे वाकई चौंकाने वाले थे।

एक, रेलवे के व्यापार एवं निवेश से जुड़े हर पहलू की गहराई से समीक्षा की गई। व्यापार वार विश्लेषण करने से पता चला कि रेलवे की कुल आमदनी के 22 प्रतिशत हिस्से वाले द्वितीय श्रेणी के यात्री व्यवसाय में ही रेलवे के सामाजिक दायित्वों की प्रधानता है। आमदनी के शेष 78 प्रतिशत हिस्से वाले माल व्यवसाय, वातानुकूलित श्रेणी के यात्री व्यवसाय तथा पार्सल और लगेज व्यवसाय का आम आदमी से कोई विशेष सरोकार नहीं है। इसलिए उनमें राजनीतिक संवेदनशीलता का कोई प्रश्न ही नहीं उठता। व्यापार के ये हिस्से पूरी तरह से व्यापार के सामान्य सिद्धांतों के अनुसार चलाए जा सकते हैं।

इसी प्रकार रेलवे की मूल्य नीति, व्यावसायिक नीति, संचालनिक नीति को तालिका बनाकर दो हिस्सों में बाँटा गया। एक में व्यावसायिक मुद्दे रखे गए, जबकि दूसरे में सामाजिक मुद्दे। इस विश्लेषण से ज्ञात हुआ कि इन नीतियों के 80 से 100 प्रतिशत हिस्से को रेलवे के व्यावसायिक हितों को ध्यान में रखकर चलाया जा सकता है।

तालिका 2.1 सामाजिक दायित्व एवं व्यावसायिक हितों में विभेद

नीतियाँ	सामाजिक दायित्व	व्यावसायिक हित
मूल्य नीति	द्वितीय श्रेणी के यात्री किराए	वातानुकूलित श्रेणी के यात्री किराए
	नमक ढुलाई का मालभाड़ा	नमक के अतिरिक्त माल व्यवसाय की 99 प्रतिशत वस्तुओं का मालभाड़ा
	केला, सन्तरा, आम इत्यादि फलों की पार्सल दरें	फलों के अतिरिक्त 90 प्रतिशत वस्तुओं की पार्सल दरें
वाणिज्यिक नीति	वरिष्ठ नागरिकों, छात्रों, किसानों, स्वतन्त्रता सेनानियों, सेना के जवानों आदि को दी जाने वाली रियायतें	कैटरिंग, पार्सल, लैंड लीजिंग और विज्ञापन से प्राप्त होने वाली 90 प्रतिशत से अधिक विविध आय
परिचालनिक नीति	यात्री गाड़ियों को संचालन में प्राथमिकता	सभी अन्य संचालनिक निर्णय
रख-रखाव एवं परीक्षण नीति	शून्य	100 प्रतिशत

इसी प्रकार निवेश नीति का विश्लेषण करने पर ज्ञात हुआ कि रेलवे केवल 20 प्रतिशत निवेश अपने सामाजिक दायित्वों के तहत करती है। ऐसे निवेशों में नई लाइन के निर्माण, आमान परिवर्तन और महानगरों की उपनगरीय रेल परियोजनाएं सम्मिलित हैं। 80 प्रतिशत निवेश परियोजनाओं के चयन में किसी प्रकार की राजनीतिक दखलंदाजी नहीं होती। नए चल स्टॉक खरीदने, विद्युतीकरण और नई सिगनल प्रणाली लगाने जैसे अधिकांश निवेश निर्णय रेलवे की संचालनिक एवं व्यावसायिक आवश्यकताओं को ध्यान में रखकर ही लिए जाते हैं। विश्लेषण के इस प्रथम कदम से व्यापार और निवेश के 80 प्रतिशत हिस्से में सुधार का रास्ता साफ हो गया। लेकिन, इसी से संतुष्ट नहीं हुआ गया। व्यापार एवं निवेश के बाकी बच्चे 20 प्रतिशत हिस्से में भी जब पैसा कमाने की संभावनाओं को टटोला गया तो सुधार का दायरा बढ़ता गया।

दो, राजनीतिक रूप से संवेदनशील मुद्दों में भी सामाजिक हितों की अनदेखी किए बिना लाभ कमाने की संभावनाओं को तलाशा गया। यह सही है कि रेलवे अपने सामाजिक दायित्वों के कारण द्वितीय श्रेणी के यात्री किराए नहीं बढ़ा सकती है। लेकिन यात्री किराए को छोड़कर यात्री व्यापार से जुड़े अन्य सभी मुद्दों पर रेलवे के व्यावसायिक हितों को ध्यान में रखकर निर्णय लिए जा सकते हैं। उदाहरण के तौर पर मुंबई की उपनगरीय गाड़ियों में प्रतिदिन 70 लाख लोग यात्रा करते हैं। इतनी जोड़ी आँखें और इतने ही पेट। मुंबई के छत्रपति शिवाजी टर्मिनस (मुंबई वी.टी.) अथवा चर्चगेट स्टेशन को ही लें जहाँ पर प्रतिदिन लाखों यात्री आते-जाते हैं। इनका इस्तेमाल कर विज्ञापन से करोड़ों रुपये कमाने की संभावनाएं रेलवे के पास मौजूद हैं। क्या ये आँखें 'क्योंकि सास भी कभी बहू थीं' टीवी सीरियल देखने वाली आँखों से कम हैं। इतना ही नहीं, टीवी देखने वाली आँखें पलक झपकते ही रिमोट के जरिए दूसरा टीवी चैनल देखने लगती हैं, जबकि यात्रा पूरी होने तक मुसाफिर रेलवे के अतिथि बने रहते हैं। फिर भी यदि रेलवे को इन आँखों के इस्तेमाल से महज कुछ करोड़ रुपये ही प्राप्त हो रहे थे तो इसके लिए राजनीतिक दखलंदाजी नहीं बल्कि व्यावसायिक दृष्टिकोण का अभाव जिम्मेदार था।

इसी प्रकार सामाजिक दायित्वों के तहत होने वाले 20 प्रतिशत निवेश में से नौ-नौ प्रतिशत निवेश नई लाइन निर्माण एवं आमान परिवर्तन पर और शेष दो प्रतिशत उपनगरीय रेल योजनाओं पर खर्च किया जाता है। लेकिन ऐसी सभी योजनाएं रेलवे के लिए व्यावसायिक रूप से अलाभप्रद नहीं होती। इनमें से कुछ ऐसी योजनाएं भी होती हैं जो कि सामाजिक और व्यावसायिक दोनों दृष्टि से लाभकारी होती हैं। उदाहरण के लिए आमान परिवर्तन योजनाओं को ही लें। विशेषज्ञों ने इन्हें रेलवे के लिए घाटे का सौदा बताया था, लेकिन पिछले कई दशकों से चल रही आमान परिवर्तन योजनाओं में से अनेक ऐसी योजनाएं थीं जिनमें पैसा कमाने की संभावनाएं निहित थीं। इसी क्रम में रेलवे ने ऐसी सभी आमान परिवर्तन योजनाओं की पहचान की जो कि व्यस्त रेलमार्गों के लिए वैकल्पिक मार्ग उपलब्ध करा सकती थीं अथवा जो बंदरगाहों को देश के अन्य हिस्सों से जोड़ने वाली संपर्क रेल लाइन का काम कर सकती थीं। संक्षेप में,

सामाजिक निवेश की बीस प्रतिशत राशि में से भी पाँच प्रतिशत निवेश रेलवे के व्यावसायिक हितों की कसौटी पर भी खरा उतरा। उक्त उदाहरणों का मकसद सिर्फ यह दिखाना है कि जैसे-जैसे गहराई से विश्लेषण किया गया, राजनीतिक दृष्टिकोण से संवेदनशील व्यापार के हिस्सों से भी पैसा कमाने का दायरा बढ़ता गया।

तीन, पूर्वाग्रहों से मुक्ति पाई गई। जब पूर्वाग्रहों का हकीकत से परिचय कराया गया तो कमाई का दायरा और बढ़ने लगा। उदाहरण के लिए पहले रेलवे यात्री की हैसियत और वस्तुओं की कीमत को ध्यान में रखकर किराया-भाड़ा तय करती थी। गरीब यात्रियों के लिए द्वितीय श्रेणी का किराया कम और अमीर यात्रियों की वातानुकूलित श्रेणी का किराया ज्यादा रखा जाता था। इसी प्रकार सस्ती वस्तुओं का मालभाड़ा कम और महँगी का अधिक रखा जाता था। इसमें दो राय नहीं कि द्वितीय श्रेणी का किराया बढ़ने से गरीब यात्रियों पर बोझ बढ़ता है। इसलिए राजनेता इसकी मुखालफत करते हैं। इसी आधार पर रेलवे के पदाधिकारियों ने यह पूर्वाग्रह बना रखा था कि रेल मंत्री सस्ती वस्तुओं का ज्यादा मालभाड़ा स्वीकार नहीं करते। लेकिन किसी भी रेल मंत्री को इस बात से फर्क नहीं पड़ता कि कच्चे लोहे का मालभाड़ा ज्यादा है या स्टील का। जरूरत सिर्फ इस पूर्वाग्रह से मुक्ति पाने की थी कि सस्ती वस्तुओं का मालभाड़ा कम रखा जाना चाहिए। और हुआ भी ऐसा ही। 2005-08 के बीच कच्चे लोहे की मालढुलाई की कीमतों में 50 प्रतिशत की वृद्धि की गई, फिर भी रेल मंत्री को संसद के भीतर अथवा बाहर किसी प्रकार के विरोध का सामना नहीं करना पड़ा। इसी प्रकार नौकरशाही इस पूर्वाग्रह से ग्रस्त थी कि उर्वरक और खाद्यान्नों का मालभाड़ा कम रखना जरूरी है, क्योंकि ये वस्तुएं राजनीतिक दृष्टि से बेहद संवेदनशील हैं। वे यह मानकर बैठे थे कि इनका मालभाड़ा बढ़ाने का बोझ सीधे समाज के गरीब लोगों और किसानों पर पड़ता है, जबकि वस्तुस्थिति इससे सर्वथा भिन्न थी। रेल मंत्री को यह बताया गया कि खाद और राशन की दुकान पर मिलने वाले अनाज की कीमतें सरकार तय करती है। रेल मालभाड़ा घटने अथवा बढ़ने से इनकी कीमतें कम अथवा ज्यादा नहीं होती, अपितु सरकार द्वारा संबंधित मंत्रालय को दी जाने वाली सब्सिडी की रकम कम अथवा ज्यादा हो जाती है। इस पर वे इन

वस्तुओं के सालों से न बढ़ाए गए मालभाड़े को बढ़ाने के लिए खुशी-खुशी तैयार हो गए। ये उदाहरण दर्शाते हैं कि वर्षों से चली आ रही मान्यताएँ कुछ और थी, जबकि जमीनी हकीकत कुछ और। इस प्रकार पूर्वाग्रहों का हकीकत से मिलान करने पर सुधार का दायरा बढ़ता गया।

चार, ऐसी नीतियों को टटोला गया जिनसे रेलवे और समाज दोनों की जीत होती है। सामाजिक दायित्वों से बंधी रेलवे उत्पादन इकाइयाँ बंद करके अथवा कर्मचारियों की छंटनी करके अपने खर्चे नहीं घटा सकती है। वस्तुतः रेलवे का अपने संचालनिक खर्चों पर कोई विशेष नियंत्रण नहीं है। लेकिन रेलवे उन्हीं कर्मचारियों की उत्पादकता एवं संपत्तियों की कार्यकुशलता बढ़ाकर प्रति इकाई लागत घटा सकती है। यद्यपि गाड़ियों के ड्राइवरों की छंटनी नहीं की जा सकती है लेकिन उन्हीं गाड़ियों में यात्रियों की संख्या बढ़ाकर अथवा उन्हीं ड्राइवरों से ज्यादा गाड़ियाँ चलवाकर रेलवे की प्रति इकाई लागत घटाई जा सकती है। व्यापार बढ़ाकर प्रति इकाई लागत घटाने से समाज और रेलवे दोनों को फायदा होता है। इसी प्रकार यद्यपि यात्री किराया बढ़ाना सामाजिक रूप से उचित नहीं है लेकिन सवारी गाड़ियों में अतिरिक्त डिब्बे जोड़ने से जहाँ प्रतीक्षारत लोगों की यात्रा सुगम होती है वहीं रेलवे की आमदनी बढ़ जाती है।

संक्षेप में, पूरा प्रयास जनादेश को राजनीतिक हस्तक्षेप का नाम देकर उसकी अवहेलना करना नहीं बल्कि जनादेश की मर्यादा में रहते हुए समावेशी सुधार कार्यक्रम लागू करने की संभावनाओं को टटोलना था। इस विश्लेषण से यह बात स्पष्ट हो गई कि व्यापार के विभिन्न पहलुओं के 80 से 100 प्रतिशत हिस्सों में सामाजिक दायित्व गौण और रेलवे के व्यावसायिक हित प्रधान थे। इससे यह बात भी साफ हो गई कि रेलवे के वित्तीय संकट के मूल में जनादेश नहीं बल्कि कुछ और था। वस्तुतः रेलवे के घाटे के लिए एकाधिकारी मनोवृत्ति, पैसा कमाने की बलवती इच्छा की कमी, व्यावसायिक दृष्टिकोण एवं ग्राहकोन्मुखी नीति का अभाव मुख्य रूप से जिम्मेदार तत्व थे। संकुचित विभागीय मानसिकता रेलवे की उत्पादकता को किस प्रकार कुप्रभावित कर रही थी, इस पर टंडन कमेटी ने लिखा था :

रग-रग में व्याप्त विभागीय मानसिकता रेलवे के लिए एक अभिशाप बन गई है। हर विभाग अपने आपको सर्वे-सर्वा समझता है। फलस्वरूप रेलवे में एक तरह की सामंती प्रवृत्ति ने जन्म ले लिया है जिसमें कुछ विभाग अपने आपको दूसरों से बड़ा समझते हैं। टीम भावना के अभाव और संकुचित विभागीय दृष्टि के कारण संगठन कमजोर होता है और संगठन के हित विभागीय हितों की बलि चढ़ जाते हैं। फलस्वरूप एक और एक मिलकर दो नहीं बल्कि इससे कम रह जाते हैं। ऐसा विशेषकर तब होता है जब योजनाएं संगठन के हितों की बजाय विभागीय हितों को ध्यान में रखकर बनाई जाती हैं।

इस तरह के विश्लेषण से संगठन का ध्यान निजीकरण, छंटनी और किराए में वृद्धि जैसे मुद्दों से हटाकर ऐसी संभावनाओं को तलाशने पर केन्द्रित किया गया जिनसे देश की जनता, भारतीय अर्थव्यवस्था और रेलवे सभी को फायदा हो। कथित विरोधाभास के काले और घने बादल छँटते ही तेज-तर्रार रेलकर्मियों को यह समझने में देर न लगी कि रेलवे के पास जिस तरह के बेशकीमती संसाधन हैं उनसे बेशुमार दौलत कमाई जा सकती है। बस, इसके लिए अधिकारियों एवं कर्मचारियों को अपनी योग्यता एवं प्रतिभा का पूरा उपयोग करना होगा और ऐसा रास्ता निकालना होगा जिसमें रेलवे भी जीते, ग्राहक भी और देश भी। और अंततः ऐसा हुआ। इन सबको अमली जामा कैसे पहनाया गया? यह हम अगले अध्यायों में बताएंगे। यहाँ पर इतना कहना ही पर्याप्त होगा कि पहले कदम के रूप में ऐसी नीतियों और गतिविधियों पर पूर्ण रूप से विराम लगाया गया जिनसे रेलवे और समाज दोनों को घाटा हो रहा था और ऐसी नीतियों को प्रोत्साहित किया गया जिनसे दोनों को फायदा होता था।

सुधार कार्यक्रम का राजनीतिक प्रबंधन

राजनीति में व्यक्ति की छवि उसके काम से कहीं ज्यादा महत्वपूर्ण होती है। सुधारों से ज्यादा इस बात का महत्व होता है कि आम लोग उन्हें किस रूप में लेते हैं। सैद्धांतिक दृष्टि से श्रेष्ठ दिखने वाला बड़ा से बड़ा सुधार जनता की नाराजगी के

परिणामस्वरूप राजनेताओं के लिए घातक साबित हो सकता है। इसलिए रेलवे के समावेशी सुधार कार्यक्रम के सफल राजनीतिक प्रबंधन के लिए सही राजनीतिक मुहावरों का प्रयोग, व्यवहार कुशलता, चरणबद्ध तरीके से काम एवं मीडिया प्रबंधन की ओर विशेष ध्यान दिया गया।

भारत के जीवंत प्रजातंत्र में शब्दों का सही चयन अत्यंत महत्वपूर्ण है। रेल मंत्री की इस घोषणा की गूँज चारों तरफ सुनाई दी कि 'रेलवे का निजीकरण नहीं होगा, कर्मचारियों की छँटनी नहीं होगी और यात्री किराया नहीं बढ़ाया जाएगा'। संसद के भीतर और बाहर सब जगह इस घोषणा का जोरदार स्वागत हुआ। अधिकारियों एवं कर्मचारियों पर लटकी छँटनी की तलवार यकायक हट गई। साथ ही साथ रेल मंत्री ने यह बात भी स्पष्ट कर दी कि वे रेलवे के अंधाधुंध निजीकरण के खिलाफ अवश्य हैं, परन्तु रेल संचालन के प्रमुख कार्यों को छोड़कर अन्य छोटे-मोटे कार्यों में सार्वजनिक निजी भागीदारी योजनाओं को प्रोत्साहित किया जाएगा। यहाँ भी उन्होंने शब्दों का चयन बहुत सोच-समझकर किया। उन्होंने कंटेनर ट्रेन चलाने का लाइसेंस पाने वाली निजी कंपनियों का उदाहरण देकर स्पष्ट किया कि ऐसी निजी कंपनियाँ सिर्फ सिटी बुकिंग एजेंसी की तरह माल बुक करेंगी। गाड़ी चलाने का मूल कार्य पहले की तरह रेलवे ही करती रहेगी। लालू जी की छवि सार्वजनिक क्षेत्र के प्रतिष्ठानों के प्रबल समर्थक एवं गरीबों के मसीहा के रूप में बनी हुई है। इसलिए वामदलों की ओर से भी इसका विरोध नहीं किया गया। दूसरी ओर, योजना आयोग एवं उन विशेषज्ञों को यह निर्णय बहुत अच्छा लगा, जो कई सालों से निजी कंपनियों को कंटेनर ट्रेन चलाने की अनुमति दिए जाने का अनुरोध कर रहे थे। इसके बाद लालू जी ने एक और बात कही कि 'रेलवे का काम रेल चलाना है, भाजी-पूरी बेचना नहीं'। संसद में और संसद के बाहर यह बात बार-बार दोहराई गई कि रेल संचालन के प्रमुख कार्यों का किसी भी कीमत पर निजीकरण नहीं होगा एवं केवल छोटे-मोटे कार्यों के लिए ही रेलवे में सार्वजनिक-निजी भागीदारी की परियोजनाओं को प्रोत्साहित किया जा रहा है।

प्रजातंत्र में नया ढाँचा बनाने की अपेक्षा पुराने ढाँचे को गिराना कठिन होता है। उदाहरण के लिए कर्मचारी संगठनों एवं राजनेताओं ने कपूरथला स्थित रेल

कोच फैक्ट्री को एक कंपनी का रूप दिए जाने का भारी विरोध किया। हालांकि रेल प्रशासन का मकसद रेल कोच फैक्ट्री का निजीकरण करना नहीं अपितु रेलवे की शत-प्रतिशत हिस्सेदारी वाली कंपनी बनाना मात्र था। दूसरी ओर पाँच नई उत्पादन इकाइयों का निर्माण संयुक्त क्षेत्र में करने की घोषणा का कोई विरोध नहीं हुआ। यह उल्लेखनीय है कि संयुक्त क्षेत्र के तहत बनने वाली इन पाँचों कंपनियों में 74 प्रतिशत हिस्सेदारी निजी क्षेत्र की और 26 प्रतिशत रेलवे की होगी। जाहिर है कि इन इकाइयों पर निजी क्षेत्र का ज्यादा नियंत्रण रहेगा। परंतु इन नए कारखानों का विरोध इसलिए नहीं हुआ, क्योंकि इसके पीछे किसी का कोई निहित स्वार्थ नहीं था। यहाँ इस तथ्य पर भी ध्यान देना जरूरी है कि इन कारखानों का निर्माण संयुक्त उपक्रमों द्वारा इसलिए कराया जा रहा है ताकि लोगों को ऐसा न लगे कि रेलवे का निजीकरण हो रहा है। संक्षेप में लालू जी की बात कहने की लोक-लुभावन शैली और मुहावरे इस रणनीति के अभिन्न अंग थे।

सुधार कार्यक्रम की सफलता समय के सही चुनाव पर भी निर्भर करती है। उदाहरण के लिए जुलाई 2008 में कच्चे लोहे जैसी राजनीतिक रूप से गैर संवेदनशील वस्तु के माल भाड़े में की गई वृद्धि को भी रेलवे को वापस लेने के लिए मजबूर होना पड़ा। कारण सिर्फ इतना था कि मालभाड़े में वृद्धि ऐसे समय पर की गई थी जब पूरा देश महँगाई-महँगाई चिल्ला रहा था। इसी प्रकार रेल कोच फैक्ट्री, कपूरथला को एक कंपनी के रूप में गठित करने की घोषणा को इसलिए वापस लेना पड़ा क्योंकि यह घोषणा पंजाब विधान सभा चुनाव से ठीक पहले की गई थी। इसीलिए पंजाब के सभी राजनीतिक दलों ने न सिर्फ इस घोषणा का जमकर विरोध किया बल्कि कारखाने के कर्मचारियों को इस घोषणा के विरुद्ध लामबंद करने में बढ़-चढ़ कर हिस्सा लिया। जाहिर है कि यह घोषणा गलत समय पर की गई थी। इससे एक बात और साफ हुई कि फैसला चाहे जैसा हो, उसकी घोषणा करते समय सभी पक्षों से वार्ता करने और आम राय बनाने का रास्ता बन्द नहीं करना चाहिए। रेल कोच फैक्ट्री, कपूरथला से संबंधित घोषणा करते समय रेल मंत्री ने कहा था कि सभी पक्षों को विश्वास में लेकर ही जरूरी निर्णय लिए जाएंगे। इसी रास्ते का उपयोग करते हुए यह कहकर कि ट्रेड यूनियनें कपूरथला

का निगमीकरण नहीं चाहतीं, इस घोषणा को वापस ले लिया गया। कहने का आशय यह है कि युद्ध जीतने के लिए कई छोटी-मोटी लड़ाइयों को हारना पड़ता है।

प्रजातंत्र में अपनी बात थोपकर बदलाव नहीं लाया जा सकता। बदलाव कार्यक्रम से लोगों में अनिश्चितता का माहौल बनता है और उनमें कई तरह की आशंकाएं जन्म लेने लगती हैं। इसलिए बदलाव की रफ्तार उतनी ही रखनी चाहिए जिससे संभावित विरोध को नियंत्रण में रखा जा सके। वस्तुतः यह बेहद नाजुक काम है। इसमें सिर्फ एक चीज ही मददगार साबित हो सकती है और वह यह है कि बदलाव कार्यक्रमों को चरणबद्ध तरीके से लागू किया जाए। उदाहरण के लिए भारी गाड़ी चलाने (एक्सल लोड बढ़ाने) का निर्णय एक बार में नहीं, वरन् चार साल के लंबे अंतराल में धीरे-धीरे लिया गया ताकि रेल संरक्षा जैसे संवेदनशील मुद्दे पर किसी तरह की लापरवाही न हो। पहले चरण में एक्सल लोड में महज दो टन की बढ़ोत्तरी की गई। इतना ही नहीं, सर्वप्रथम उन मार्गों को चुना गया जिन पर यात्री गाड़ियाँ नहीं चलती थीं। इसी प्रकार यात्री किराए एवं मालभाड़े के युक्तिकरण की प्रक्रिया चार साल में पूरी की गई।

प्रजातांत्रिक परिवेश में मीडिया प्रबंधन भी बेहद महत्त्वपूर्ण है। शुरुआती महीनों में रेल मंत्री के बारे में समाचार पत्रों और टीवी चैनलों में तरह-तरह के किस्से-कहानियों का बोलबाला रहा। विकासोन्मुख रेल बजट पेश करने के बावजूद 'इण्डिया टुडे' ने 2005 में रेल मंत्री के रूप में लालू जी की उपलब्धि को अन्य केन्द्रीय मंत्रियों के मुकाबले सबसे नीचे से कुछ ही ऊपर रखा। दैनिक समाचार पत्र 'बिजनेस स्टैण्डर्ड' ने तो यहाँ तक लिखकर उनकी खिल्ली उड़ाई कि 'एक अच्छा रेल बजट इसलिए बना, क्योंकि लालू जी बिहार विधान सभा के चुनाव प्रचार में व्यस्त थे और यह बजट उनके द्वारा नहीं बल्कि प्रधानमंत्री कार्यालय द्वारा बनाया गया है।' अन्य समाचार पत्रों की भी कमोबेश यही स्थिति थी। शुरू-शुरू में मीडिया के साथ कम से कम संपर्क रखा गया। लेकिन जैसे-जैसे रेलवे की वित्तीय स्थिति सुधरती गई वैसे-वैसे मीडिया से बातचीत और सम्पर्क का दायरा बढ़ा दिया गया। मीडिया प्रबंधन रणनीति का एक अन्य महत्त्वपूर्ण बिन्दु कम से कम आश्वासन देना था। इसी क्रम में हर बजट में संभावित वित्तीय उपलब्धियों

के बारे में बढ़-चढ़ कर घोषणा नहीं की गई। पूरा प्रयास सिर्फ यह सुनिश्चित करना था कि रेलवे विपरीत से विपरीत परिस्थितियों में भी अपनी घोषणाओं और वादों पर खरी उतरे। मीडिया प्रबंधन का दूसरा महत्वपूर्ण सूत्र विशेष मौकों को 'मीडिया इवेंट' के तौर पर पेश करना था। मसलन रेल बजट के समय पूरे देश की निगाहें रेल मंत्री पर टिकी रहती है। बजट के दिन सभी चैनलों और समाचार पत्रों में बजट ही छाया रहता है। इस तरह के हर मौके का उपयोग रेलवे की छवि सुधारने में किया गया। चाहे हारवर्ड के छात्रों को पढ़ाने की बात हो या 'जनरल इलेक्ट्रिक' के सी.ई.ओ से मिलने का समय, हर कहीं, मीडिया को साथ लेने की कोशिश की गई। मीडिया रणनीति का एक और पहलू सभी समाचार माध्यमों से एक समान व्यवहार करने और किसी के साथ पक्षपात या भेदभाव न बरतने का भी था। संक्षेप में धीरे-धीरे रेल मंत्री के बारे में मीडिया की राय बदलने लगी। यह इस तथ्य से जाहिर है कि 2006 में 'इण्डिया टुडे' की रैंकिंग में रेल मंत्री को वित्तमंत्री पी. चिदंबरम के बाद दूसरा सबसे अच्छा मंत्री माना गया।

कहने का तात्पर्य यह है कि सुधार कार्यक्रम लागू करने के लिए न केवल जनादेश और राजनीतिक हस्तक्षेप में बुनियादी फर्क को रेखांकित किया गया, बल्कि जनादेश की मर्यादा में रहते हुए व्यावहारिक योजनाओं का चयन किया गया। इसके साथ ही रेलवे के सामाजिक-आर्थिक परिवेश में काम करने के तौर-तरीके ढूंढे गए और मीडिया प्रबंधन की कारगर रणनीति भी बनाई गई। प्रायः यह माना जाता है कि लोक-लुभावन राजनीतिक निर्णय आर्थिक रूप से लाभकारी नहीं होते। अर्थात् अच्छा अर्थशास्त्र अच्छी राजनीति का रूप नहीं ले सकता। परंतु रेलवे का अनुभव कुछ अलग है। यह दर्शाता है कि यदि नीयत अच्छी हो और मकसद साफ हो तो अच्छा अर्थशास्त्र अच्छी राजनीति का रूप ले सकता है। यह इसी से साबित होता है कि रेलवे के वित्तीय कायाकल्प से लोक-लुभावन फैसले लेने का दायरा और स्वीकार्यता तेजी से बढ़ी। दिवालिएपन की कगार पर खड़ी रेलवे यदि पाँच नई उत्पादन इकाइयाँ लगाने की बात करती तो जग-हँसाई के सिवाय कुछ हासिल नहीं होता। इसी प्रकार, 20 हजार कुलियों को रेलवे में नौकरी देना अथवा यात्री किराए घटाना वित्तीय संकट से ग्रस्त रेलवे के

लिए असंभव था। लेकिन 25 हजार करोड़ का सरप्लस कमाने के बाद इस तरह के लोक-लुभावन निर्णयों का मीडिया अथवा संसद में कहीं कोई विरोध नहीं हुआ। वित्तीय कायाकल्प ने राजनीतिक नेतृत्व के लिए ऐसे लोक-लुभावन निर्णय लेने की संभावनाओं के द्वार खोल दिए, जिनकी पहले कल्पना भी संभव नहीं थी।

अगले अध्यायों में हम बाजार में रेलवे की प्रतियोगी स्थिति का आकलन करेंगे। विशेषकर यह देखेंगे कि रेलवे ने मांग और आपूर्ति की चुनौतियों का सामना किस तरह किया, और उसने किस प्रकार बाजार की लड़ाई बाजार में लड़ी और जीती।

3

बाज़ार की नब्ज़

'मेरा सपना लोगों को पोस्टकार्ड से कम दाम पर मोबाइल पर बात कराना है।' 1999 में रिलायंस कंपनी के चेयरमैन धीरूभाई अंबानी ने ये शब्द उस दौर में कहे थे जब मोबाइल फोन के कॉल रेट 17 रुपये प्रति मिनट होते थे। 'बाज़ार की नब्ज़' को पकड़ने की उनकी इस अनूठी क्षमता को न समझ पाने वाले लोगों ने इस बयान की 'मुँगेरी लाल के हसीन सपने' कहकर खिल्ली उड़ाई थी। लेकिन धीरूभाई को इस बात का एहसास था कि मुख्य लागत नेटवर्क बनाने में आएगी और जैसे-जैसे मोबाइल फ़ोन के उपभोक्ताओं की संख्या बढ़ेगी वैसे-वैसे कॉल रेट सस्ते होते जाएंगे। और हुआ भी यही। वर्ष 1997 से 2008 के बीच मोबाइल उपभोक्ताओं की संख्या डेढ़ करोड़ से बढ़कर 32 करोड़ हो गई और कॉल रेट 17 रुपये से घटकर एक रुपये प्रति मिनट रह गए। ये रेट प्रिंटेड पोस्टकार्ड के रेट के आधे से भी कम हैं। सस्ता होने के कारण जहाँ मोबाइल जन-जन तक पहुँचा, वहीं टेलीकॉम कंपनियों की चांदी हो गई और वे अरबों में खेलने लगीं।

कॉल रेट में जबरदस्त कटौती के बावजूद टेलीकॉम कंपनियाँ अगर अरबपति बन सकती हैं तो उससे कहीं बड़े नेटवर्क वाली रेलवे सभी श्रेणी के यात्री किरायों में कमी करने के बाद भी जब 25 हजार करोड़ रुपये कमाती है तो लोग आश्चर्यचकित क्यों हो जाते हैं? सभी जानते हैं कि रेल नेटवर्क बिछाने के लिए भारी पूँजी का निवेश करना पड़ता है। लेकिन, एक बार नेटवर्क बिछ जाने के बाद गाड़ियों की संख्या बढ़ते जाने से प्रति इकाई लागत गिरती जाती है।

वॉल्यूम बढ़ने से आमदनी ज्यादा बढ़ती है, जबकि खर्चों में वृद्धि मामूली ही होती है। व्यापार की वृद्धि दर दो प्रतिशत हो या 10 प्रतिशत, रेलवे के खर्चों की रफ्तार पर कोई विशेष असर नहीं पड़ता। यह मोटी-सी बात समझ में आते ही रणनीति आईने की तरह साफ हो जाती है। 'व्यापार बढ़ाओ, लागत घटाओ, भाड़ा घटाओ, बाजार में हिस्सेदारी बढ़ाओ, प्रॉफिट मार्जिन सुधारो और खरबों की कमाई करो।'

रेलवे का वित्तीय कायाकल्प कैसे हुआ यह समझने के लिए यह जानना जरूरी है कि रेलवे किस प्रकार के बाजार में कारोबार करती है, एकाधिकार वाले बाजार में अथवा कड़ी प्रतिस्पर्द्धा वाले बाजार में।

'मोनोपोली' की मृग-मरीचिका

अरसे से भारतीय रेल इस मृग-मरीचिका में जी रही थी कि उसकी मोनोपोली है अर्थात् बाज़ार पर उसका एकाधिकार है। अगर हम भारतीय रेल को 'रेलवे' के रूप में परिभाषित करें तो यह बात सही है क्योंकि देश में कोई दूसरी रेल प्रणाली नहीं है। लेकिन, अहम् प्रश्न यह है कि अगर रेलवे की मोनोपोली थी तो परिवहन बाजार में इसकी हिस्सेदारी लगातार कम क्यों होती जा रही थी? वर्ष 1951 में माल ढुलाई के बाजार में रेलवे का 89 प्रतिशत हिस्सा था जो वर्ष 2004 में घटकर मात्र 40 प्रतिशत रह गया। इसी प्रकार यात्री व्यवसाय में रेलवे की हिस्सेदारी 69 प्रतिशत से घटकर 20 प्रतिशत रह गई। रेलवे ने अपना हिस्सा ट्रक, पाइप-लाइन, शिपिंग लाइन, बस एवं एयरलाइन के हाथों खोया है। पेट्रोल और डीजल, रेल की जगह पाइप-लाइन से भेजे जाने लगे, जबकि स्टील और सीमेंट के परिवहन में सड़क की भागीदारी बढ़ रही थी। इसी प्रकार जहाँ तटीय इलाकों में सीमेंट जहाजों से भेजा जाने लगा वहीं वातानुकूलित श्रेणी के यात्री सस्ती एयरलाइन्स का रुख करने लगे। इसीलिए रेलवे को 'परिवहन के अनेक साधनों में से एक साधन के रूप में' परिभाषित करना ज्यादा व्यावहारिक और उपयोगी है, न कि 'एकमात्र साधन के रूप में।' एक ऐसे परिवहन के साधन के रूप में जिसे बाजार में कड़ी प्रतियोगिता का सामना करना पड़ रहा है। बाजार में लगातार घटती भागीदारी, निम्न कोटि की सेवा, प्रॉफिट मार्जिन पर दबाव, प्रणाली की निम्न कार्यकुशलता एवं माल परिवहन में दो प्रतिशत की वार्षिक वृद्धि दर रेलवे की

प्रतियोगी क्षमता क्षीण होने की ओर इशारा कर रहे थे। फिर भी विशेषज्ञ 'रेल टैरिफ रेगुलेटर' बनाने की वकालत करते रहे। ग्राहकों को वाजिब दाम पर अच्छी सेवा उपलब्ध कराने से ही प्रतियोगी धार वापस आ सकती है, टैरिफ रेगुलेटर बैठाने मात्र से नहीं। बाजार की लड़ाई तो बाजार में ही लड़नी और जीतनी पड़ती है। इसे जीतने के लिए व्यापार के स्वरूप, लागत ढांचे (cost structure), माँग की लोच (elasticity of demand) इत्यादि के बारे में दशकों से चली आ रही मान्यताओं का गुण-दोष के आधार पर विश्लेषण कर पैनी समझ हासिल करना जरूरी है।

व्यापार का स्वरूप

माल परिवहन (फ्रेट ट्रैफिक) रेलवे की दुधारू गाय है। प्रतिदिन चलने वाली 13 हजार गाड़ियों में से दो-तिहाई यात्री गाड़ियाँ होती हैं और मात्र एक-तिहाई मालगाड़ियाँ। किंतु एक-तिहाई मालगाड़ियाँ दो-तिहाई आय देती हैं, जबकि दो-तिहाई यात्री गाड़ियों से केवल एक-तिहाई आय प्राप्त होती है। आंकड़ों के इस गणित को निम्न चित्र से और आसानी से समझा जा सकता है:

चित्र 3.1 रेलवे की कमाई कहाँ से होती है

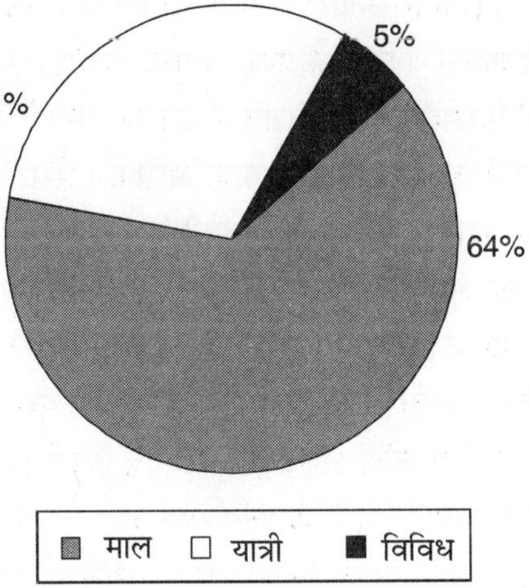

स्रोत : सांख्यिकी एवं अर्थ निदेशालय, रेल मंत्रालय, भारत सरकार, 2004

सामाजिक दायित्वों के चलते रेलवे यात्री किराए बढ़ा कर यात्री व्यवसाय के घाटे को कम नहीं कर सकती। दूसरी ओर रेलवे के माल व्यवसाय में सामाजिक या यूँ कहें कि राजनीतिक मुद्दा गौण होता है। व्यापार के इस हिस्से को प्रतियोगी बाजार के सामान्य सिद्धांतों के अनुसार संचालित किया जा सकता है। इतना ही नहीं, इसमें रेलवे की प्रतियोगी स्थिति भी काफी मजबूत है। इसलिए माल व्यवसाय ही रेलवे की वित्तीय कायाकल्प की धुरी बन सकती है। लेकिन इस बारे में किसी निष्कर्ष पर पहुँचने से पहले व्यापार के हर पहलू पर बारीकी से नज़र दौड़ानी जरूरी है।

माल व्यवसाय

रेलवे ने अस्सी के दशक में एक-एक पैकेट माल अर्थात् 'पीस मील ट्रैफिक' बुक करना बंद कर दिया था। इसलिए रेलवे का माल व्यवसाय कोयला, स्टील, सीमेंट जैसी आठ-दस 'बल्क' वस्तुओं के बीच सिमटकर रह गया। राकेश मोहन कमेटी का मानना था कि यात्री व्यवसाय के घाटे को पूरा करने के लिए साल दर साल मालभाड़ा बढ़ाने से माल व्यवसाय में रेलवे की भागीदारी कम होती गई। राष्ट्रीय राजमार्गों के निर्माण, अर्थव्यवस्था के उदारीकरण और निम्नकोटि की सेवा का भी रेलवे की हिस्सेदारी पर प्रतिकूल प्रभाव पड़ा। लेकिन ये सभी कारण स्टील और कच्चा लोहा (आयरन-ओर) दोनों को समान रूप से प्रभावित कर रहे थे। फिर वे कौन से कारण थे जिनकी वजह से नब्बे के दशक में स्टील के परिवहन में तो रेलवे की हिस्सेदारी 70 प्रतिशत से घटकर 40 प्रतिशत रह गई, जबकि कच्चे लोहे के परिवहन में 60 प्रतिशत के आसपास स्थिर बनी रही। चित्र 3.2 से ये तथ्य और बेहतर तरीके से स्पष्ट होते हैं :

कच्चा लोहा और स्टील दोनों ही भारी वस्तुएं हैं, लेकिन इनमें एक बुनियादी फर्क है। कच्चे लोहे के लिए रेलवे डोर-टू-डोर (खदान से फैक्ट्री तक) सेवा प्रदान करती है, जबकि स्टील के लिए स्टेशन-टू-स्टेशन (जैसे मुंबई से दिल्ली स्टेशन)। रेलवे खदानों से कच्चा लोहा उठाती है और सीधे फैक्ट्री के अंदर तक पहुँचाती है। इसीलिए ग्राहक को रेलभाड़े के अतिरिक्त अन्य किसी प्रकार का खर्च नहीं वहन करना पड़ता। टाटा स्टील जैसे बड़े स्टील प्लांट को प्रतिदिन 22 हजार टन कच्चे लोहे की जरूरत होती है। खनन् क्षेत्रों में सड़कों की हालत खराब होने के

चित्र 3.2 कच्चे लोहे एवं स्टील में रेलवे की हिस्सेदारी (1991-2007)

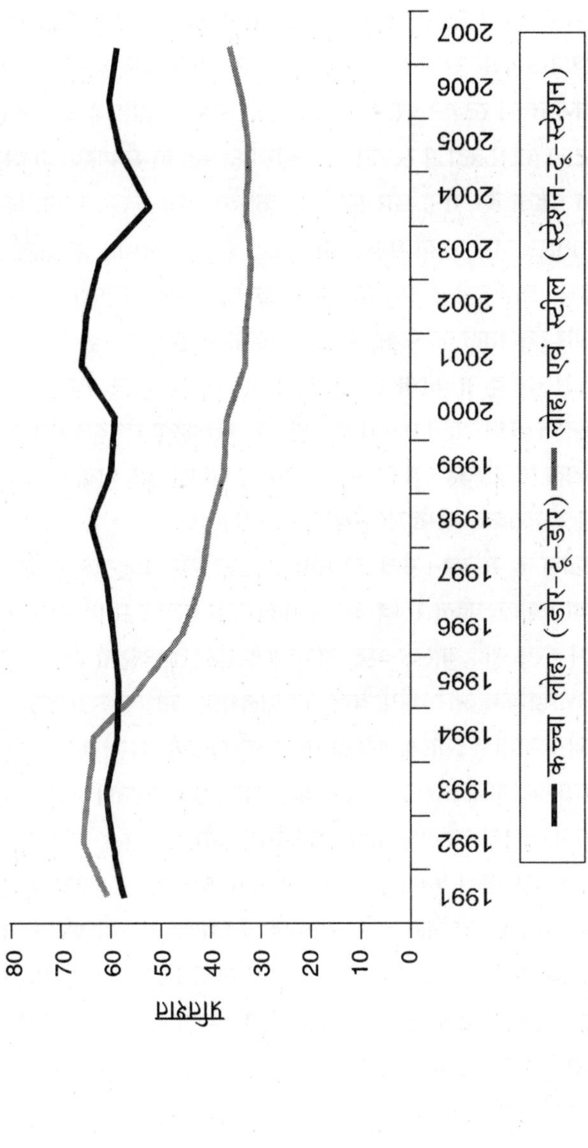

स्रोत : सांख्यिकी एवं अर्थ निदेशालय, रेल मंत्रालय, भारत सरकार, 2008

कारण सड़क से परिवहन करना न तो व्यावहारिक है और न ही लाभप्रद। इतना ही नहीं, रेलभाड़ा ट्रक के भाड़े से काफी कम होता है। इसलिए कच्चे लोहे के परिवहन में रेल से बेहतर विकल्प कोई नहीं है।

दूसरी ओर एस्सार स्टील लिमिटेड जैसी कई कंपनियों के स्टील को रेलवे एक स्टेशन से दूसरे स्टेशन तक (जैसे मुंबई से दिल्ली) पहुँचाती है, न कि ग्राहक के दरवाजे तक। स्टेशन पर न तो स्टील का उत्पादन होता है और न ही खपत। अतः स्टील को फैक्ट्री से स्टेशन तक और फिर स्टेशन से ग्राहक के दरवाजे तक ले जाना पड़ता है। दोनों छोर पर ट्रकों की व्यवस्था करने, माल को बार-बार चढ़ाने-उतारने जैसे कार्यों में जो खर्च आता है वह रेलभाड़े के अतिरिक्त होता है। लिहाजा कम दूरी के परिवहन में ये खर्चे रेलभाड़े से कहीं ज्यादा बैठते हैं। दूसरी ओर ट्रक माल को फैक्ट्री से सीधे ग्राहक के दरवाजे तक पहुँचाते हैं। इससे समय और धन दोनों की बचत होती है। यही कारण है कि रेलवे की प्रतियोगी स्थिति स्टील के परिवहन में कमजोर और कच्चे लोहे में मजबूत होती है। इसलिए रेलवे स्टील के परिवहन में हिस्सेदारी गँवाती जा रही थी, जबकि कच्चे लोहे के परिवहन में उसकी हिस्सेदारी स्थिर बनी रही।

स्टील के परिवहन में घटती भागीदारी की समस्या इसलिए और भी गंभीर हो गई थी क्योंकि पहले रेलवे अपना मालभाड़ा बाजार में प्रतियोगी क्षमता का आकलन करके नहीं, बल्कि वस्तु का मूल्य देखकर तय करती थी। सस्ती वस्तुओं का मालभाड़ा कम और महँगी वस्तु का मालभाड़ा अधिक रखा जाता था। चूंकि स्टील महँगी होती है इसलिए इसका भाड़ा अधिक और सस्ते कच्चे लोहे का कम रखा जाता था, जबकि होना चाहिए था इसका ठीक उलटा। यानि, डोर-टू-डोर सर्विस पाने वाले कच्चे लोहे का भाड़ा अधिक और स्टेशन-टू-स्टेशन सर्विस पाने वाले स्टील का भाड़ा कम। संक्षेप में स्टील के परिवहन में रेलवे की हिस्सेदारी यात्री व्यवसाय को दी जाने वाली सब्सिडी की वजह से नहीं बल्कि 'बाजार की गलत समझ' के कारण गिरती जा रही थी। रेलवे, स्टील की बजाय कच्चे लोहे का भाड़ा बढ़ाकर यात्री व्यवसाय के घाटे की भरपाई कर सकती थी।

इस पूरी विवेचना का सार यह है कि ऐसी वस्तुओं के परिवहन में रेलवे की प्रतियोगी स्थिति बेहद मजबूत है जिनमें निम्नांकित चार विशेषतायें होती हैं :

- रेलवे डोर टू डोर (खदान से फैक्ट्री तक) सेवा उपलब्ध कराती हो।
- ग्राहक को प्रतिदिन दो हजार टन अथवा उससे ज्यादा माल भेजना हो।
- कच्चे लोहे जैसी भारी वस्तु हो।
- परिवहन की दूरी अधिक हो।

अगर पहली तीन शर्तें पूरी हों तो रेलवे 500 किलोमीटर से कम के परिवहन में भी प्रतियोगी होती है। लेकिन अगर पहली शर्त न पूरी हो तो 750 किलोमीटर से कम के परिवहन में रेलवे की प्रतियोगी स्थिति कमजोर होती है। तालिका 3.1 देखने से स्पष्ट होगा कि चाय जैसी हल्की वस्तुओं में परिवहन में रेलवे न तो कम दूरी में प्रतियोगी है न ही लंबी दूरी में। दूसरी ओर चूंकि कच्चे लोहे के लिए रेलवे डोर-टू-डोर सेवा उपलब्ध कराती है इसलिए 100 किलोमीटर से कम दूरी के परिवहन में भी रेलवे प्रतिद्वंद्वियों पर भारी पड़ती है। लेकिन, भारी वस्तु होने के बावजूद स्टील परिवहन में स्टेशन-टू-स्टेशन अथवा डोर-टू-स्टेशन सेवा उपलब्ध कराने के कारण 750 कि.मी. या उससे लंबी दूरी के परिवहन में ही रेलवे की स्थिति मजबूत है।

तालिका 3.1 प्रतियोगी क्षमता को प्रभावित करने वाले मूल तत्व

	कच्चा लोहा	स्टील	चाय
सेवा	डोर-टू-डोर	स्टेशन-टू-स्टेशन	स्टेशन-टू-स्टेशन
भार	भारी	भारी	हलकी
मात्रा	2,000 टन	1,000-2,000 टन	पीस-मील
दूरी	100 कि.मी.	750 कि.मी.	1,000 कि.मी.
प्रतियोगी क्षमता	**उच्च**	**मध्यम**	**नगण्य**

स्रोत : सांख्यिकी एवं अर्थ निदेशालय, रेल मंत्रालय, भारत सरकार

रेलवे कोयला, कच्चा लोहा एवं चूना-पत्थर जैसे खनिज पदार्थों के परिवहन में डोर-टू-डोर एवं तैयार माल जैसे स्टील, सीमेंट इत्यादि में स्टेशन-टू-स्टेशन सेवा उपलब्ध कराती है। चित्र 3.3 को देखने से स्पष्ट होता है कि रेलवे लगभग 63 प्रतिशत वस्तुओं में डोर टू डोर और 37 प्रतिशत में स्टेशन टू स्टेशन सेवा उपलब्ध कराती है।

चित्र 3.3 कुल ढुलाई में विभिन्न वस्तुओं का हिस्सा

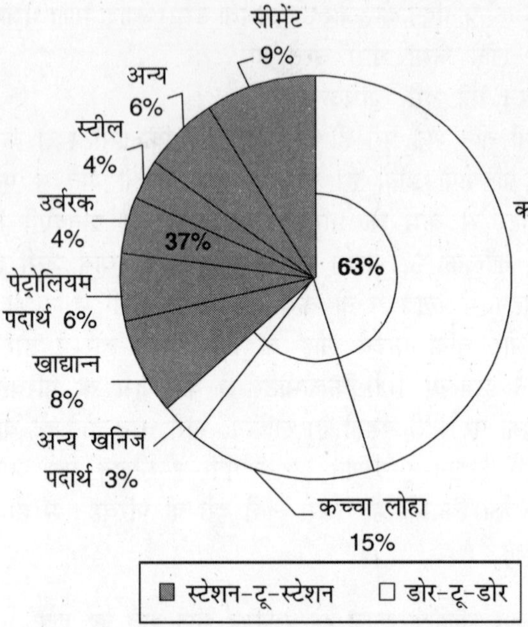

स्रोत : सांख्यिकी एवं अर्थ निदेशालय, रेल मंत्रालय, भारत सरकार

इस विश्लेषण से स्पष्ट होता है कि करीब 63 प्रतिशत वस्तुओं के मामले में डोर-टू-डोर सेवा उपलब्ध कराने के कारण रेलवे की प्रतियोगी स्थिति मजबूत है। ऐसी वस्तुओं का मालभाड़ा बढ़ाने की काफी संभावनाएं हैं। दूसरी ओर स्टील, सीमेंट जैसी तैयार वस्तुओं के मामले में स्टेशन-टू-स्टेशन सर्विस उपलब्ध कराए जाने के कारण दोनों छोर पर ट्रकों की व्यवस्था करने, उतारने-चढ़ाने इत्यादि में आने वाले खर्चे के नाते रेलवे की प्रतियोगी स्थिति कमजोर होती है। लिहाजा, इन कमजोरियों पर काबू पाने के लिए सिर्फ मालभाड़ा कम करने अथवा स्थिर बनाए रखने से काम नहीं चलेगा। कई प्रकार की प्रोत्साहन योजनाओं के माध्यम से ग्राहकों को आकर्षित करने की जरूरत है। उदाहरण के तौर पर स्टील एवं सीमेंट के परिवहन में रेलवे की हिस्सेदारी बढ़ाने के लिए एक ही बार में पूरी ट्रेन अर्थात् दो हजार टन माल बुक न करने की बजाय आधी ट्रेन बुक करने एवं एक ही स्थान पर माल उतारने की बजाय एक से अधिक स्थान पर अनलोड करने की सुविधा प्रदान करना जरूरी है। यह बात जेहन में रखना जरूरी है कि बाजार की लड़ाई जीतने

के लिए कोई 'रेडीमेड नुस्ख़ा' नहीं होता। बाजार की जंग तात्कालिक परिस्थितियों और उससे जुड़े कारणों की गहन पड़ताल करके ही जीती जाती है।

यात्री व्यवसाय

रेलवे, आम आदमी के लिए सबसे सस्ता, सुरक्षित और भरोसेमंद परिवहन का साधन है। यात्री व्यवसाय में सामाजिक हित सर्वोपरि है इसीलिए रेलवे इस व्यवसाय को सामाजिक दायित्वों के बोध के तहत चलाती है। चित्र 3.4 देखने से स्पष्ट होगा कि रेलवे के कुल यात्रियों में से 88 प्रतिशत उपनगरीय (suburban) और साधारण पैसेंजर गाड़ियों में यात्रा करते हैं, जबकि इनसे मात्र 28 प्रतिशत आय प्राप्त होती है। उपनगरीय ट्रेन मुख्यतः मुम्बई, कोलकाता एवं चेन्नई में चलती है, जबकि साधारण पैसेंजर गाड़ियाँ छोटी दूरी के दो शहरों के बीच चलती हैं। दूसरी ओर लम्बी दूरी की मेल एवं एक्सप्रेस गाड़ियों में मात्र 12 प्रतिशत लोग यात्रा करते हैं, जबकि इनसे रेलवे को 72 प्रतिशत यात्री आय प्राप्त होती है। मेल एवं एक्सप्रेस गाड़ियों में भी 93 प्रतिशत से अधिक लोग द्वितीय श्रेणी के (आरक्षित एवं गैर आरक्षित) डिब्बों में यात्रा करते हैं।

चित्र 3.4 विभिन्न गाड़ियों में यात्रियों की संख्या एवं आमदनी में हिस्सा

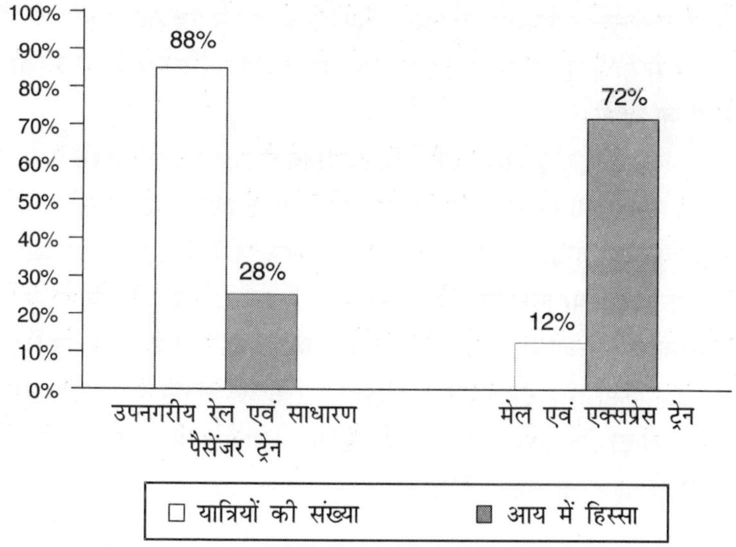

स्रोत : सांख्यिकी एवं अर्थ निदेशालय, रेल मंत्रालय, भारत सरकार

संक्षेप में, यह बात समझी जा सकती है कि 99 प्रतिशत मुसाफिर उपनगरीय, साधारण पैसेंजर एवं मेल तथा एक्सप्रेस की द्वितीय श्रेणी के सवारी डिब्बों में सफ़र करते हैं। इन श्रेणियों का यात्री किराया बढ़ाने से रेलवे की प्रतियोगी स्थिति पर कोई प्रभाव नहीं पड़ेगा क्योंकि परिवहन के अन्य साधन रेलवे की अपेक्षा महँगे हैं। लेकिन रेल मंत्री संभावित जनविरोध के चलते इन श्रेणियों का किराया बढ़ाने से हिचकते हैं।

यह उल्लेखनीय है कि वातानुकूलित श्रेणियों में एक प्रतिशत से भी कम लोग यात्रा करते हैं लेकिन उनसे 20 प्रतिशत आय प्राप्त होती है। पहले जब भी रेलवे की लागत बढ़ती थी तो आँख मींचकर वातानुकूलित श्रेणी का किराया बढ़ा दिया जाता था। फलस्वरूप लंबी दूरी के यात्री सस्ती एयरलाइंस की ओर उन्मुख होने लगे थे। लेकिन, रेलवे इस स्थिति से बेपरवाह खुद की मोनोपोली समझती रही। तर्क यह दिया जाता रहा कि एयरलाइंस में तो सालाना मात्र चार करोड़ लोग यात्रा करते हैं, जबकि रेलवे में प्रतिदिन डेढ़ करोड़ लोग। लेकिन जमीनी हक़ीकत इससे सर्वथा भिन्न थी। रेलवे को सस्ती एयरलाइंस से मिल रही कड़ी प्रतियोगिता का सामना डेढ़ करोड़ यात्रियों वाली श्रेणियों में नहीं अपितु 40 हजार प्रतिदिन वाली वातानुकूलित प्रथम एवं द्वितीय श्रेणी में ही करना पड़ रहा था। रेलवे को बाजार से सीधी चुनौती मिल रही थी, पर विशेषज्ञ टैरिफ रेगुलेटर बैठाने की बात किए जा रहे थे।

किराए में वृद्धि किए बिना यात्री व्यवसाय के घाटे को कम करने के लिए पुरानी मान्यताओं पर प्रश्नचिह्न लगाने और लीक से हटकर सोचने की जरूरत थी। एक यात्री गाड़ी से होने वाली आमदनी सिर्फ यात्री किराए पर नहीं अपितु कई अन्य बातों पर निर्भर करती है। जैसे गाड़ी में सवारी डिब्बों की संख्या, कोच की बनावट (ले-आउट), कोच की क्षमता, गाड़ी में किस श्रेणी के कितने डिब्बे हैं, आक्यूपेन्सी ऑफ ट्रेन इत्यादि। तालिका 3.2 के अवलोकन से यह अवधारणा गलत साबित होती है कि सिर्फ किराया बढ़ाकर ही यात्री गाड़ी से प्राप्त होने वाली आमदनी बढ़ाई जा सकती है :

तालिका 3.2 वर्ष 2003 में विभिन्न श्रेणियों के सवारी डिब्बों की प्रति कोच कि.मी. आमदनी एवं लागत

श्रेणी	समानुपातिक किराया	आय/कोच कि.मी.	लागत/कोच कि.मी.
उपनगरीय सेवा	1.0	22 रुपये	34 रुपये
पैसेंजर गाड़ियों में अनारक्षित श्रेणी	1.0	22 रुपये	41 रुपये
मेल एवं एक्सप्रेस में अनारक्षित श्रेणी	1.8	20 रुपये	26 रुपये
मेल एवं एक्सप्रेस में आरक्षित शयनयान श्रेणी	2.9	16 रुपये	24 रुपये
वातानुकूलित तृतीय श्रेणी	8.2	40 रुपये	29 रुपये
वातानुकूलित द्वितीय श्रेणी	13.1	37 रुपये	28 रुपये
वातानुकूलित प्रथम श्रेणी	25.5	37 रुपये	26 रुपये

स्रोत : सांख्यिकी एवं अर्थ निदेशालय, रेल मंत्रालय, भारत सरकार

उपरोक्त तालिका को बारीकी से देखने से स्पष्ट होता है कि वातानुकूलित प्रथम श्रेणी का किराया उपनगरीय ट्रेन के कोच के किराए से 26 गुना ज्यादा है। लेकिन, इसकी प्रति कोच किलोमीटर आय उपनगरीय सेवा के एक डिब्बे की तुलना में दोगुनी से भी कम है। कारण सिर्फ इतना है कि उपनगरीय ट्रेन के एक कोच में दो-तीन सौ लोग यात्रा करते हैं, जबकि वातानुकूलित प्रथम श्रेणी में अधिकतम 18 यात्री। यहाँ एक और उदाहरण रोचक होगा। मेल एवं एक्सप्रेस के स्लीपर कोच का किराया पैसेंजर गाड़ी के अनारक्षित श्रेणी के किराए से तीन गुना होता है। फिर भी रेलवे के पैसेंजर गाड़ी के साधारण डिब्बे से स्लीपर की तुलना में प्रति कोच किलोमीटर 36 प्रतिशत अधिक आय प्राप्त होती है। इसमें आश्चर्यचकित होने की कोई बात नहीं है क्योंकि 90 लोगों की क्षमता वाले जनरल डिब्बे में क्षमता से कई गुना ज्यादा लोग यात्रा करते हैं, जबकि स्लीपर कोच में मात्र 72 यात्री। इन उदाहरणों से यह बात साफ हो जाती है कि एक कोच की आमदनी सिर्फ किराए पर ही नहीं अपितु इस बात पर भी निर्भर करती है कि कोच में कितने लोग यात्रा करते हैं।

यात्री गाड़ी में डिब्बों की संख्या और उससे होने वाली आमदनी (yield per train) के बीच गहरा संबंध है। भारतीय रेल में प्रतिदिन चलने वाली यात्री गाड़ियों

में औसतन 14 कोच होते हैं। सवारी डिब्बों की संख्या बढ़ने से गाड़ी की आमदनी तो बढ़ती जाती है, लेकिन खर्चों में कोई विशेष वृद्धि नहीं होती। चित्र संख्या 3.5 से स्पष्ट होगा कि दिल्ली से मुंबई के बीच चलने वाली 16 डिब्बों वाली मेल एवं एक्सप्रेस गाड़ी से रेलवे को घाटा होता है। अगर डिब्बों की संख्या बढ़ाकर 20 कर दी जाए तो घाटे की पूरी भरपाई हो जाती है। लेकिन अगर डिब्बों की संख्या 24 कर दी जाए तो बिना किराया बढ़ाए घाटे की ट्रेन 'फायदे की ट्रेन' में तब्दील हो जाती है। दरअसल डिब्बों की संख्या 16 से बढ़कर 24 हो जाने से आमदनी 50 प्रतिशत बढ़ जाती है, लेकिन इंजन, ड्राइवर, गार्ड, प्लेटफार्म, सिगनल इत्यादि वही रहते हैं। लिहाजा खर्चे उसी अनुपात में नहीं बढ़ते। लोकप्रिय यात्री गाड़ियों में डिब्बों की संख्या बढ़ने से प्रतीक्षा सूची के यात्रियों को आसानी से कन्फर्म सीट सुलभ हो जाती है और रेलवे की भी आमदनी बढ़ जाती है। अर्थात् रेलवे और मुसाफिर दोनों को फायदा होता है।

यात्री गाड़ी की आमदनी इस बात पर भी निर्भर करती है कि गाड़ी में किस श्रेणी के कितने डिब्बे हैं और कितने पैन्ट्री कार हैं। राजधानी एक्सप्रेस में लगने वाले दो पैंट्री कार से कम आय होती है, जबकि गरीब रथ के सभी 24 डिब्बों से आमदनी होती है। वातानुकूलित तृतीय श्रेणी के डिब्बे रेलवे के लिए सबसे ज्यादा फायदेमंद होते हैं। इसी प्रकार साधारण श्रेणी के डिब्बे, गैर वातानुकूलित स्लीपर डिब्बे से ज्यादा आय देते हैं। लंबी दूरी की गाड़ियों में पार्सल वैन से भी अच्छी आय होती है। मूल बात यह है कि ज्यादा आमदनी वाले डिब्बों की संख्या बढ़ाकर तथा कम आय वाले डिब्बों की संख्या घटाकर एक यात्री गाड़ी से रेलवे को होने वाली आमदनी बढ़ाई जा सकती है।

इसी प्रकार डिब्बों का ले-आउट सुधारकर यात्री गाड़ी से होने वाली आमदनी बढ़ाई जा सकती है। यदि किसी डिब्बे में 64 बर्थ होती हैं तो आमदनी 64 बर्थ की होती है। लेकिन, यदि ले-आउट में सुधार लाकर बर्थ की संख्या बढ़ाकर 80 कर दी जाए तो बिना किराया बढ़ाए आमदनी 25 प्रतिशत तक बढ़ाई जा सकती है।

यात्री गाड़ियों में छतों पर बैठे यात्रियों को सफर करते देखकर लोगों ने यह धारणा बना रखी है कि सभी गाड़ियाँ ठसाठस भरकर चलती हैं। यह बात साधारण

चित्र 3.5 डिब्बों की संख्या में वृद्धि का यात्री गाड़ियों की लाभप्रदता पर प्रभाव

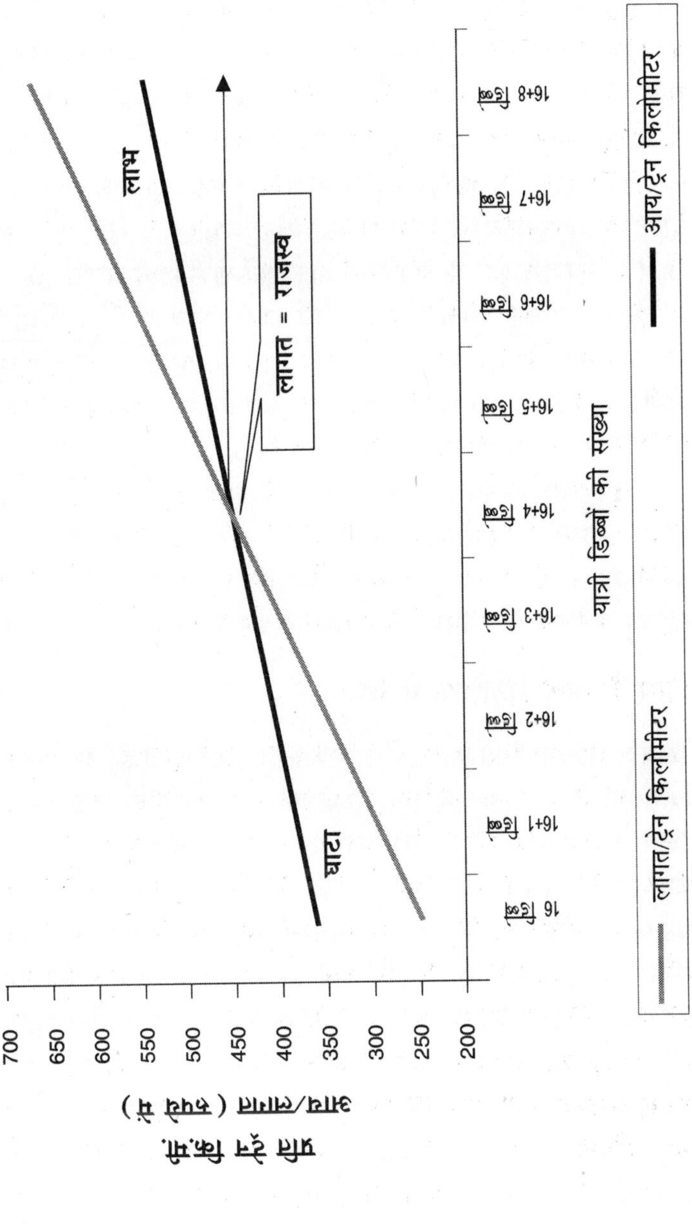

श्रेणी और स्लीपर श्रेणी के बारे में तो काफी हद तक ठीक हो सकती है लेकिन वातानुकूलित श्रेणी के बारे में नहीं। कम लागत वाली एयरलाइंस आने के बाद वातानुकूलित श्रेणी में ऑक्यूपेन्सी कम रहती है। अन्य श्रेणियों में भी ऑक्यूपेन्सी साल भर एक सी नहीं रहती। महीने, मौसम और त्यौहार इत्यादि अनेक कारणों से ऑक्यूपेन्सी घटती-बढ़ती रहती है। गर्मियों के मौसम में राजस्थान की ओर जाने वाली गाड़ियों में ऑक्यूपेन्सी कम होती है, जबकि हिल स्टेशन की ओर जाने वाली गाड़ियाँ ठसाठस भरी रहती हैं। पर, सर्दियों के मौसम में स्थिति एकदम उलट जाती है। इस तरह माँग के लिहाज से यात्री गाड़ियों में डिब्बे जोड़ने और काटने से रेलवे की ऑक्यूपेन्सी में वृद्धि करने की काफी संभावनाएँ हैं। यह स्थिति जहाँ एक ओर रेलवे के लिए फायदेमंद है, वहीं दूसरी ओर मुसाफिरों के लिए वरदान जैसी है। ऑक्यूपेन्सी में मात्र एक प्रतिशत वृद्धि होने से रेलवे को सालाना 100 करोड़ रुपये की अतिरिक्त आमदनी होती है।

उपर्युक्त विश्लेषण से यह स्पष्ट है कि यात्री गाड़ी की लाभप्रदता को निर्धारित करने वाले कारकों में से यात्री किराया बढ़ाना सिर्फ एक कारक है। डिब्बों की संख्या, उनका ले-आउट, ऑक्यूपेन्सी में वृद्धि इत्यादि अनेक तरीके हैं जिनके माध्यम से रेलवे की आमदनी में आशातीत इजाफा किया जा सकता है।

आम के आम गुठलियों के दाम

रेलवे में सालाना 500 करोड़ से अधिक लोग सफ़र करते हैं। आज के युग में किसी भी टी.वी. चैनल के लिए दर्शकों को बाँध पाना मुश्किल हो रहा है, पर रेलवे के साथ ऐसा नहीं है। रेल यात्रा समाप्त होने तक यात्री रेलवे के अतिथि बने रहते हैं। दूसरे शब्दों में कहें तो रेलवे में इन अतिथियों की बहुमूल्य आँखों का फायदा उठाते हुए विज्ञापन से आमदनी बढ़ाने की असीम संभावनाएं हैं। लेकिन, वर्ष 2004 में विज्ञापन से रेलवे को मात्र 39 करोड़ रुपये की आमदनी हुई थी। पाठकों को यह जानकर हैरत होगी कि मात्र 30 लाख की आबादी वाले देश सिंगापुर की 'मेट्रो रेल' विज्ञापनों से विशाल भारतीय रेल से कई गुना ज्यादा कमाई करती है। इसी प्रकार महज चंद हवाई अड्डों पर विज्ञापनों से भारतीय हवाई अड्डा प्राधिकरण को रेलवे से कई गुना ज्यादा आमदनी होती है। संक्षेप में सात हजार स्टेशन और रोजाना चलने वाली नौ हजार यात्री गाड़ियों में विज्ञापनों के

माध्यम से कई गुना आमदनी बढ़ाने की संभावनाएं हैं। इसी प्रकार देश में सबसे बड़ी जमींदार होने के बावजूद रेलवे की जमीन के किराए से वर्ष 2004 में आमदनी मात्र 116 करोड़ रुपये थी। रेलवे इस विशाल भू-संपदा का सदुपयोग करके कई गुना आमदनी बढ़ा सकती है।

स्टेशनों पर खानपान (कैटरिंग) स्टाल और गाड़ियों में लगने वाली पैंट्री कार (रसोईयान) में होने वाली बिक्री पर रेलवे को 12 प्रतिशत लाइसेंस फीस प्राप्त होती है। लेकिन, कैटरिंग से रेलवे को वर्ष 2004 में सिर्फ 29 करोड़ रुपये की आमदनी हुई। मल्टीप्लेक्स चलाने वाली कंपनियाँ आजकल कैटरिंग, पार्किंग एवं मनोरंजन के अन्य साधन मुहैया कराकर काफी पैसा कमा रही हैं। यह कमाई सिनेमा की टिकटों की बिक्री से होने वाली आय के अलावा होती है। तो फिर जिस रेलवे में प्रतिदिन डेढ़ करोड़ लोग यात्रा करते हैं, उसकी एक दिन की कैटरिंग आय मात्र आठ लाख रुपये कैसे थी?

इतना ही नहीं, रेलवे को पार्सल व्यवसाय में भी घाटा हो रहा था। इस घाटे की वजह पार्सल भाड़े की दर कम होना नहीं बल्कि पार्सल क्षमता का महज 30 प्रतिशत उपयोग होना था। दुनिया में आखिर ऐसा कौन सा व्यापार होगा जिसकी क्षमता का महज 30 प्रतिशत इस्तेमाल हो और वह मुनाफा भी दे? जनहित से जुड़ा प्रकरण होने और राजनीतिक लिहाज से संवेदनशील मुद्दा होने के नाते रेल मंत्री आम तौर पर यात्री किराया बढ़ाने का तो विरोध करते हैं लेकिन खाना मुफ्त में खिलाने या कम दामों पर पार्सल बुक करने जैसे आदेश वे नहीं देते। इसके बावजूद भारतीय रेल को कैटरिंग और पार्सल से सालाना 620 करोड़ रुपए का घाटा क्यों हो रहा था? इसका प्रमुख कारण राजनीतिक उदारता या दखलंदाजी नहीं, बल्कि रेलवे में लाभोन्मुखी (प्रॉफिट मोटिव) और वाणिज्यिक समझ (कमर्शियल ओरिएन्टेशन) का अभाव था।

पैसा आसमान से नहीं टपकता है। पैसा कमाने के लिए खून-पसीना बहाना पड़ता है। रेलवे को इन असीम संभावनाओं को नोटों की गड्डी में बदलने के लिए एक सफल व्यापारी की भाँति दिन-रात संगठित प्रयास करने होंगे।

पहले रेलवे का ध्यान गाड़ी चलाने पर ज्यादा, पैसा कमाने पर कम था। यह इस बात से साफ होगा कि रेलवे में अधिकारी की मनचाही पोस्टिंग ऑपरेटिंग

में मानी जाती है, न कि कमर्शियल में। दूसरी प्रमुख बात यह भी रही है कि भारतीय रेल विज्ञापनों तथा पार्सल सेवाओं का काम भी विभागीय तौर पर करती रही है। रेलवे का काम गाड़ी चलाना है, एक-एक होर्डिंग की बिक्री करना अथवा एक-एक पैकेट पार्सल की बुकिंग करना नहीं। रेलवे को ऐसे कामों की होलसेल ऑउटसोर्सिंग करनी चाहिए थी, न कि इनकी खुदरा बिक्री के झंझट में फंसना चाहिए था। इसका तीसरा कारण यह भी था कि इस तरह के ठेके खुली निविदा के आधार पर नहीं प्रदान किए जाते थे। फलस्वरूप रेलवे को कभी भी यह पता नहीं चल पाता था कि बाजार इन सेवाओं की क्या कीमत देने को तैयार था? इतना ही नहीं, खाली दिशा की ओर भी वही भाड़ा था जो भरी हुई दिशा के लिए (लोडेड डायरेक्शन)। दिल्ली से गुवाहाटी का पार्सल भाड़ा उतना ही था जितना गुवाहाटी से दिल्ली का। इसी प्रकार खान-पान के स्टॉल एवं विज्ञापन के होर्डिंग भी खुली निविदा के माध्यम से नहीं, बल्कि आवेदन प्राप्त कर दिए जाते थे।

संक्षेप में, कैटरिंग, विज्ञापन, पार्सल इत्यादि एक ऐसी कामधेनु गाय है, जिनसे हर मद में मनचाही कमाई की जा सकती है। साथ ही यात्रियों को भी और बेहतर सुविधा प्रदान की जा सकती है। यानि सौ बातों की एक बात 'आम के आम गुठलियों के दाम'।

लागत ढांचा

रेलवे के अधिकांश खर्चे पूर्व निर्धारित होते हैं और इन पर उसका बस नहीं चलता। वेतन और पेंशन, वेतन आयोग द्वारा निर्धारित किए जाते हैं। रेलकर्मियों के महँगाई भत्ते की दरों में परिवर्तन रेलवे द्वारा नहीं बल्कि केन्द्र सरकार की नीतियों के अनुसार होता है। इसी तरह डीजल का दाम सरकार तय करती है। इतना ही नहीं, प्राइवेट कंपनियों की तरह रेलवे न तो कर्मचारियों की छंटनी कर सकती है और न ही घाटे वाली लाइनों को बंद करके अपने खर्चों में कमी ला सकती है। खर्चों की रफ्तार पर लगाम कसने में भी प्रबंधन अपने-आपको विवश पाता है। इस तरह की कड़ी चुनौतियों से अच्छे-अच्छे मैनेजमेंट प्रोफेसरों का दिल बैठने लग सकता है। आइए देखते हैं कि ये चुनौतियाँ कितनी जटिल हैं।

यद्यपि रेलवे का अपने कुल संचालनिक खर्चों पर कोई विशेष नियंत्रण नहीं है, लेकिन व्यापार बढ़ाकर प्रति इकाई लागत में कमी की जा सकती है। अगर

भारतीय रेल के विशाल नेटवर्क का नए सिरे से निर्माण किया जाए तो कई लाख करोड़ रुपये का निवेश करना पड़ेगा। लेकिन एक बार नेटवर्क बिछ जाने के बाद जैसे-जैसे गाड़ियों की संख्या बढ़ती जाती है, प्रति इकाई लागत कम होती जाती है। इसीलिए रेलवे जैसे उद्योग में एक अतिरिक्त गाड़ी चलाने की सीमांत लागत (marginal cost) सभी गाड़ियों की औसत लागत (average cost) से काफी कम होती है। इसका कारण यह है कि एक अतिरिक्त गाड़ी चलाने के लिए रेलवे को न तो नए इंजन और डिब्बे खरीदने पड़ते हैं और न ही कर्मचारियों की संख्या में इजाफा करना होता है। निम्नांकित चित्र से स्पष्ट होगा कि पिछले 25 वर्षों में रेलवे की माल ढुलाई और यात्री परिवहन में दोगुने से अधिक इजाफा हुआ लेकिन 'स्थिर दामों' पर रेलवे के खर्चे बढ़ने की बजाय कम हो गए। 'स्थिर दामों' (constant prices) पर अर्थात् महँगाई के प्रभाव को निकाल देने पर जहाँ 1983 में रेलवे के खर्चे 3 हजार 400 करोड़ रुपये थे, वहीं 2004 में ये घटकर 3 हजार 323 करोड़ रुपये रह गए। लेकिन, 'वर्तमान दरों' (current prices) पर अर्थात् महँगाई के प्रभाव को शामिल करने पर ये खर्चे बढ़कर 40 हजार करोड़ रुपये हो गए। सबसे महत्वपूर्ण बात यह है कि रेलवे के खर्चे गाड़ियों की संख्या में वृद्धि के कारण नहीं अपितु महँगाई (मुद्रास्फीति) की तेज रफ्तार के कारण बढ़ रहे थे।

चित्र 3.6 संचालनिक खर्चे और कुल टन किलोमीटर का सूचकांक (स्थिर कीमतों पर)

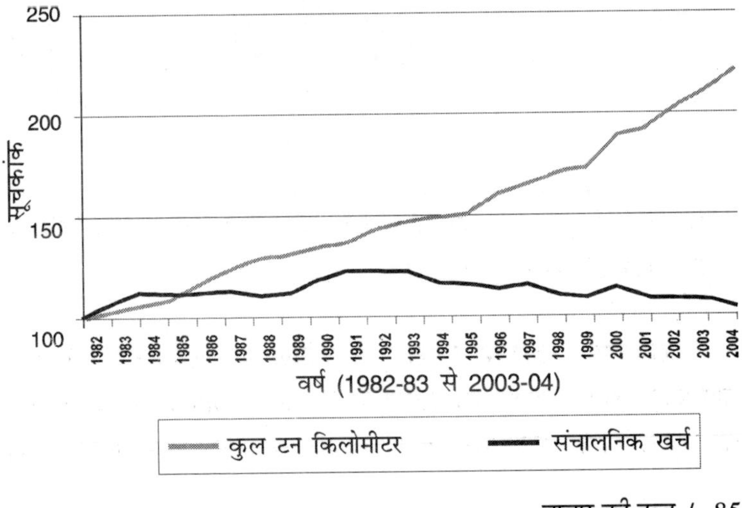

तालिका 3.3 संचालनिक खर्चे और कुल टन किलोमीटर (स्थिर कीमतों पर)

	1983	2004
सकल टन किलोमीटर (अरबों में)	518	1,176
चालू दरों पर संचालनिक व्यय (करोड़ रुपये में)	3,900	39,482
स्थिर दरों पर संचालनिक व्यय (करोड़ रुपये में)	3,400	3,323

स्रोत: सांख्यिकी एवं अर्थ निदेशालय, रेल मंत्रालय, भारत सरकार

गाड़ियों की संख्या बढ़ने से रेलवे के खर्चे क्यों नहीं बढ़ते यह समझने के लिए निम्नलिखित चित्र पर गौर करना जरूरी है। रेलवे के कुल खर्चों का करीब 49 प्रतिशत वेतन और पेंशन पर खर्च होता है, जबकि 14 प्रतिशत लीज एवं मूल्यह्रास (depreciation) जैसे खर्चों पर।

चित्र 3.7 रुपया जाता कहाँ है

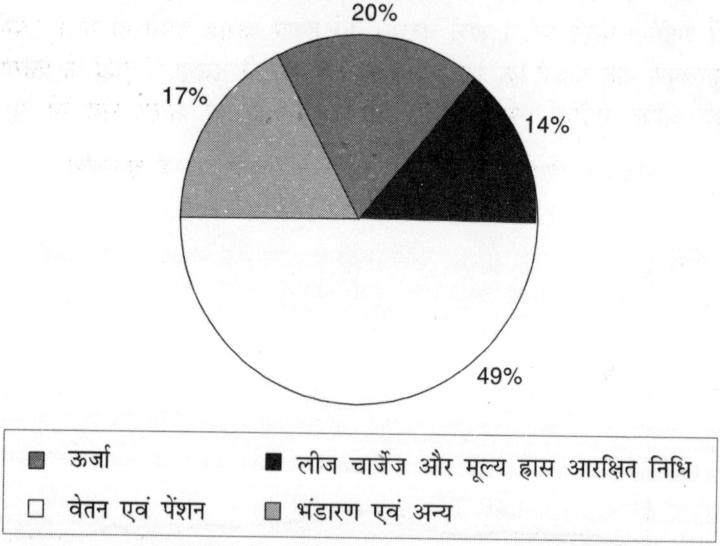

रेलवे गाड़ी चलाए या न चलाए, वेतन बिल कम-ज्यादा नहीं होते। अगर आप यह समझते हैं कि अधिक मालगाड़ियाँ चलाने के लिए अधिक वैगन, इंजन और रेलकर्मियों की आवश्यकता होगी तो आप यह जानकर चौंक जाएंगे कि वर्ष

1991 से 2004 के बीच मालडिब्बों की संख्या चार लाख से घटकर दो लाख, इंजनों की संख्या 14 हजार से घटकर आठ हजार और कर्मचारियों की संख्या 16 लाख से घटकर 14 लाख रह गई। इतना ही नहीं, डीजल जैसी परिवर्तनशील लागत (वैरिएबल कॉस्ट) भी आउटपुट के अनुपात में नहीं बढ़ रही थी। यह सामान्य समझ की बात है कि 10 किलोमीटर कार चलाने में यदि एक लीटर पेट्रोल लगता है तो 25 किलोमीटर का सफर दो-ढाई लीटर से कम में तय नहीं किया जा सकता। लेकिन, रेलवे में इस प्रकार का गणित हू-ब-हू नहीं चलता। रेलवे में लागत की परिवर्तनशीलता (variability of cost) के गणित में 'दो और दो चार' नहीं होते। यही कारण है कि वर्ष 2000 से 2007 की अवधि के दौरान जहाँ डीजल से चलने वाली गाड़ियों के आउटपुट में 37 प्रतिशत की बढ़ोत्तरी हुई, वहीं डीजल की खपत मात्र 12 प्रतिशत बढ़ी। इन बातों का सार तत्व यह है कि रेलवे के लागत ढांचे में एक प्रकार की जड़ता (rigidity) है। फलस्वरूप वॉल्यूम बढ़ने से लाभ में गुणोत्तर (geometric) वृद्धि होती है, जबकि खर्चों में मामूली वृद्धि ही होती है। यह कमाल नई और उन्नत प्रौद्योगिकी (टेक्नालॉजी), आई.टी, रेलतंत्र का क्षमता से कहीं कम उपयोग (slack in system) और संचालन रणनीति में परिवर्तन की वजह से होता है।

गाड़ियों की लंबाई और लोड का लागत पर प्रभाव

रेलवे के लागत ढाँचे की एक और दिलचस्प विशेषता है। गाड़ी की लंबाई, गाड़ी पर लादे जाने वाले माल की मात्रा अथवा यात्रियों की संख्या बढ़ने से गाड़ी की लागत में कोई खास फर्क नहीं पड़ता है। गाड़ी में डिब्बों की संख्या कम हो या ज्यादा, गाड़ी लंबी हो या छोटी, इंजन, ड्राइवर, गार्ड, प्लेटफार्म, सिगनल इत्यादि वही रहते हैं। इसका परिणाम यह होता है कि ट्रेन में डिब्बों की संख्या बढ़ने से प्रति यात्री लागत कम होती जाती है। तालिका 3.4 से यह बात एकदम साफ हो जाती है :

तालिका 3.4 राजधानी एक्सप्रेस एवं गरीब रथ की प्रति पैसेंजर कि.मी. लागत

ट्रेन		17 कोच	20 कोच	24 कोच
राजधानी एक्सप्रेस	व्यय प्रति यात्री कि.मी.	80 पैसे	73 पैसे	68 पैसे
	यात्रियों की संख्या	816	1032	1302
गरीब रथ	व्यय प्रति यात्री कि.मी.	38 पैसे	35 पैसे	32 पैसे
	यात्रियों की संख्या	1233	1512	1920

राजधानी एक्सप्रेस में डिब्बों की संख्या 17 से बढ़कर 24 होने पर प्रति यात्री किलोमीटर लागत 80 पैसे से घटकर 68 पैसे रह जाती है। कारण सिर्फ इतना है कि 17 डिब्बे वाली राजधानी एक्सप्रेस की लागत 816 यात्रियों के बीच बँटती है, जबकि 24 डिब्बे वाली राजधानी की लागत 1,302 यात्रियों के बीच। 24 डिब्बे वाली गाड़ी 'गरीब रथ' में पैन्ट्री कार जैसे कोच को हटा देने और यात्री डिब्बों में सीट एवं बर्थ की संख्या बढ़ाने से 1,920 मुसाफिर यात्रा करते हैं। इससे उसकी प्रति यात्री किलोमीटर लागत घटकर मात्र 32 पैसे रह जाती है।

इसी प्रकार भारी मालगाड़ी की प्रति इकाई लागत हलकी यात्री गाड़ी की अपेक्षा कम होती है। एक यात्री गाड़ी का वजन प्राय: एक हजार टन से कम होता है, जबकि मालगाड़ी चार हजार टन से अधिक वजनी होती है। दूसरे शब्दों में मालगाड़ी, सवारी गाड़ी से चार गुना ज्यादा भारी होती है। लेकिन तालिका 3.5 से यह स्पष्ट होगा कि चार गुना भारी मालगाड़ी की प्रति ट्रेन किलोमीटर लागत यात्री गाड़ी से चार गुना नहीं बल्कि दोगुनी से भी कम होती है। हालाँकि बहुत से कारणों के चलते सवारी गाड़ी और मालगाड़ी की तुलना नहीं की जा सकती। लेकिन अगर हलकी और भारी मालगाड़ियों की तुलना की जाए तो भी नतीजों पर कोई विशेष फर्क नहीं पड़ेगा। मूल बात यह है कि भारी गाड़ी की प्रति इकाई लागत हलकी गाड़ी से कहीं कम होती है।

तालिका 3.5 भारी और हलकी गाड़ी की प्रति इकाई लागत (वर्ष 2004)

	कुल ट्रेन भार	लागत प्रति ट्रेन कि.मी.	लागत प्रति कोच/ वैगन कि.मी.	लागत प्रति नेट टन कि.मी.
यात्री	1,000 टन	412 रुपये	36 रुपये	697 पैसे
माल	4,000 टन	714 रुपये	17 रुपये	51 पैसे

उपर्युक्त विवेचना से स्पष्ट है कि रेलवे में अधिकांश खर्चे आउटपुट बढ़ने के कारण नहीं बल्कि वेतन वृद्धि और महँगाई इत्यादि बाहरी कारणों से बढ़ते हैं। उत्पादकता और कार्यकुशलता में निरंतर सुधार होने के कारण 'स्थाई दरों पर' रेलवे की प्रति इकाई लागत पिछले 15 सालों में आधे से भी कम रह गई थी। जब रेलवे पहले से अधिक कार्यकुशल होती जा रही थी तो फिर वह 2001 में दिवालियेपन के कगार पर क्यों पहुँच गई थी? इसका कारण यह था कि रेलवे के खर्चों में 'स्थिर दामों' पर तो गिरावट आ रही थी लेकिन 'चालू मूल्यों' पर प्रति इकाई लागत लगातार बढ़ रही थी। जब आप बाजार में कोई वस्तु खरीदने जाते हैं तो वह 20 साल पुराने दामों पर नहीं मिलती। उसे खरीदने के लिए उस दिन की कीमत अदा करनी पड़ती है। रेलवे को भी अपने खर्चे बाजार के मूल्यों पर (चालू मूल्य) वहन करने पड़ते हैं। चूंकि रेलवे की आमदनी बढ़ने की रफ्तार खर्चों की तुलना में कम थी इसीलिए उसकी वित्तीय स्थिति खराब होती जा रही थी। इसी संदर्भ में राकेश मोहन कमेटी ने कहा था 'कर्मचारियों का वेतन उनकी उत्पादकता में हो रहे सुधार की गति से ज्यादा तेजी से बढ़ रहा है और यही रेलवे के दिवालियेपन का सबसे बड़ा कारण है।' लेकिन, अगर कर्मचारियों की उत्पादकता में सुधार की रफ्तार वेतन में बढ़ोतरी अर्थात् महँगाई की रफ्तार से अधिक हो जाए और आमदनी, खर्चों की अपेक्षा तेजी से बढ़ने लगे तो 'दिवालियेपन के अभिशाप' को 'अरबों में खेलने के वरदान' में बदला जा सकता है।

निष्कर्ष

उपर्युक्त विवेचना का सारांश यह है कि रेलवे को मोनोपोली मान बैठे विशेषज्ञ यह बात भूल गए थे कि उसे असली जंग तो हर रोज़ प्रतियोगी बाज़ार

में लड़नी पड़ रही थी। एकाधिकार का यह गरूर रेलवे को अपने सामाजिक दायित्वों से कहीं ज्यादा मँहगा पड़ा। इसी उलझी-उलझी मनोदशा के चलते रेलवे उच्च श्रेणी के यात्री किराए और माल भाड़े में साल-दर-साल बढ़ोत्तरी करते हुए अपने लाभप्रद व्यवसाय में हिस्सेदारी गँवाती रही। लेकिन, बड़े-बड़े सलाहकार और विशेषज्ञ सिर्फ सब्सिडी और टैरिफ रेगुलेटर का राग अलापते रहे। लाभोन्मुखी और वाणिज्यिक समझ के अभाव में रेलवे न तो उपलब्ध मौकों का फायदा उठा पा रही थी और न ही प्रतियोगिता में अपने को खरा उतार पा रही थी। प्रतियोगी बाजार में सफलता का एकमात्र सूत्र ग्राहकों को वाजिब दाम पर प्रतिद्वंद्वियों से बेहतर सेवा उपलब्ध कराना है। वाजिब दाम पर सेवा उपलब्ध कराने के लिए प्रति इकाई लागत में कमी करना जरूरी था। इसको 'फास्टर', 'हैवियर' और 'लॉन्गर' ट्रेन की रणनीति के माध्यम से ही कम किया जा सकता था। 'फास्टर', 'हैवियर' और 'लॉन्गर' ट्रेन चलाने के लिए सभी विभागों के बीच आपसी तालमेल और समन्वय की नितांत आवश्यकता थी। रेलवे को एक ऐसा संगठन बनाने की जरूरत थी जिसमें लोग विभागीय हितों से ऊपर उठकर सोचें और सभी विभाग मिलकर संगठन को आगे बढ़ाने के लिए काम करें। 'फास्टर', 'हैवियर' और 'लॉन्गर' ट्रेन चलाने के सपने को कैसे मूर्त रूप दिया गया और बिना नए डिब्बे अथवा इंजन खरीदे रेलवे की विकास दर को कैसे दोगुना किया गया और प्रति इकाई लागत को कैसे घटाया गया, ये सारी बातें हम अगले अध्याय में देखेंगे।

4

जर्सी गाय का अर्थशास्त्र

जून 2004 में रेल भवन में आयोजित अपने प्रथम पत्रकार सम्मेलन में रेल मंत्री लालू प्रसाद ने कहा, 'भारतीय रेल एक दुधारू जर्सी गाय की तरह है। ठीक से न दुहे जाने के कारण इसे 'थनैल' की बीमारी हो गई है।' उल्लेखनीय है कि इस बीमारी से थन में दूध सूखने लगता है और गाय कम दूध देने लगती है। एक पत्रकार ने जब सवाल किया कि आप डगमगाती रेल को पटरी पर कैसे लायेंगे तो रेल मंत्री का जवाब था, 'हम गऊमाता को प्यार-दुलार देकर उसकी सेहत ठीक करेंगे और उसे पूरा दुहेंगे।' अनेक पत्रकारों ने इन बयानों के लिए रेल मंत्री की जमकर खिल्ली उड़ाई। पत्रकार सम्मेलन में बैठे बहुत कम पत्रकारों एवं अधिकारियों को यह आभास था कि लालूजी ने जर्सी गाय के अर्थशास्त्र के बहाने रेलवे की माली हालत सुधारने के लिए जरूरी आपूर्ति रणनीति अर्थात् 'सप्लाई साइड' मैनेजमेंट का निचोड़ चंद शब्दों में ही व्यक्त कर दिया था।

इस पत्रकार सम्मेलन के कुछ दिन बाद रेल बजट बनाने का सिलसिला शुरू हुआ। इसी क्रम में रेल मंत्री वर्ष 2005 का 'माल लदान लक्ष्य' निर्धारित करने के लिए रेलवे बोर्ड के साथ मीटिंग कर रहे थे। रेलवे ने वर्ष 2004 में 55 करोड़ 70 लाख टन की लोडिंग की थी। रेलवे बोर्ड का मंतव्य था कि वर्ष 2005 में 57 करोड़ टन की लोडिंग का लक्ष्य प्राप्त करना भी चुनौतीपूर्ण होगा। रेलवे बोर्ड ने अपनी मजबूरी कुछ इस प्रकार व्यक्त की - 'रेलवे नेटवर्क बुरी तरह संतृप्त (चोक) हो गया है और मुख्य मार्गों पर क्षमता से डेढ़ गुनी गाड़ियाँ चल रही हैं।' नब्बे के पूरे दशक में वार्षिक विकास दर दो प्रतिशत रही थी इसलिए मात्र दो से

तीन प्रतिशत की वार्षिक वृद्धि दर पर लक्ष्य निर्धारित करना रेलवे के लिए कोई अनहोनी बात नहीं थी।

चूँकि इस विषय पर आम सहमति नहीं बन सकी, इसलिए रेल मंत्री ने वर्ष 2005 के लिए 58 करोड़ टन माल लदान करने का बजटीय लक्ष्य निर्धारित कर दिया। साथ ही 2005 में 60 करोड़ टन का माल लदान करने के लिए 'मिशन 600 मिलियन टन' शुरू किया। मंत्री जी ने स्वयं सभी क्षेत्रीय रेलवे के महाप्रबंधकों को पत्र लिखकर इस मिशन को हकीकत में बदलने का अनुरोध किया। राह कठिन थी और बहुतों को करीब-करीब असंभव-सी दिख रही थी। लेकिन रेलवे ने उन्हीं रेलकर्मियों, रोलिंग स्टॉक एवं नेटवर्क से वर्ष 2005 में 60 करोड़ 20 लाख टन लोडिंग करने का इतिहास रच दिया। रेलवे के इतिहास में यह पहला अवसर था जब एक साल में पूर्व वर्ष की अपेक्षा साढ़े चार करोड़ टन की अतिरिक्त लोडिंग हुई थी। रेलकर्मियों को यह किसी कारनामे से कम नहीं लगा। लेकिन यह तो महज एक शुरुआत थी। वर्ष 2004 में की गई 56 करोड़ टन की लोडिंग वर्ष 2008 में बढ़कर 80 करोड़ टन के रिकार्ड तक पहुँच गई। वर्ष 2004 से 2008 के बीच महज चार वर्षों में रेलवे ने 24 करोड़ टन की अतिरिक्त लोडिंग की, जो नब्बे के पूरे दशक में हुई 16 करोड़ टन की अतिरिक्त लोडिंग से 50 प्रतिशत ज्यादा थी।

तीन शब्दों में छिपा कायाकल्प का सूत्र

कैसे यह चमत्कार हुआ और कौन सी जादू की छड़ी चली ? प्रतिवर्ष महज़ एक करोड़ टन की अतिरिक्त लोडिंग करने वाली भारतीय रेल अब सालाना छह करोड़ टन की ज्यादा लोडिंग कैसे कर रही है ? इन सारे सवालों का हल तलाशती रेलवे की 'आपूर्ति प्रबंधन रणनीति' को मात्र तीन शब्दों में व्यक्त किया जा सकता है:

- फास्टर
- लॉन्गर
- हैवियर

} ट्रेन

इनमें से हर एक शब्द हजारों करोड़ रुपये का है। यहाँ हम हजारों करोड़ रुपये की बिक्री की नहीं बल्कि शुद्ध मुनाफ़े की बात कर रहे हैं।

दरअसल ये तीनों शब्द उतने ही पुराने हैं जितनी रेल प्रणाली। एक मोटरगाड़ी को दूसरी मोटरगाड़ी से नहीं जोड़ा जा सकता था और न ही एक साथ सैकड़ों टन माल तेजी से ढोया जा सकता था। इसीलिए 19वीं शताब्दी में रेलवे का आविष्कार हुआ। जब यह सब इतना स्पष्ट था तो इस रणनीति पर पहले क्यों नहीं अमल किया गया ? दरअसल रेलवे एक ऐसा विशाल तंत्र है, जिसमें सफलता के लिए सभी विभागों का टीम भावना के साथ काम करना आवश्यक है। जब एक गाड़ी चलती है तो यांत्रिक (मैकेनिकल) विभाग डिब्बे, अभियांत्रिकी विभाग (सिविल इंजीनियरिंग) रेल लाइन, सिगनल एवं दूरसंचार विभाग सिगनल, इलेक्ट्रिकल विभाग इंजन, ट्रैफिक गाड़ियों का संचालन तथा वित्त विभाग इन सबके लिए वित्त का प्रबंध करता है। सभी विभागों के कार्य आपस में ठीक उसी तरह से जुड़े हुए हैं जैसे वीणा के तार आपस में। कर्णप्रिय सुर निकालने के लिए जिस प्रकार वीणा वादक को बड़े ही कलात्मक ढंग से अपनी उंगलियों को इन तारों पर फिराना पड़ता है ठीक उसी प्रकार अच्छे परिणाम के लिए सभी विभागों के बीच बेहतर तालमेल, संवाद और समन्वय स्थापित करना पड़ता है। अकूत संपदा, कर्मठ रेलकर्मी तथा मजबूत संगठन होने के बावजूद अगर रेलवे पटरी से उतर गई थी तो उसका सबसे बड़ा कारण था 'टीम भावना का अभाव'। विशाल रेलतंत्र में एक विभाग के तार दूसरे विभाग से और फील्ड इकाई के मुख्यालय से आपस में कैसे जुड़े हुए हैं तथा इनके बीच आपसी तालमेल और समन्वय स्थापित करना कितना कठिन है, यह समझने के लिए आइए देखते हैं कि फास्टर, लॉन्गर और हैवियर ट्रेन चलाने का सपना कैसे साकार हुआ ?

फास्टर ट्रेन

रेलवे के पास चार हजार मालगाड़ियाँ हैं। वर्ष 2004 में रेलवे प्रतिदिन 570 मालगाड़ियाँ लोड करती थी। फास्टर ट्रेन चलाकर इन्हीं चार हजार मालगाड़ियों से प्रतिदिन 570 की बजाय 800 गाड़ियाँ लोड की जा सकती थीं। यहाँ फास्टर से तात्पर्य गाड़ियों की स्पीड बढ़ाने से नहीं बल्कि उनका टर्न अराउंड टाइम से है। मालगाड़ियों का टर्न अराउंड टाइम सात दिन से घटाकर पाँच दिन पर लाने अर्थात् दो लोडिंग के बीच के अंतराल को घटाने के लिए एक साथ कई नीतियों

पर अमल किया गया। मालगाड़ियों के टर्न अराउंड टाइम में लगने वाले सात दिनों में से दो दिन माल लेकर जाने और वापस लौटने में, ढाई से तीन दिन माल लादने एवं उतारने में और बाकी दो दिन माल-गाड़ी के परीक्षण, रखरखाव इत्यादि कार्यों में खर्च होते थे। पिछले तीन दशकों से मालगाड़ियों की औसत स्पीड 25 किलोमीटर प्रति घंटे के आसपास स्थिर बनी हुई है। इसका प्रमुख कारण रेल संचालन में यात्री गाड़ियों को प्राथमिकता दिया जाना और रेल मार्गों का बुरी तरह से संतृप्त हो जाना है। अतः मालगाड़ियों की स्पीड बढ़ाकर आने-जाने में लगने वाले दो दिन के समय को कम नहीं किया जा सकता था। इसलिए मालगाड़ियों के टर्न अराउंड टाइम को सात दिन से घटाकर पाँच दिन पर लाने के लिए पूरा ध्यान दूसरे और तीसरे बिन्दुओं पर (अर्थात् माल लादने और उतारने तथा मालगाड़ी के रख-रखाव इत्यादि में लगने वाले समय को कम करने पर) केन्द्रित किया गया।

एक मालगाड़ी की लंबाई 685 मीटर होती है, जबकि कई मालगोदामों में प्लेटफॉर्म की लंबाई इससे काफी कम थी। वर्ष 1981 के पहले रेलवे फुटकर माल बुक करती थी, इसलिए बहुत से मालगोदामों में केवल दस से बीस डिब्बे ही लोड/अनलोड होते थे। रेलवे ने वर्ष 1981 में पीस मील बुकिंग बंद कर दी और तब से रेलवे पूरी की पूरी गाड़ी बुक करने लगी। लेकिन 58 वैगनों की पूरी गाड़ी में एक ही खेप में लदान करने के लिए प्लेटफार्मों की लंबाई बढ़ाकर 685 मीटर नहीं की। फलस्वरूप अनेक मालगोदामों में मालगाड़ियाँ एक खेप में लोड न होकर दो से तीन खेप में लोड/अनलोड हो रही थीं।

यह समस्या इसलिए और विकट हो गई थी क्योंकि कई मालगोदामों में सुबह छह बजे से शाम छह बजे तक ही काम होता था। रेलवे ग्राहकों को माल लादने एवं उतारने के लिए नौ-नौ घंटे का समय देती है। इस समय सीमा के अंदर कार्य पूरा हो जाने पर किसी प्रकार की पेनल्टी नहीं देनी पड़ती। इसे रेलवे की बोलचाल की भाषा में 'फ्री टाइम' कहा जाता है। लेकिन, रात-दिन काम न होने के कारण गाड़ियाँ नौ घंटे से कहीं ज्यादा समय तक मालगोदामों में फँसी रहतीं थीं। उदाहरण के लिए, सुबह दस बजे के बाद स्टेशन पर पहुँचने वाली मालगाड़ी अगले दिन

तक यानी लगभग चौबीस घंटे तक वहीं फँसी रहती थी, क्योंकि लोडिंग पूरी होने से पहले ही शाम को छह बजे मालगोदाम बंद हो जाते थे। छोटे प्लेटफार्म वाले मालगोदामों में तो समय की बर्बादी और ज्यादा होती थी क्योंकि लोडिंग का काम एक खेप की बजाय कई खेप में किया जाता था।

अत: रेलवे ने एकसाथ इन दोनों बाधाओं को दूर किया। एक तरफ सभी महत्वपूर्ण मालगोदामों की लंबाई बढ़ाकर 685 मीटर कर दी गई और दूसरी तरफ माल लदान का काम रात-दिन करने का निर्णय लिया गया। ये दोनों कार्य समयबद्ध तरीके से छह महीने के भीतर पूरे कर लिए गए।

समय की बर्बादी का तीसरा बड़ा कारण मालगाड़ी परीक्षण (ट्रेन एग्जामिनेशन) की प्रचलित दो अलग-अलग एवं विरोधाभासी पद्धतियाँ थीं। एक मालगाड़ी का परीक्षण करने और उसके बाद इंजन लगाकर ले जाने में औसतन 15 घंटे लगते हैं। पहले रोज़ाना लदान होने वाली 570 मालगाड़ियों में से औसतन 400 मालगाड़ियों का लदान से पहले परीक्षण (एग्जामिन) किया जाता था। इस प्रकार इस प्रक्रिया में प्रतिदिन 400 x 15 घंटे लगते थे। मालगाड़ी परीक्षण में लगने वाले 15 घंटे की अवधि को कम करके अथवा प्रतिदिन परीक्षित होने वाली मालगाड़ियों की संख्या कम करके अथवा ये दोनों कार्य एकसाथ कर समय की बचत की जा सकती थी। लेकिन, जल्दी ही यह बात स्पष्ट हो गई कि परीक्षण में लगने वाले समय को कम करने की संभावनाएँ काफी कम थीं। इसलिए प्रतिदिन परीक्षण से गुजरनेवाली मालगाड़ियों की संख्या घटाने पर ही ध्यान केन्द्रित किया गया। पूर्व निर्धारित रूट पर चलने वाली (क्लोज सर्किट) मालगाड़ियों का 4 हजार 500 किलोमीटर सफर तय करने तक दोबारा परीक्षण नहीं किया जाता था। रेलवे में इन्हें 'सीसी रेक' कहा जाता है। मालगाड़ियाँ औसतन 650 किलोमीटर का सफर तय करती हैं। इस प्रकार एक बार परीक्षण होने के बाद 'सीसी रेक' तीन से चार खेप (ट्रिप) आसानी से पूरी कर लेते थे। ऐसी मालगाड़ियाँ जिनका हर लदान अर्थात् हर नई ट्रिप से पहले परीक्षण किया जाता था उन्हें 'एंड टू एंड रेक' (एक स्टेशन से दूसरे स्टेशन तक के लिए परीक्षण) कहा जाता है। प्रतिदिन लोड होने वाली मालगाड़ियों में से एक तिहाई 'सीसी' और बाकी दो-तिहाई मालगाड़ियाँ 'एंड टू एंड' होती थीं - अर्थात् एक-तिहाई मालगाड़ियों का तीन से चार खेप के बाद और दो-तिहाई मालगाड़ियों का हर बार लोड होने से पहले परीक्षण किया जाता था।

मालगाड़ी परीक्षण प्रणाली की समीक्षा करने के लिए रेलवे बोर्ड ने ट्रैफिक और मैकेनिकल विभाग के पदाधिकारियों के एक बहुविभागीय कार्यदल का गठन किया। इस कार्यदल ने मालगाड़ियों के परीक्षण में लगने वाले समय को कम करने के लिए अनेक सुझाव दिए। लेकिन सी सी रेक की तरह एंड टू एंड रेक का भी हर खेप की बजाय 4 हजार 500 किलोमीटर का सफर तय करने के बाद परीक्षण करने के मुद्दे पर मैकेनिकल एवं ट्रैफिक विभाग में आम राय नहीं बन सकी। मैकेनिकल विभाग का मानना था कि इन प्रणालियों में किसी प्रकार के बदलाव की आवश्यकता नहीं है, जबकि ट्रैफिक विभाग का कहना था कि सभी प्रकार की मालगाड़ियों (सीसी एवं एंड टू एंड रेक) का 4 हजार 500 किलोमीटर का सफर तय करने के बाद ही परीक्षण होना चाहिए। ट्रैफिक विभाग का तर्क था कि यदि कोई 'एंड टू एंड रेक' जम्मू से कन्याकुमारी तक जाकर वापस आता है तो उसका परीक्षण 5 हजार किलोमीटर का सफर तय करने के बाद होता है, जबकि जम्मू से अमृतसर के बीच चलने वाले 'एंड टू एंड रेक' का चार सौ किलोमीटर के बाद ही परीक्षण करना पड़ता है। एक ही तरह की मालगाड़ियों में दो प्रकार की एग्जामिनेशन पद्धति के विरोधाभास को लालूजी ने कुछ इस प्रकार व्यक्त किया, "एम. एम. साहब! (मेकैनिकल विभाग के सर्वोच्च पदाधिकारी) आपकी गाड़ियाँ तो आप से भी ज्यादा होशियार हैं। वे तो स्टेशन का नाम पढ़कर बीमार पड़ती हैं।'' काफी जद्दो-जहद के बाद दोनों विभागों के बीच आम राय कायम हुई और 'एंड टू एंड रेक' को भी 'सीसी रेक' की तरह 4 हजार 500 किलोमीटर का सफर तय करने अथवा 15 दिन के बाद, दोनों में से जो भी पहले हो, के बाद ही परीक्षण करने का निर्णय लिया गया। अब मालगाड़ियों का हर लदान से पहले नहीं बल्कि दो-तीन खेप पूरी करने के बाद परीक्षण किया जाता है। इस एक बदलाव से अब पहले की अपेक्षा प्रतिदिन आधे से भी कम गाड़ियों का परीक्षण किया जाता है। दूसरे शब्दों में, प्रतिदिन लोड होने वाली 800 गाड़ियों में से अब तीन सौ से भी कम मालगाड़ियों का परीक्षण होता है, जबकि वर्ष 2004 में प्रतिदिन लोड होने वाली 570 गाड़ियों में से 400 गाड़ियों का परीक्षण किया जाता था। यदि परीक्षण की पद्धति में बदलाव न किया जाता तो आज यह संख्या 300 की बजाय 600 होती। इस प्रकार, इस एक बदलाव से प्रतिदिन मालगाड़ियों के

300x15 अर्थात् 4 हजार 500 ट्रेन घंटे की बचत हुई। इस एक निर्णय से रेलवे को सालाना कई हजार करोड़ रुपये की अतिरिक्त आमदनी हुई।

इन निर्णयों को व्यावसायिक एवं संचालनिक नीति में किए गए बदलावों के साथ समन्वित किया गया। एक ओर जहाँ मालगाड़ी उपलब्ध कराने में ऐसे ग्राहकों को प्राथमिकता दी गई जो तेजी से लोडिंग/अनलोडिंग का काम पूरा करते थे, वहीं दूसरी ओर विलंब करने वाले ग्राहकों पर पेनल्टी (डैमरेज) लगाने के नियमों को कड़ा किया गया। ग्राहकों को ये कार्य मशीनों के माध्यम (मेकैनाइज) से करने तथा अपनी फैक्ट्रियों में माल लादने एवं उतारने के लिए मूलभूत सुविधाओं का उन्नयन करने के लिए प्रोत्साहित करने हेतु मालभाड़े में पाँच प्रतिशत तक की छूट देने की योजना शुरू की गई। संक्षेप में, हर ऐसे कारण का पता लगाया गया और उसे दूर किया गया जिसके कारण समय की बर्बादी हो रही थी। चाहे वह गाड़ियों के परीक्षण एवं मरम्मत में लगने वाला समय हो या डीजल रूट से इलेक्ट्रिक रूट पर गाड़ी आने पर इंजन बदलने में लगने वाला समय हो अथवा कहीं और। सर्वत्र चुस्ती पर ध्यान दिया गया। इसी समन्वित रणनीति का परिणाम है कि टर्न अराउंड टाइम सात दिन से घटकर पाँच दिन रह गया। इन कार्यों को पूरा करने में खर्च हुए 500 करोड़, जबकि फायदा हुआ 13 हजार करोड़ रुपये का।

लॉन्गर ट्रेन

यात्री गाड़ियाँ औसतन चौदह डिब्बों की होती हैं। नब्बे के दशक में रेलवे ने लोकप्रिय सवारी गाड़ियों में अधिक से अधिक डिब्बे जोड़ने अर्थात् 14 की बजाय 24 डिब्बे की यात्री गाड़ियाँ चलाने के उद्देश्य से चार से छह हजार अश्व शक्ति (हार्स पॉवर) के डीजल और इलेक्ट्रिक इंजन खरीदे। फिर भी लोकप्रिय सवारी गाड़ियों में डिब्बों की संख्या नहीं बढ़ाई जा सकी। 24 डिब्बों वाली यात्री गाड़ी चलाने के लिए दो बातें जरूरी हैं। लंबे प्लेटफॉर्म होने चाहिए तथा अतिरिक्त कोच की व्यवस्था होनी चाहिए। प्लेटफॉर्मों की लंबाई बढ़ाने के लिए धन की नहीं बल्कि प्राथमिकता तय करने की जरूरत थी। नई रणनीति के तहत रेलवे ने पहले गाड़ियों की लंबाई बढ़ाई और फिर प्लेटफॉर्मों की। इस निर्णय से थोड़े समय तक यात्रियों को कष्ट अवश्य हुआ, लेकिन सिस्टम पर तीन से छह महीने की अल्प अवधि

में प्लेटफॉर्मों की लंबाई बढ़ाने का जबरदस्त जन-दबाव बना। इस पूरे कार्य में दो सौ करोड़ रुपये से भी कम निवेश हुआ, लेकिन रेलवे को हजारों करोड़ रुपये का लाभ हुआ। चूंकि सवारी डिब्बे बनाने वाले कारखानों की क्षमता सीमित है इसलिए नए डिब्बों का उत्पादन कर कोच की उपलब्धता बढ़ाना असंभव था। अतः उपलब्ध चालीस हजार सवारी डिब्बों के बेहतर इस्तेमाल की रणनीति बनाई गई। इसमें पहली रणनीति थी 'कट एंड पेस्ट' अर्थात् खाली चलने वाली सवारी गाड़ियों के डिब्बे काट कर लोकप्रिय गाड़ियों में जोड़ने की नीति। यह पता लगाने के लिए कि कौन सी सवारी गाड़ी में किस श्रेणी के कितने डिब्बों की माँग है और कहाँ से डिब्बे निकाले जा सकते हैं, कम्प्यूटरीकृत 'पैसेंजर प्रोफाइल मैनेजमेंट सिस्टम' विकसित किया गया। यह सिस्टम सभी क्षेत्रीय रेलों में लगाया गया जिससे संबंधित पदाधिकारियों को प्रतिदिन गाड़ियों में डिब्बों की माँग के बारे में जानकारी मिलती रहती है।

सवारी डिब्बों की उपलब्धता बढ़ाने के लिए दूसरी रणनीति थी गाड़ियों के लिंक्स को मर्ज करना। इसे समझने के लिए एक उदाहरण लेते हैं। मान लीजिए दिल्ली से कोलकाता आने वाली गाड़ी सुबह पाँच बजे नई दिल्ली स्टेशन पहुँचती है और फिर वापस रात में दस बजे कोलकाता के लिए रवाना होती है तो वह सारा दिन स्टेशन पर बेकार खड़ी रहती है। इस खाली समय का सदुपयोग करने के लिए उसका नामपट्ट (नेम प्लेट) बदल कर उसे सौ से दो सौ किलोमीटर के बीच चलने वाली किसी अन्य गाड़ी के रेक की जगह उपलब्ध करा दिया गया। इससे छोटी दूरी की गाड़ी में लगने वाला रेक फ्री हो गया जिसका उपयोग दूसरी यात्री गाड़ी चलाने में किया गया।

मालगाड़ियों की ही तरह सवारी डिब्बों एवं इंजन के परीक्षण तथा रख-रखाव में लगने वाले समय में भी कटौती की गई। इन सारे प्रयासों से सवारी डिब्बों की उपलब्धता में काफी सुधार हुआ। लोकप्रिय गाड़ियों में तीन हजार अतिरिक्त डिब्बे जोड़े जाने से जहाँ प्रतीक्षारत लोगों को यात्रा करने का अवसर मिला, वहीं रेलवे ने तीन हजार करोड़ रुपये कमाए।

हैवियर ट्रेन

रेल मंत्री को मालगाड़ियों में ओवर लोडिंग की गंभीर शिकायतें मिल रही थीं। इसलिए 27 सितंबर, 2004 को उन्होंने झारखंड राज्य के मूरी स्टेशन से गुजरने वाली मालगाड़ियों को रात-भर अपनी आँखों के सामने धर्मकांटे (electronic weighbridge) पर तुलवाया। साथ ही देश-भर में मालगाड़ियों को निकट के रेलवे स्टेशन पर तुलवाने के आदेश दिए। यह अभियान 27 से 30 सितंबर 2004 तक चला। इसके नतीजों ने सबकी आँखें खोल दीं। अधिकतर डिब्बों में दो से पंद्रह टन तक की ओवरलोडिंग पाई गई। स्थल निरीक्षण से लौटने पर रेल मंत्री ने जब यह जानना चाहा कि रेलवे स्वयं वैगनों में और अधिक माल लोड कर पूरा पैसा क्यों नहीं वसूलती तो उन्हें बताया गया कि वैगनों में चार टन अतिरिक्त माल लोड करने अर्थात् एक्सल लोड बढ़ाने से यात्रियों की संरक्षा को खतरा हो सकता है। इस पर लालूजी ने अपने अनोखे अंदाज में कहा, "मेरी माँ ने मुझे भैंस को सींग से पकड़कर काबू करना सिखाया है, न कि पूंछ पकड़कर। यदि भैंस को पूंछ से पकड़कर काबू करोगे तो मुँह पर लात मारेगी।" इस बयान में उनकी जोखिम उठाने एवं साहसिक निर्णय लेने की क्षमता परिलक्षित हो रही थी। उनका विश्वास इस बात से भी बढ़ रहा था कि उन्होंने कुछ ही दिन पहले अपनी आँखों से वैगनों में दो से पंद्रह टन की ओवरलोडिंग होते देखी थी। और तो और पटरियों के क्षतिग्रस्त होने की भी कोई खबर नहीं थी। माल तो ज्यादा लोड हो ही रहा था, लेकिन पैसा रेलवे को मिलने की बजाय भ्रष्ट पदाधिकारियों और कंपनियों की जेब में जा रहा था। एक्सल लोड बढ़ाने से जो पैसा पहले पानी में जा रहा था वह रेलवे के खजाने में आने लगा। पटरियाँ और पुल न तो न पहले टूटे थे, न अब। इस संबंध में उल्लेखनीय है कि अस्सी और नब्बे के दशक में रेलवे ने कमजोर पटरियों और पुलों को मजबूत करने के लिए तीस हजार करोड़ रुपये का निवेश किया था। और तो और, कनाडा की रेल 'कैनाक इन्कॉरपोरेटेड' (CANAC) और एशियन डेवलपमेंट बैंक सहित अनेक विशेषज्ञ कार्यदलों ने भारतीय रेल की पटरियों एवं पुलों को 25 से 30 टन एक्सल लोड वाली भारी मालगाड़ियाँ चलाने के लिए उपयुक्त पाया था। लेकिन विभागों की आपसी

खींचतान और मतभेदों के कारण वैगन में अतिरिक्त माल लदान करने का अर्थात् एक्सल लोड बढ़ाने का निर्णय नहीं लिया जा सका। कहानी वही पुरानी रही, 'जर्सी गाय तो खरीद ली, लेकिन उसे पूरी तरह दुहा नहीं जा सका।'

किसी भी बड़े काम में जोखिम छिपा ही रहता है। जोखिम उठाकर साहसिक निर्णय लेने वाला नेतृत्व ही संगठन पर अपनी अमिट छाप छोड़ पाता है। मात्र यही एक गुण है जो सफल और असफल नेतृत्व के फर्क को रेखांकित करता है।

साहिल के सुकूं से किसे इंकार है लेकिन,
तूफ़ान से लड़ने का मज़ा और ही कुछ है।

लेकिन जोखिम उठाने का तात्पर्य जुआ खेलना नहीं है। इसलिए भारी गाड़ी चलाने का फैसला लेने से पहले इससे जुड़े सभी संवेदनशील पक्षों का बारीकी से आकलन किया गया। साथ ही सभी एहतियाती कदम भी उठाए गए। जहाँ एक ओर मजबूती प्रदान करने के लिए हर मालडिब्बे में चार अतिरिक्त स्प्रिंग लगाए गए वहीं ओवरलोडिंग रोकने के लिए सभी प्रमुख स्थानों पर धर्मकांटे लगाए गए। साथ ही साथ गाड़ियों को हाई हार्स पावर वाले इंजनों से लैस किया गया। इतना ही नहीं, एक्सल लोड बढ़ाने का फैसला एक बार में लागू करने की बजाय चरणबद्ध तरीके से लागू किया गया। सबसे पहले इसे ऐसे मार्गों पर लागू किया गया जिन पर यात्री गाड़ियाँ कम चलती थीं। धीरे-धीरे यात्री-बहुल मार्गों पर इसका विस्तार किया गया। संक्षेप में, रेल संरक्षा सुनिश्चित करने के लिए सभी जरूरी उपाय किए गए।

सफलता के पाँच मूल मंत्र

उपर्युक्त विवेचना से सफलता के पाँच मूल मंत्र उभरकर आते हैं। एक, रेलवे ने ऊँचे ख्वाब सँजोए जिससे नई सोच एवं कार्य-संस्कृति विकसित हुई। दो, सभी विभागों में आपसी तालमेल, समन्वय एवं सहयोग स्थापित किया गया जिससे 'एक और एक मिलकर ग्यारह' हो गए। तीन, पके हुए आमों को सबसे पहले तोड़ने की नीति अपनाई गई अर्थात् ऐसे निवेश पर बल दिया गया जिससे कम समय और कम लागत में ज्यादा लाभ हुआ। चार, भूखे शेर की तरह तत्परता, एकाग्रता एवं आक्रामकता के साथ लक्ष्य का पीछा किया गया। पाँच, चरणबद्ध तरीके से

तय रणनीति पर अमल किया गया (deliberative & calibrated)। इन पाँचों सिद्धांतों को दिशा-निर्देश देने वाला महासिद्धांत था, 'आम आदमी को केंद्र में रखकर रेलवे का वित्तीय कायाकल्प।'

बड़ा आकाश : बड़े सपने

पहले रेलवे की आकांक्षाएँ छोटी और साधन बड़े थे। रेलवे के विशाल नेटवर्क और व्यापार के आँकड़ों पर गौर करें तो तस्वीर बहुत आसानी से साफ हो जाएगी। चीन का रेल नेटवर्क करीब-करीब भारत जितना ही है। हालाँकि चीन की रेलवे के पास भारत से दोगुने इंजन और वैगन हैं, लेकिन उसका माल लदान हमसे चार गुना ज्यादा है। इसी प्रकार अमेरिकी रेल की तुलना में भारतीय रेल में दस गुना ज्यादा रेलकर्मी काम करते हैं, लेकिन अमेरिका का माल ट्रैफिक हमसे सात गुना ज्यादा है। इन आँकड़ों से स्पष्ट है कि भारतीय रेल के पास साधनों की कमी नहीं थी। साधन तो अपार थे, लेकिन आकांक्षाएँ छोटी थीं–रेलवे प्रतिवर्ष मात्र दो से तीन प्रतिशत की वृद्धि अर्थात् मात्र एक करोड़ टन अतिरिक्त लोडिंग करने का लक्ष्य निर्धारित करती थी। साधन अब भी वही हैं, लेकिन सपने बड़े हो गए हैं–अब रेलवे प्रतिवर्ष दो से तीन प्रतिशत की बजाय सालाना आठ से नौ प्रतिशत की वृद्धि अर्थात् एक करोड़ टन की बजाय प्रतिवर्ष 6 करोड़ टन अतिरिक्त लोडिंग करने का लक्ष्य निर्धारित करती है। विश्वविख्यात मैनेजमेंट गुरु सी.के. प्रहलाद ने अपनी पुस्तक 'कम्पीटिंग फॉर द फ्यूचर' में उपलब्ध संसाधनों का उपयोग करने की क्षमता के आधार पर विभिन्न प्रकार की फर्मों को निम्नांकित चार श्रेणियों में बाँटा है:

	साधनों का क्षमता से कहीं कम उपयोग	साधनों का भरपूर उपयोग
आकांक्षाओं की कमी	***लूजरफर्म:***ऐसी फर्म जिसके पास न आकांक्षा है न साधन	***सोई हुई फर्म*** : ऐसी फर्म जिसके साधन तो अपार हैं लेकिन आकांक्षाओं का अभाव है
महत्वाकांक्षी	***दिवास्वप्न देखती फर्म*** : ऐसी फर्म जो बातें तो बड़ी-बड़ी करती है लेकिन साधनों का उपयोग करना नहीं जानती	***विनर फर्म*** : बाजी वही जीतती है जो साधनों का भरपूर उपयोग कर सपनों को साकार करती है

लालूजी यूँ ही 'भारतीय रेल को सोने की चिड़िया' नहीं मानते। उन्होंने सोई हुई रेलवे को महत्वाकांक्षी बनाकर सुनहरी रेलवे में तब्दील कर दिया। जो रेल पहले दो प्रतिशत की वार्षिक प्रगति दर से खिसक रही थी अब नौ प्रतिशत की दर से दौड़ लगा रही है। रेलवे की इस नई महत्त्वाकांक्षा को राष्ट्र कवि दिनकर के शब्दों में इस प्रकार व्यक्त किया जा सकता है :

सेनानी करो प्रयाण अभय,
भावी इतिहास तुम्हारा है।
ये नखत अमा के बुझते हैं,
सारा आकाश तुम्हारा है।।

टीम भावना

सफलता का दूसरा मंत्र है–मिलजुल कर काम करना अर्थात् 'टीम भावना'। जिस तरह अकेला चना भाड़ नहीं फोड़ सकता, ठीक उसी तरह रेलवे में आप अकेले कुछ भी हासिल नहीं कर सकते। फास्टर, हैवियर और लॉन्गर ट्रेन चलाने की रणनीति को अंजाम तक पहुँचाने में सभी विभागों और फील्ड इकाइयों ने टीम भावना के साथ काम किया। वैगन टर्न अराउंड टाइम सात दिन से घटाकर पाँच दिन पर लाने का मसला ही लीजिए। इस एक काम को हकीकत में तब्दील करने के लिए बहुआयामी रणनीति बनाई गई। सभी विभागों एवं फील्ड इकाइयों ने कंधे से कंधा मिलाकर इसे अंजाम तक पहुँचाया। जहाँ मैकेनिकल और ट्रैफिक विभाग ने मिल कर मालगाड़ी परीक्षण प्रक्रिया को और कुशल बनाया वहीं सिविल और फाइनेंस ने प्लेटफॉर्मों को लंबा करने के लिए एकजुट होकर काम किया। इलेक्ट्रिकल और ट्रैफिक विभाग ने कंधे से कंधा मिलाकर रेल इंजन और ड्राइवरों की उपलब्धता बढ़ाई। ट्रैफिक एवं वित्त विभाग ने मिलकर डैमरेज की नीति में जरूरी तब्दीलियाँ कीं और कम समय में माल की लोडिंग का काम पूरा करने वाले ग्राहकों को मालगाड़ियाँ उपलब्ध कराने में प्राथमिकता दी। इसी तरह इंजन और मालडिब्बे के रख-रखाव की नई व्यवस्था से रेलवे कार्यशालाओं (वर्कशॉप) में समय की बर्बादी को रोका गया। यात्री डिब्बों और इंजनों के लिए भी यही रणनीति अपनाई गई। संक्षेप में, टर्न अराउंड टाइम घटाने के लिए सबने मिलकर एक टीम के रूप

में कार्य किया। यह सहयोग और समन्वय सिर्फ रेलवे बोर्ड के स्तर पर ही नहीं अपितु क्षेत्रीय रेलवे के बीच भी स्थापित किया गया।

मात्र फरमान जारी कर देने से रेलवे में आप कुछ नहीं कर सकते और न ही एक विभाग की बात दूसरे विभाग पर थोपी जा सकती है। इसलिए आपसी मनमुटाव को सुलझाने और समेकित दृष्टिकोण विकसित करने के लिए 'बहुविभागीय कार्यदलों' को प्रमुख हथियार के रूप में प्रयोग किया गया। चाहे गाड़ियों की परीक्षण पद्धति में परिवर्तन का मसला हो अथवा एक्सल लोड बढ़ाने का, नई योजनाएं स्वीकृत करने का मामला हो अथवा यात्री सुविधाओं में विस्तार का, सार्वजनिक निजी भागीदारी का मामला हो अथवा सूचना प्रौद्योगिकी (आई.टी.) के अधिकाधिक उपयोग का। सभी मसले इन कार्यदलों के माध्यम से ही सुलझे। इनके माध्यम से संबंधित विभागों के पदाधिकारियों को एकसाथ बिठाया गया जिससे वे एक-दूसरे के दृष्टिकोण को समझ सकें। परिणामतः विभागीय हितों की संकुचित दीवारें ढह गईं और जटिल से जटिल मुद्दों पर भी आम राय बन गई। जापान की प्रसिद्ध कार कंपनी 'निसान' का कायाकल्प करने वाले कार्लोस गोहन ने अपनी पुस्तक 'शिफ्ट' में बहुविभागीय कार्यदलों की उपयोगिता के बारे में लिखा है :

बहुविभागीय कार्यदल उस रणनीति का केंद्रबिंदु हैं, जिसे लोग मेरे तौर-तरीके के रूप में जानते हैं। निसॉन के पुनरोत्थान एवं सफलता की यही कुंजी थी। इन कार्यदलों ने उन लोगों को आपस में मिलकर काम करना सिखाया जिन पर पुनरोत्थान योजना के कार्यान्वयन की जिम्मेदारी थी। मैं जानता था कि अगर मैं कोई भी नीति ऊपर से थोपूँगा तो विफल हो जाऊँगा। इसलिए मैंने हर महत्त्वपूर्ण कार्य के लिए बहुविभागीय कार्यदल बनाना उचित समझा। यह कार्यदल मेरी रणनीति के हृदय-स्थल हैं। निसॉन में आने से पहले भी मैं इन कार्यदलों का सफलतापूर्वक प्रयोग कर चुका था। हर बार मैं इस निष्कर्ष पर पहुँचा कि ये पदाधिकारियों को अपने संकुचित विभागीय नजरिए से ऊपर उठकर पूरी कंपनी के बारे में सोचने के लिए मजबूर करने के प्रभावी माध्यम हैं।

अगर हम कहें कि रेलवे की सफलता के मूल में भी यही कार्यदल हैं, तो अतिशयोक्ति नहीं होगी।

निवेश की पारस मणि

बहुविभागीय कार्यदल ने मालगाड़ियों का टर्न अराउंड टाइम सात दिन से घटाकर पाँच दिन पर लाने के लिए ऐसे निवेश चिह्नित किए, जिनसे कम लागत एवं कम समय में भारी सुधार हो सकता था। इन सुझावों में स्टेशन एवं मालगोदामों के प्लेटफार्म की लंबाई बढ़ाना, परीक्षण एवं मरम्मत डिपो में मूलभूत सुविधाओं का विस्तार करना और सूचना प्रौद्योगिकी (आई.टी.) का व्यापक उपयोग कर ऑपरेटिंग सिस्टम को मजबूत बनाना शामिल थे। ऐसे सभी निवेशों की कुछ खास विशेषतायें हैं- कम लागत (कुछ ही करोड़ रुपये), कम समय में कार्यान्वयन (एक वर्ष से कम), निवेश की जल्द वापसी (छह माह से कम) तथा निवेश की राशि से कई गुना लाभ (दस से सौ गुना)। यह गणित थोड़ा चकराने वाला और अविश्वसनीय लगता है लेकिन इसमें अचरज की कोई बात नहीं है। रेलवे ने प्लेटफॉर्मों को लंबा करने, समुचित प्रकाश की व्यवस्था करने, परीक्षण एवं रखरखाव डिपो में मूलभूत सुविधाओं के विस्तार करने में महज पाँच सौ करोड़ रुपये निवेश किए, लेकिन पहले ही साल यानी 2006 में 4300 करोड़ रुपये और 2008 में 13 हजार करोड़ रुपये कमाए। इसी को कहते हैं - निवेश की पारस मणि - जिसके छूते ही पत्थर सोना बन गया।

इसी प्रकार रेलवे की क्षमता के विस्तार (थ्रूपुट संवर्द्धन) पर बने कार्यदल ने उन बाधाओं को दूर करने का सुझाव दिया, जिनके कारण भीड़-भाड़ वाले रेल मार्ग (हाई डेन्सिटी नेटवर्क) कुंठित हो रहे थे। सूचना प्रौद्योगिकी का व्यापक उपयोग कर रेलवे ने रेलमार्ग वार योजना (रूट वाइज प्लान) बनाकर निवेश किया। यह समझ लेना नितांत जरूरी है कि दूसरी के बाद तीसरी और तीसरी के बाद चौथी लाइन बना देने मात्र से ही किसी मार्ग की क्षमता नहीं बढ़ाई जा सकती है। पूरे मार्ग की क्षमता बढ़ाने के लिए सभी जरूरी उपाय करने पड़ते हैं। एक जंजीर उतनी ही मजबूत होती है जितनी कि उसकी सबसे कमजोर कड़ी अर्थात् किसी मार्ग पर एक छोटी सी बाधा पूरे मार्ग की क्षमता को प्रभावित कर

सकती है। अतः कम्प्यूटर के माध्यम से पूरे मार्ग का सर्वेक्षण कराकर यातायात को सुगम बनाने के लिए सभी बाधाओं जैसे पटरियों, सिगनल, पुलों एवं प्लेटफार्मों को एकसाथ ठीक किया गया। इस रूटवार निवेश योजना का मकसद साफ था- 'प्रति गाड़ी आउटपुट' बढ़ाना अथवा एक रूट पर चलने वाली गाड़ियों की संख्या में वृद्धि करना या फिर दोनों एकसाथ। रूटवार योजना बनाकर निवेश नहीं करने के क्या दुष्परिणाम होते हैं, यह दिल्ली-कोलकाता मार्ग के एक छोटे-से उदाहरण से बिलकुल स्पष्ट हो जाएगा। रेलवे ने दिल्ली-कोलकाता मार्ग की 1,400 किलोमीटर लंबी पटरियों में से 1,300 किलोमीटर से अधिक लंबी पुरानी पटरियों को बदलकर नई मजबूत पटरियाँ लगाने में अरबों रुपये का निवेश किया, लेकिन मात्र 100 किलोमीटर पुरानी पटरियों को कमजोर हालत में छोड़ दिया। फलस्वरूप इस रूट पर हाई एक्सल लोड की भारी मालगाड़ियाँ चलाना वर्जित था। रेलवे ने इस कमजोर कड़ी को पहचाना और बाकी बची सौ किलोमीटर लंबी पटरियों को बदल डाला। उक्त पटरियाँ बदलने से 1,400 किलोमीटर लंबा पूरा रूट भारी मालगाड़ियाँ चलाने के लिए उपयुक्त हो गया। यही रणनीति दिल्ली-मुंबई जैसे अनेक व्यस्त मार्गों के लिए अपनाई गई।

रूटवार योजना के दूसरे उदाहरण के रूप में चीनी रेलवे की सिगनल प्रणाली की भारतीय रेल से तुलना करना समीचीन होगा। चीन में दोहरी लाइन वाली (डबल लाइन) पटरियों पर दिन भर में 120 से 130 गाड़ियाँ चलती हैं, जबकि भारतीय रेल में मात्र 65 से 70 गाड़ियाँ। चीन की सिगनल प्रणाली आधुनिक और स्वचालित है, जबकि हमारे यहाँ परंपरागत सिगनल प्रणाली है। चीन में आधुनिक सिगनल प्रणाली होने की वजह से सड़क यातायात की तरह एक के पीछे एक रेलगाड़ी चलती है। सिगनल लाल होने पर गाड़ी में स्वतः ब्रेक लग जाने से टक्कर होने की कोई संभावना नहीं रहती। दूसरी ओर भारतीय रेल की परंपरागत सिगनल प्रणाली में यह सुविधा उपलब्ध नहीं है। अतः एक गाड़ी गुजर जाने के बाद ही दूसरी गाड़ी उस सेक्शन में भेजी जा सकती है। एक सिगनल से दूसरे सिगनल की दूरी आम तौर पर दस से बारह किलोमीटर होती है, जिसे क्रॉस करने में पंद्रह से बीस मिनट लगते हैं। रेलवे इस दूरी को घटाकर आठ किलोमीटर कर रही है, ताकि एक के बाद एक गाड़ियाँ बीस मिनट के अंतराल

की बजाय बारह मिनट के अंतराल पर भेजी जा सकें। ऐसा दो सिगनलों के बीच एक अतिरिक्त सिगनल लगाकर अर्थात् इंटरमीडिएट ब्लॉक सिगनल (आई.बी.एस.) लगाकर किया जा रहा है। इससे उस रूट की क्षमता काफी बढ़ जाएगी और एक दिन में 65-70 की बजाय 80-90 गाड़ियाँ चलाई जा सकेंगी। इस पूरे काम पर खर्च होगा 250 करोड़ रुपये और लाभ होगा दो हजार करोड़ रुपये।

संक्षेप में जहाँ पहले सारा ध्यान 'कंस्ट्रक्शन' और 'प्रोक्योरमेंट' अर्थात् निर्माण और खरीद पर केन्द्रित था, वहीं अब सारा ध्यान 'मौजूदा संपत्तियों के सही रख-रखाव और अधिकतम उपयोग' पर केन्द्रित है । 'निर्माण के लिए निर्माण' करने की बीमारी सिर्फ सरकारी प्रतिष्ठानों में ही नहीं, बल्कि प्राइवेट कंपनियों को भी लग जाती है। मैनेजमेंट गुरु सी.के. प्रह्लाद अपनी पुस्तक 'कम्पीटिंग फॉर द फ्यूचर' में लिखते हैं :

निवेश का बेहतर उपयोग सुनिश्चित करने की बजाए निवेश की राशि के बंटवारे को जरूरत से कहीं ज्यादा महत्व दिया जाता रहा है, जबकि कौन सी फर्म बाजार में अपना सिक्का जमायेगी, यह इस बात पर निर्भर नहीं करेगा कि किस फर्म ने विभिन्न योजनाओं के लिए संसाधनों का बँटवारा कैसे किया, बल्कि इस पर कि किसने संसाधनों का बेहतर इस्तेमाल किया।

निष्कर्ष यह है कि रेलवे की सारी रणनीति उपलब्ध संसाधनों के बेहतर-से-बेहतर इस्तेमाल करने की थी, न कि निवेश के नाम पर भारी-भरकम राशि खर्च करने की। साथ ही जरूरी कामों के लिए धन की कमी नहीं होने दी गई, जबकि पहले ऐसी योजनाओं के लिए भी पैसे की कमी का रोना रोया जाता था। काम में कोई विलंब न हो इसलिए क्षेत्रीय रेलवे के महाप्रबंधकों और मंडल रेल प्रबंधकों के अधिकार बढ़ाए गए हैं।

मजबूत गठबंधन की करामात

रेलवे ने माल डिब्बों की उपलब्धता बढ़ाने, रेल नेटवर्क का विस्तार करने, सेवाओं की गुणवत्ता में सुधार लाने जैसे अनेक कार्यों के लिए ग्राहकों, आपूर्तिकर्त्ताओं

तथा निजी क्षेत्र की कंपनियों के साथ मजबूत गठबंधन बनाए हैं। इस से जहाँ एक ओर गाड़ियों की उपलब्धता में सुधार हुआ, वहीं प्रति इकाई लागत में कमी आई। वैगन इन्वेस्टमेंट स्कीम, रेल साइडिंग निर्माण तथा इंजन ऑन लोड जैसी योजनाएं इसी नजरिए से बनाई गई हैं। भारतीय रेल के पुनरुत्थान एवं विकास पर बनी बहुचर्चित डॉ. राकेश मोहन कमेटी ने अपनी रिपोर्ट में लिखा था कि रेलवे की उत्पादन इकाइयों में इंजन सिर्फ इसलिए बनाए जा रहे हैं, ताकि वहाँ काम करने वाले रेलकर्मियों की नौकरी सुरक्षित रहे। डॉ. राकेश मोहन कमेटी ने यह बात ऐसे समय में लिखी थी जब माल लदान में सालाना मात्र दो प्रतिशत की वृद्धि दर दर्ज की जा रही थी और रेलवे में जरूरत से ज्यादा इंजन उपलब्ध थे। वर्ष 2005 से 2008 के दौरान माल लदान में वृद्धि दर बढ़कर नौ प्रतिशत हो जाने से इंजनों की माँग काफी बढ़ गई है। फलस्वरूप रेलवे नब्बे के दशक की तरह सालाना दो सौ इंजन का उत्पादन करने की बजाय अब प्रतिवर्ष पाँच सौ इंजन का उत्पादन कर रही है। चूंकि डीजल एवं इलेक्ट्रिक इंजन का उत्पादन करने वाली इकाइयाँ अपने बलबूते पर पाँच सौ इंजन का उत्पादन नहीं कर सकती हैं इसलिए अनेक कार्य निजी कंपनियों को आउटसोर्स किए जा रहे हैं। निजी क्षेत्र की कंपनियों के साथ बनाए गए इस मजबूत गठबंधन के कारण इन इकाइयों की उत्पादन क्षमता दोगुने से अधिक बढ़ गई है। रेलवे और उसके गठजोड़ के संगी-साथी सभी को इस तरह के गठजोड़ से लाभ हुआ है।

सहज पके सो मीठा होए

'हड़बड़ी में गड़बड़ी' वाली कहावत चरितार्थ न हो इसलिए हर महत्वपूर्ण नीतिगत फैसले के कार्यान्वयन में चरणबद्ध तरीके से काम करने की रणनीति अपनाई गई। इस तरह की रणनीति बनाने के कई कारण थे। एक, छोटे-छोटे नपे-तुले कदम उठाने से संगठन में विरोध कम हुआ। धीरे-धीरे आगे बढ़ने से जोखिम भी नियंत्रण में रहा और सुधारात्मक कदम उठाने में आसानी हुई। इस नीति ने राजनीतिक दृष्टि से संवेदनशील मामलों में रामबाण का काम किया। दो, छोटी-छोटी सफलताओं से पदाधिकारियों का हौसला और आत्मविश्वास बढ़ा और फिर वे जोखिम उठाने से नहीं हिचके। तीन, हर असफलता, सफलता की कुंजी लेकर आई। चार,

क्रियान्वयन में ऐसे कार्यों को प्राथमिकता दी गई जिनसे अधिकतम लाभ मिला। पाँच, एक ही बार में सारा काम करने के लिए अधिक निवेश और साधन की ज़रूरत होती जबकि धीरे-धीरे आगे बढ़ने से साधनों की कमी रोड़ा नहीं बनी। संक्षेप में 'सहज पके, सो मीठा होए।'

रेल संरक्षा होली काऊ अर्थात् 'पवित्र गाय' की तरह है। भारतरत्न स्वर्गीय लाल बहादुर शास्त्री जैसे शीर्ष नेता तक को रेल दुर्घटना के कारण अपनी गद्दी छोड़ देनी पड़ी थी। वैसे भी बेवजह जोखिम उठाना कोई अच्छे परिणाम नहीं देता। इसलिए नपा-तुला जोखिम उठाना ही उचित समझा गया। यह सिद्धांत रेल संरक्षा जैसे संवेदनशील मुद्दे से जुड़े एक्सल लोड बढ़ाने के निर्णय को चरणबद्ध तरीके से लागू करने के उदाहरण से और स्पष्ट होगा। एक्सल लोड बढ़ाने का निर्णय एक बार में नहीं अपितु कुल 45 परिपत्रों (सर्कुलर) के माध्यम से चार साल की लंबी अवधि में धीरे-धीरे लागू हुआ। परन्तु चार वर्षों के अथक प्रयास के बाद भी यह निर्णय अभी तक सिर्फ एक-तिहाई नेटवर्क पर ही लागू है। दो-तिहाई नेटवर्क पर अभी भी 23 टन एक्सल लोड से कम की गाड़ियाँ चल रही हैं। भारी गाड़ी चलाने का निर्णय सबसे पहले ऐसे रूटों पर लागू किया गया जिन पर आम तौर पर सवारी गाड़ियाँ नहीं चलती थीं। इसके अलावा प्रति वैगन आठ टन लोड एक बार में न बढ़ाकर मात्र दो-दो टन करके कई चरणों में बढ़ाया गया। जब कुछ गाड़ियाँ बिना किसी दुर्घटना के सफलतापूर्वक चल निकलीं तो फिर इसके विस्तार में कोई विशेष परेशानी नहीं हुई। यह भी उल्लेखनीय है कि यद्यपि अभी तक मात्र एक-तिहाई नेटवर्क पर ही 23 टन एक्सल लोड का निर्णय लागू हुआ है लेकिन फायदा दो-तिहाई ट्रैफिक पर हो रहा है, क्योंकि इसी एक-तिहाई नेटवर्क पर रेलवे की दो-तिहाई से अधिक गाड़ियाँ चलती हैं।

कोशिश और कोशिश

रेलवे ने अपने उद्देश्यों का ठीक उसी प्रकार पीछा किया जिस प्रकार भूखा शेर अपने शिकार का करता है। इस पूरी रणनीति के कई पहलू हैं। एक, महत्वाकांक्षी लक्ष्य निर्धारित किया। एक बार लक्ष्य मिल जाने के बाद रेलकर्मी स्वतः प्रयत्नशील हो गए और वे स्वयं एक्सल लोड बढ़ाने जैसे निर्णयों की आवश्यकता पर जोर

देने लगे। इस प्रकार महत्त्वाकांक्षा और उपलब्ध साधनों का समुचित उपयोग एक-दूसरे के पूरक एवं प्रेरक बन गए। दो, एकसाथ रणनीति के विभिन्न पहलुओं का पीछा किया। मिसाल के तौर पर अकेले वैगन टर्न अराउंड टाइम को घटाने के लिए बीस से ज्यादा पहलुओं पर एकसाथ काम किया गया और हर पहलू से अनेक विभाग जुड़े हुए थे। इस विषय की जटिलता का एहसास सिर्फ इस बात से होगा कि रेलवे के एक-एक विभाग में फाइलें डेस्क अधिकारी, निदेशक, संयुक्त सचिव, अपर सचिव और सचिव, यानी पाँच मेजों से होती हुई पहले नीचे से ऊपर जाती हैं, फिर ऊपर से नीचे आती हैं। अर्थात् हर फाइल को मात्र एक विभाग में दस मेजों से गुजरना पड़ता है। एक्सल लोड बढ़ाने के लिए मैकेनिकल, इलेक्ट्रिकल, सिविल, ट्रैफिक और फाइनेंस की सहमति जरूरी है। इस प्रकार एक्सल लोड बढ़ाने का एक परिपत्र निकालने के लिए पचास कार्यालयों में फाइलों का एकसाथ पीछा करना पड़ा। 2005-08 के बीच 45 परिपत्र निकाले गए अर्थात् 2 हजार 250 टेबलों पर फाइलों का पीछा किया गया। इतना ही नहीं अनेक बार सभी 16 क्षेत्रीय रेलवे का भी मंतव्य प्राप्त किया गया। जब मात्र एक बदलाव के लिए 2 हजार 250 डेस्कों पर फाइल का पीछा करना पड़ा तो आप कल्पना कर सकते हैं कि ऐसे कितने बदलाव थे और उनका कहाँ-कहाँ पीछा हुआ होगा। इसी मकड़जाल में फंस जाने के कारण रेलवे 25 साल से एक्सल लोड बढ़ाने का निर्णय नहीं ले सकी थी। इस दुश्चक्र को तोड़ने के लिए उस कौवे की तरह प्रयास किया गया जो घड़े में तब तक कंकड़ ला-लाकर डालता रहा जब तक कि पानी घड़े के मुँह तक नहीं आ गया। सफलता पाने का सिर्फ और सिर्फ एक तरीका है- 'कोशिश और कोशिश'।

तीन, उपयुक्त अवसर की प्रतीक्षा की और फिर उसका पूरा उपयोग किया गया। उदाहरण के तौर पर नए नीतिगत बदलावों के लिए रेल बजट सबसे उम्दा मौका होता है। हर रेलकर्मी पर रेल बजट का भूत सवार होता है। बजट के वक्त ऐसे निर्णय भी पलक झपकते ही हो जाते हैं जिनको लेने में सामान्य दिनों में महीनों लग जाते हैं। इसी प्रकार अधिकारीगण अपनी पदोन्नति के समय जटिल मुद्दों पर भी बेहद सकारात्मक दृष्टिकोण अपनाते हैं। संवेदनशील मसलों पर आम सहमति बनाने के लिए इन अवसरों का भरपूर उपयोग किया गया।

चार, जरूरत पैदा कर, परिवर्तन की नींव रखी। जैसे पहले गाड़ी की लंबाई बढ़ाई गई, फिर प्लेटफार्मों को लंबा किया गया। गाड़ियों की लंबाई पहले बढ़ने से यात्रियों को कुछ असुविधा तो हुई लेकिन रेल मशीनरी पर कार्य को समय रहते पूरा करने का भारी जनदबाव बना और प्लेटफार्मों को लंबा करने का कार्य 6 माह की समय सीमा में पूरा हो गया।

पाँच, रेलवे और रेलकर्मियों ने अपनी क्षमता को पहचाना और उसका पूरा उपयोग किया। रेलवे में निर्णयों के कार्यान्वयन की अपार एवं अनोखी क्षमता है। रेलकर्मी अपने लक्ष्यों को प्राप्त करने के लिए रात-दिन एक कर देते हैं। विलम्ब सिर्फ निर्णय लेने में होता है, उनके कार्यान्वयन में नहीं। एक बार नीतिगत निर्णय हो जाए, फिर चिंता करने की जरूरत नहीं। ऐसी ही कुछ बातें कार्लोस गोहन ने अपनी पुस्तक 'शिफ्ट' में जापान की प्रसिद्ध कार कंपनी 'निसान' की कार्यान्वयन क्षमता के बारे में लिखी हैं :

जब नेतृत्व सर्वमान्य रणनीति के तहत सबको आसानी से समझ में आने वाले स्पष्ट निर्देश देता है तो आपको समयबद्ध कार्यान्वयन के लिए ज्यादा चिंतित होने की आवश्यकता नहीं।आप मुझे गलत न समझें, निर्णय लेने के बाद भी उन्हें कार्यान्वित करने में बहुत सारी ऊर्जा और समय लगता है। लेकिन कोई आश्चर्य नहीं कि ये काम समय रहते कार्यान्वित हो जाते हैं।

कार्लोस गोहन की ये बातें रेलवे पर भी ठीक उसी प्रकार लागू होती हैं, जैसे 'निसॉन' कंपनी पर।

निष्कर्ष

इन बहुआयामी प्रयासों से रेलवे ने वर्ष 2005 से 2008 के बीच लगातार नौ प्रतिशत की सालाना वृद्धि दर्ज की, जो पहले की अपेक्षा दोगुनी है। यह उपलब्धि नए रोलिंग स्टॉक अथवा नेटवर्क का निर्माण करके नहीं अपितु पुराने नेटवर्क और रोलिंग स्टॉक के बेहतर इस्तेमाल और उनकी उत्पादकता बढ़ाकर प्राप्त की गई है। पहले रेलवे की प्रति इकाई (प्रति नेट टन किलोमीटर) लागत 61 पैसे थी

और आमदनी 74 पैसे थी। इस प्रकार 21 प्रतिशत का मुनाफा होता था। 2004-2008 के बीच मुद्रास्फीति की दर औसतन पाँच फीसदी रही, जबकि रेलकर्मियों की उत्पादकता एवं नेटवर्क की कार्यकुशलता में आठ प्रतिशत की दर से सुधार हुआ। इसीलिए माल परिवहन की प्रति इकाई लागत वर्ष 2001 से 2008 के दौरान 61 पैसे से घटकर 54 पैसे रह गई। यह कमी 'स्थिर दामों' पर नहीं बल्कि 'चालू कीमतों' पर हुई। प्रति इकाई लागत 61 पैसे से घटकर 54 पैसे हो जाने से मालभाड़ा बढ़ाए बिना भी रेलवे का मार्जिन 21 प्रतिशत से बढ़कर 37 प्रतिशत हो जाता। स्पष्ट है कि जब लागतें गिरती हैं तो मुनाफा उसी अनुपात में नहीं बल्कि चक्रवृद्धि ब्याज की दर से बढ़ता है। यही है तेजी से व्यापार बढ़ाने और प्रति इकाई लागत घटाने (वॉल्यूम गेम) का चमत्कार।

वॉल्यूम गेम खेलने के लिए दो बातें जरूरी होती हैं–सेवा की माँग हो और आप उसे पूरा कर सकें। इस अध्याय में हमने इस बात पर गौर किया कि बढ़ती हुई माँग को पूरा करने के लिए आपूर्ति प्रबंधन (सप्लाई साइड) नीति को किस प्रकार कार्यान्वित किया गया। अगले अध्याय में हम देखेंगे कि साल दर साल बाजार में हिस्सेदारी गँवाती रेलवे ने ग्राहकों को अपनी ओर कैसे आकर्षित किया। रेलवे ने छलाँग लगाती भारतीय अर्थव्यवस्था की विकास दर और निर्यात किए जाने वाले कच्चे लोहे की कीमतों में आए अभूतपूर्व उछाल का फायदा कैसे उठाया, इसका पूरा विवरण हम अगले अध्याय में देंगे। यहाँ हम सिर्फ इतना कहना चाहेंगे कि 'सप्लाई साइड' की तरह पूरी 'डिमांड साइड' रणनीति को भी मात्र तीन शब्दों में व्यक्त किया जा सकता है - डॉयनमिक, डिफरेंशियल एवं कस्टमर सेंट्रिक रणनीति।

5

मुस्कान के साथ सेवा

ग्राहक हमारी दुकान पर आने वाला सबसे महत्त्वपूर्ण व्यक्ति है। वह हम पर निर्भर नहीं है, हम उस पर निर्भर हैं। वह हमारे व्यापार में बाधा नहीं, उसका एकमात्र उद्देश्य है। वह हमारे व्यापार के लिए बाहरी व्यक्ति नहीं है, उसका अभिन्न अंग है। उसकी सेवा कर हम कोई एहसान नहीं कर रहे हैं, वह सेवा करने का अवसर देकर हमें कृतज्ञ कर रहा है।

महात्मा गाँधी

महात्मा गाँधी की इस शिक्षा पर अमल करना कठिन अवश्य है, लेकिन पिछले कुछ वर्षों में रेलवे ने इस दिशा में एक ईमानदार पहल की है। महज कुछ ही वर्षों में रेलवे एक चुस्त-दुरुस्त और कारोबार बढ़ाने की नित नई तरकीबें खोजने एवं उन्हें लागू करने वाले फुर्तीले संगठन में तब्दील हो गया है। एक ऐसा संगठन, जो न सिर्फ अपने ग्राहकों की कद्र करता है, बल्कि उनकी मुस्कान के साथ सेवा करने के लिए तत्पर रहता है।

तीर कहीं, निशाना कहीं

स्टील परिवहन में रेलवे की हिस्सेदारी वर्ष 1991 से 2005 के बीच 67 प्रतिशत से घटकर 35 प्रतिशत रह गई। हिस्सेदारी बढ़ाने के लिए रेलवे ने स्टील के माल भाड़े में 22 प्रतिशत की कमी की। इतना ही नहीं, ग्राहकों को आकर्षित करने के लिए अनेक तरह की प्रोत्साहन योजनाएँ शुरू की गईं। एक ओर पिछले साल

के मुकाबले नए साल में की गई ज्यादा माल ढुलाई पर (इन्क्रीमेंटल ढुलाई) माल भाड़े में 15 प्रतिशत छूट देने की योजना शुरू की गई तो दूसरी ओर कुल स्टील के परिवहन में रेलवे की हिस्सेदारी 90 प्रतिशत से अधिक होने पर ग्राहकों को 'लॉयल्टी डिस्काउंट' ऑफर किए गए। यही नहीं, वॉल्यूम डिस्काउंट भी दिए जाने लगे। गोया कि दाम घटाने की जितनी भी तरकीबें हो सकती थीं, सभी को आजमाकर देखा गया। फिर भी कोई खास फायदा नहीं हुआ। रेलवे की घटती हिस्सेदारी की स्थिति जस की तस रही। सबसे अचरज की बात तो यह थी कि रेल भाड़ा क़ाफी कम होने के बावजूद रेलवे लगातार ट्रकों से हारती जा रही थी। ग्राहकों का मन भाँपने और उनकी आवश्यकताओं को समझने के लिए रेल मंत्री ने अपनी अध्यक्षता में माल ग्राहकों की एक राष्ट्रीय समिति का गठन किया। इस समिति की दिसंबर 2005 में हुई एक बैठक में रेलवे की कम होती हिस्सेदारी को रोकने में अपनी असफलता पर निराशा व्यक्त करते हुए उन्होंने कहा, 'हम स्टील का माल भाड़ा और कितना घटाएँ, फ्री कर दें क्या?' इस पर एक बड़ी स्टील कंपनी के प्रबंध निदेशक (एम.डी.) ने तपाक से कहा, 'सर, आपकी चवन्नी खोई कहीं और है, लेकिन आप उसे कहीं और सिर्फ इसलिए ढूंढ रहे हैं, क्योंकि वहां रोशनी है।' उन्होंने आगे अपनी बात को और स्पष्ट करते हुए कहा, 'दरअसल रेलवे की दिक्कत यह है कि वह एक स्टेशन से दूसरे स्टेशन तक स्टील पहुँचाती है, लेकिन स्टेशन पर न तो स्टील का उत्पादन होता है और न ही खपत। स्टील को पहले फैक्टरी से स्टेशन पर और फिर स्टेशन से ग्राहकों के पास ले जाना पड़ता है। इस पर जो लागत आती है, वह रेल भाड़े के अतिरिक्त होती है, जबकि ट्रक स्टील को फैक्टरी से उठाकर सीधे ग्राहक के दरवाजे तक पहुँचा देते हैं। इसीलिए रेल भाड़ा कम होने के बावजूद ट्रकों से स्टील भेजना हमारे लिए ज्यादा फायदेमंद है। स्टील ट्रैफिक को सड़क से रेल की ओर आकर्षित करने के लिए अकेले भाड़ा कम करने से काम नहीं चलेगा। बल्कि इसके लिए ट्रेन लोड कम करने अर्थात् दो हजार टन से कम स्टील के ऑर्डर स्वीकार करने की रणनीति अपनानी होगी।' सदस्य यातायात ने तत्काल हस्तक्षेप करते हुए कहा, 'रेलवे फुटकर माल बुक करने की पुरानी पद्धति पर नहीं लौट सकती है। हम ट्रकों की तरह 10-10 टन माल बुक नहीं कर सकते।' इस पर कंपनी के एम.डी. ने कहा, 'हमें 10 टन नहीं,

आधी ट्रेन (करीब एक हजार टन की मिनी रेक) बुक करने की सुविधा चाहिए।' रेल मंत्री ने झट से कहा, 'हम यह सुविधा आज ही से उपलब्ध कराने के लिए तैयार हैं। अब क्या आप अपना ट्रैफिक रेल में लायेंगे?' इस पर स्टील कंपनी के प्रतिनिधि ने कहा, 'हमें स्टील को एक ही स्टेशन पर नहीं, अपितु रास्ते में पड़नेवाले कुछ और स्टेशनों पर उतारने की अनुमति भी दी जाए।' रेल मंत्री ने कहा, 'हमें यह भी मंजूर है।' तभी स्टील और सीमेंट कंपनियों के पदाधिकारियों ने दबे स्वर में पूछा, 'हमें इस सुविधा के लिए कितना सरचार्ज देना होगा?' रेल मंत्री ने स्वतःस्फूर्त कहा, 'यह रेलवे की तरफ से आपको मेरा उपहार है।' बैठक में मौजूद बहुत कम पदाधिकारियों को यह एहसास था कि इस एक निर्णय से रेलवे नया इतिहास रचने जा रही थी। जैसे ही रेलवे ने स्टील और सीमेंट के ग्राहकों को आधी ट्रेन बुक करने और रास्ते में एक से अधिक स्थानों पर माल अनलोड करने की सुविधा उपलब्ध कराई, वैसे ही स्टील और सीमेंट की ढुलाई में रेलवे की घटती हिस्सेदारी फिर से बढ़ने लगी। वर्ष 2005 से 2008 के बीच स्टील परिवहन में रेलवे की हिस्सेदारी 35 से बढ़कर 45 प्रतिशत और सीमेंट में 41 से बढ़कर 45 प्रतिशत हो गई।

इन बैठकों के जरिए रेलवे प्रतियोगी बाज़ार में जीतने के मूल सिद्धांत को आत्मसात् कर रही थी। अब तक फाइलों में सिमटी तथा अपने आपमें खोई रेलवे बाजार और ग्राहकों से रू-ब-रू हो रही थी। वह इस बात को भली-भाँति समझ रही थी कि हिस्सेदारी बढ़ाने की लड़ाई बाजार में लड़नी एवं जीतनी पड़ेगी। इसका सिर्फ और सिर्फ एक ही नुस्खा है–ग्राहकों की जरूरतों पर खरा उतरिए और उनका दिल जीतिए। वह भी अपने प्रतिस्पर्द्धी से कहीं बेहतर। एक दिन नहीं, बल्कि हर दिन और साल-दर-साल, इसमें कामयाबी का सिर्फ एक ही पैमाना है–ग्राहकों की तसल्ली। यही बदलाव रेलवे की माली हालत में सुधार की बुनियाद बना।

बाजार में एक बार सफल हो जाने का यह मतलब कतई नहीं है कि आप ग्राहकों की उपेक्षा करने लगें। सफलता के नशे में चूर होने का हश्र क्या होता है, यह बात सीखने के लिए रेलवे ने अच्छी-खासी कीमत अदा की। दरअसल वर्ष 2006 में स्टील और सीमेंट की ढुलाई में रेलवे ने अपनी हिस्सेदारी बढ़ाई थी। इसी खुशफहमी में उसने मिनी रेक और रास्ते में अनलोड करने की सुविधा

पर व्यस्त मौसम (पीक सीजन) में पाँच प्रतिशत का सरचार्ज लगा दिया। इसका नतीजा यह हुआ कि ग्राहकों ने एक बार फिर अपना माल रेलवे से खींचकर वापस ट्रकों से ले जाना शुरू कर दिया। इसलिए, अप्रैल 2007 में एक बार फिर इन वस्तुओं में रेलवे की हिस्सेदारी बढ़ने की बजाय घट गई।

लेकिन रेलवे बोर्ड बजट में घोषित की गई नीतियों को जल्दबाजी में बदलने के खिलाफ था। बोर्ड के एक सदस्य ने कहा, 'हम रेल बजट में शामिल की गई नीतियों को बजट पास होने से पहले कैसे बदल सकते हैं ? हमारी नीतियों में कुछ तो स्थिरता होनी चाहिए।' बोर्ड की चिंताएँ बेवजह नहीं थीं। यह सही है कि ट्रकों की तरह रेलवे सुबह-शाम भाड़ा नहीं घटा-बढ़ा सकती। लेकिन प्रतिस्पर्द्धी बाजार में सफल होने के लिए लचीली एवं परिवर्तनशील नीति अर्थात डॉयनमिक पॉलिसी अपनाना नितांत आवश्यक है। इसी नज़रिए से बजट पास होने के तुरंत बाद 9 मई, 2007 को रेल मंत्री ने ग्राहकों की एक और बैठक बुलाई। जब ग्राहकों से उनकी नाराजगी का कारण पूछा गया तो उन्होंने बताया कि वे मिनी रेक और टू प्वाइंट रेक पर लगाए गए सरचार्ज से खफ़ा हैं और इसकी वापसी चाहते हैं। उन्होंने 'इन्क्रीमेंटल फ्रेट डिस्काउंट पॉलिसी' की भी आलोचना की, जिसके तहत पिछले साल के मुकाबले नए साल में की गई ज्यादा ढुलाई पर ही माल भाड़े में डिस्काउंट देने का प्रावधान था। ग्राहकों का कहना था, 'स्टील प्लांट रोज-रोज तो लगते नहीं, और न ही उनकी उत्पादन क्षमता हर साल बढ़ती है। हम साल-दर-साल पिछले वर्ष से ज्यादा माल की ढुलाई कैसे कर सकते हैं ? इसलिए इन्क्रीमेंटल ढुलाई की गणना का आधार वर्ष अगले पाँच वर्षों के लिए वर्ष 2006 में की गई ढुलाई की मात्रा पर निश्चित किया जाए।' रेल मंत्री ने उनकी ये दोनों बातें मान लीं और इसका असर भी जल्द ही दिखाई देने लगा। स्टील व सीमेंट की ढुलाई में रेलवे की हिस्सेदारी एक बार फिर बढ़ने लगी।

उपर्युक्त बातों से यह निष्कर्ष निकालना गलत होगा कि रेलवे ने ग्राहकों की हर माँग को आँख मूँद कर मान लिया। छूट एवं प्रोत्साहन योजनाएँ सिर्फ उन्हीं वस्तुओं के लिए शुरू की गईं, जिनके परिवहन में रेलवे को बाज़ार में कड़ी प्रतियोगिता का सामना करना पड़ रहा था और उसकी हिस्सेदारी उत्तरोत्तर कम होती जा रही थी। उदाहरण के लिए, स्टील कंपनियों ने 'कच्चे लोहे' के माल भाड़े

में की गई 50 प्रतिशत की वृद्धि को वापस लेने की माँग की, जबकि भारतीय खाद्य निगम चाहता था कि गेहूँ और चावल के माल भाड़े में की गई 33 प्रतिशत की वृद्धि को वापस लिया जाए। उधर फर्टिलाइजर कंपनियां इस बात को लेकर नाराज थीं कि रेलवे यूरिया ढोती तो 60 टन है, मगर भाड़ा वसूलती है 64 टन का। ऐसा इसलिए होने लगा है, क्योंकि अब रेलवे माल भाड़ा लोड किए गए माल के वजन के अनुसार नहीं, बल्कि माल डिब्बे की लदान क्षमता के आधार पर तय करती है। इसी तरह की कई और शिकायतें ग्राहकों द्वारा की गई। लेकिन उन सबका समाधान नहीं किया गया। इसका कारण साफ था। दरअसल, माल भाड़ा बढ़ाए जाने के बावजूद इन वस्तुओं की ढुलाई में रेलवे की हिस्सेदारी कम नहीं हुई थी और आगे भी इसकी कोई आशंका नहीं थी। रेलवे कच्चे लोहे जैसे खनिज पदार्थों की ढुलाई 'डोर-टू-डोर' यानि खदान से फैक्टरी तक सीधे करती है। लगभग वैसे ही जैसे ट्रक वाले करते हैं। इस प्रकार इन वस्तुओं के परिवहन में रेलवे की मजबूत प्रतियोगी स्थिति का भरपूर फायदा उठाया गया। खाद और खाद्यान्न के माल भाड़े में की गई वृद्धि को किसी प्रकार के राजनीतिक विरोध का भी सामना नहीं करना पड़ा। संक्षेप में मांग प्रबंधन नीति के तीन प्रमुख तत्व थे :

- **डिफरेंशियल टैरिफ पॉलिसी -** बाज़ार में रेलवे की प्रतियोगी स्थिति को ध्यान में रखकर मूल्य नीति में परिवर्तन।
- **डायनमिक टैरिफ पॉलिसी -** समय और मौसम के अनुरूप लचीली एवं परिवर्तनशील मूल्य नीति।
- **कस्टमर सेंट्रिक -** मुस्कान के साथ ग्राहकों की सेवा।

इस क्रम में सबसे पहले टैरिफ ढाँचे (मूल्य नीति) में आमूलचूल परिवर्तन किए गए।

माल भाड़ा नीति का सरलीकरण

वर्ष 2005 तक रेलवे में 500 पन्ने वाली भारी-भरकम टैरिफ शिड्यूल होती थी, जिसमें चार हजार वस्तुओं की अलग-अलग माल भाड़ा दरें दी हुई थीं। रसगुल्ले और बालूशाही से लेकर पियानो तक के लिए अलग-अलग दरें तय थीं। वस्तुओं के नाम ही नहीं, उनकी किस्मों का भी बारीकी से उल्लेख किया गया था। उदाहरण

के लिए कपास की 261 किस्मों की अलग-अलग दरें निर्धारित थीं। इतना ही नहीं, इसमें जहाँ हल्की वस्तुएँ 'डब्ल्यू कमोडिटी' के रूप में वर्गीकृत थीं, वहीं भारी वस्तुएँ 'सीसी कमोडिटी' के रूप में दर्ज थी। रूई हल्की होती है, इसलिए उसका माल भाड़ा वास्तविक वजन (मिनिमम वेट कंडीशन) के आधार पर तय किया जाता था, न कि माल डिब्बों की क्षमता (कैयरिंग कैपेसिटी) के आधार पर। दूसरे शब्दों में, माल डिब्बों की क्षमता के अनुसार रूई पर 58 टन का माल भाड़ा नहीं, बल्कि वास्तविक वजन अर्थात पाँच से दस टन का माल भाड़ा चार्ज किया जाता था। रूई जैसी हलकी वस्तुओं (डब्ल्यू कमोडिटी) के मिनिमम वेट का निर्धारण लोडिंग ट्रायल के आधार पर (मालडिब्बे में माल लदान करके देखकर) किया जाता था। लोहे जैसी भारी वस्तुओं अर्थात् 'सीसी कमोडिटी' का भाड़ा वास्तविक वजन के आधार पर नहीं, बल्कि लदान क्षमता के आधार पर होता था। माल डिब्बों की क्षमता 58 टन निर्धारित थी। ऐसी वस्तुओं के मामले में 58 टन से कम लोड होने पर भी भाड़ा 58 टन का ही देना पड़ता है। कोयले की अलग-अलग किस्मों की अलग-अलग मिनिमम वेट कंडीशन होती थी। कोयले की कुछ किस्में हलकी होती हैं, तो कुछ भारी। जहाँ हलके कुकिंग कोल की मिनिमम वेट कंडीशन 50 टन से भी कम थी, वहीं भारी किस्म के कोयले का माल भाड़ा क्षमता के आधार पर अर्थात 58 टन के लिए चार्ज किया जाता था। इतना ही नहीं, भिन्न-भिन्न तरह के कोयले के लिए भिन्न-भिन्न दरें निर्धारित थीं। इन सभी जटिलताओं की वजह से माल भाड़ा दरों का ऐसा चक्रव्यूह बन गया था, जो कई मर्तबा रेलवे के धुरंधर अफसरों तक की समझ में नहीं आता था।

यह सब उस ज़माने में तो ठीक था, जब रेलवे फुटकर माल ढोती थी। वर्ष 1981 से रेलवे ने फुटकर माल ढोना बंद कर दिया। फलस्वरूप वह हज़ारों वस्तुओं के परिवहन से बाहर हो गई। इसके बावजूद 1958 में बने टैरिफ शिड्यूल को नहीं बदला गया। बहरहाल, वर्ष 2005 में इस टैरिफ शिड्यूल में आमूलचूल परिवर्तन किए गए। रेलवे के माल व्यवसाय की गहराई से छानबीन करने पर पता चला कि रेलवे को 85 प्रतिशत से अधिक ट्रैफिक मात्र आठ वस्तुओं से प्राप्त होता है। लिहाज़ा सभी प्रकार की वस्तुओं को मात्र 24 समूहों में वर्गीकृत किया गया। ऐसी वस्तुओं को जिनकी माल ढुलाई अब रेलवे नहीं करती है 'अन्य

वस्तुओं' के समूह में वर्गीकृत किया गया। इससे भारी-भरकम टैरिफ शिड्यूल महज़ एक छोटी सी पॉकेट बुक में सिमट गई। एक ऐसी किताब जिसमें सभी प्रकार के खाद और केमिकल्स एक ही समूह में रखे गए हैं और इन सबका माल भाड़ा एक समान हो गया है। मिनिमम वेट कंडीशन को भी समाप्त कर दिया गया। अब रेलवे माल डिब्बे की क्षमता (कैयरिंग कैपेसिटी) के अनुसार माल भाड़ा चार्ज करती है। परिवहन बाजार के लिए यह कोई नई बात नहीं थी। वहाँ हमेशा से ऐसा ही होता आया है। मसलन जब आप टैक्सी बुक करते हैं तो किराया यात्रियों की संख्या देखकर नहीं, अपितु गाड़ी की क्षमता एवं दूरी के हिसाब से तय किया जाता है।

टैरिफ ढाँचे में किए गए इन ऐतिहासिक बदलावों से न केवल भ्रष्टाचार एवं लालफीताशाही पर लगाम कसने में कामयाबी मिली, बल्कि ग्राहकों का शोषण भी बन्द हो गया। इससे वैगन क्षमता का पूरा उपयोग सुनिश्चित हुआ तथा मालगोदाम की कार्यप्रणाली में भी अच्छा-खासा सुधार दिखाई देने लगा।

माल एवं यात्री दरों का युक्तिकरण

पहले न्यूनतम एवं अधिकतम माल भाड़े में 1:8 अनुपात का अंतर होता था। अब यह अंतर घटकर मात्र 1:2 रह गया है। इस अंतर को कम करने के लिए तीन सूत्री नीति पर अमल किया गया। अधिकतम माल भाड़ा दरों को कम कर, न्यूनतम भाड़ा दरों को बढ़ाकर और गैरजरूरी वस्तुओं को शिड्यूल से निकालकर यह अंतर कम किया गया है। मालभाड़ा निर्धारित करने वाली श्रेणियों की संख्या भी 27 से घटकर मात्र 11 रह गई है।

यात्री किराए ढाँचे के युक्तिकरण के लिए भी व्यावहारिक नीति अपनाई गई। यात्री किराए ढाँचे के बारे में राकेश मोहन कमेटी ने सिफारिश की थी कि न्यूनतम एवं अधिकतम किराए के बीच के अंतर को 1:14 से घटाकर 1:10 किया जाना चाहिए। इस लक्ष्य को हासिल करने के दो तरीके हो सकते थे। द्वितीय श्रेणी के यात्री किरायों को बढ़ाकर आम आदमी पर बोझ डाला जाए या फिर वातानुकूलित श्रेणी के किरायों को कम कर इस अंतर को 1:10 के दायरे में लाया जाए। रेलवे ने दूसरा तरीका अपनाना बेहतर समझा। रेलवे ने वर्ष 2005 से 2008 के बीच

वातानुकूलित प्रथम एवं द्वितीय श्रेणी के किरायों में क्रमशः 28 एवं 20 प्रतिशत कटौती की, जिसके फलस्वरूप अधिकतम और न्यूनतम यात्री किराए का अंतर घटकर 1:10 रह गया। इस कटौती से सस्ती एयरलाइनों से मिल रही चुनौती का सामना करने में भी सहूलियत हुई। इससे रेलवे और ग्राहक दोनों की जीत हुई। जाहिर है रेलवे ने 'गुड इकोनॉमिक्स इज गुड पॉलिटिक्स' का बेजोड़ नमूना पेश किया।

डिफरेंशियल प्राइस पॉलिसी

समाजवादी अर्थव्यवस्था में रेलवे की किराया-भाड़ा नीति (tariff policy) ग्राहकों की हैसियत (affordability) को ध्यान में रखकर बनाई जाती थी। गरीब यात्रियों से कम और अमीर यात्रियों से ज्यादा किराया वसूला जाता था। इसी प्रकार सस्ती वस्तुओं का माल भाड़ा कम और महंगी का अधिक रखा जाता था। वर्ष 1991 में उदारीकृत आर्थिक नीति घोषित किए जाने के बाद भारत की 'समाजवादी अर्थव्यवस्था' 'बाज़ारोन्मुख अर्थव्यवस्था' की ओर तेजी से कदम बढ़ाने लगी। प्रतियोगी बाज़ार में मूल्य का निर्धारण माँग की लोच अर्थात् प्रतिस्पर्द्धा की स्थिति के आधार पर किया जाता है, न कि ग्राहक की आर्थिक हैसियत के आधार पर। लेकिन रेलवे ने अपनी पुरानी मूल्य नीति में बदलाव नहीं किया।

नई डिफ़रेंशियल टैरिफ पॉलिसी के तहत आँख मूँदकर यात्री किराया एवं माल भाड़ा बढ़ाने की नीति को तिलांजलि दे दी गई है। राजनीतिक लिहाज से संवेदनशील होने की वजह से निचले दर्जों के किराए अभी भी ग्राहक की माली हालत को ध्यान में रखकर तय किए जाते हैं। लेकिन द्वितीय श्रेणी के यात्री किरायों को छोड़कर अन्य सभी प्रकार के किराए-भाड़े अब ग्राहकों की हैसियत के आधार पर नहीं अपितु बाजार में रेलवे की प्रतियोगी स्थिति के आधार पर तय किए जाते हैं। रेल मंत्री निचले दर्जे के यात्री किराए में वृद्धि करने का तो विरोध करते हैं, लेकिन वातानुकूलित श्रेणी के किराए में कमी करने का स्वागत करते हैं। इसलिए रेलवे ने सस्ती एयरलाइंस से मिल रही कड़ी प्रतियोगिता का सामना करने के लिए वर्ष 2005 से 2008 के बीच वातानुकूलित प्रथम एवं द्वितीय श्रेणी के किराए में कटौती की। इतना ही नहीं, वातानुकूलित श्रेणी की खाली पड़ी सीटों को भरने

के लिए निचले दर्जे के प्रतीक्षारत यात्रियों को निःशुल्क अपग्रेड करने की योजना शुरू की गई। इससे रेलवे ने न केवल सस्ती एयरलाइंस से मिल रही कड़ी प्रतियोगिता का सफलतापूर्वक सामना किया, अपितु इन श्रेणियों की ऑक्यूपेंसी में सुधार होने से उसकी आय में तेजी से इजाफ़ा हुआ।

इसी प्रकार, नई नीति के तहत माल भाड़े में कमी अथवा वृद्धि करने के निर्णय वस्तुओं की कीमत देखकर नहीं, अपितु बाजार में रेलवे की प्रतियोगी स्थिति को भांपकर लिए गए। ऐसी वस्तुओं के माल भाड़े में कमी की गई है जिनमें रेलवे की प्रतियोगी स्थिति कमजोर है और उनमें भारी वृद्धि की गई है जिनमें रेलवे की प्रतियोगी स्थिति मजबूत है। कच्चे माल एवं खनिज पदार्थों के परिवहन में रेलवे की स्थिति मजबूत और तैयार माल (finished product) में कमजोर होती है। इसका कारण यह है कि कच्चे लोहे जैसे खनिज पदार्थों को रेलवे खदान से सीधे कारखाने तक (डोर टू डोर) पहुँचाती है। दूसरी ओर स्टील और सीमेंट जैसे तैयार माल को रेलवे एक स्टेशन से दूसरे स्टेशन तक (न कि ग्राहक के दरवाजे तक) ही पहुँचाती है। चूँकि पहले सस्ते कच्चे लोहे का माल भाड़ा कम और महँगी स्टील का माल भाड़ा अधिक रखा जाता था, इसलिए स्टील के परिवहन में रेलवे की भागीदारी घटती जा रही थी। इसीलिए वर्ष 2005 से 2008 के दौरान जहाँ कच्चे लोहे का माल भाड़ा 50 प्रतिशत बढ़ा है, वहीं स्टील का माल भाड़ा 22 प्रतिशत कम हुआ है। इतना ही नहीं, स्टील परिवहन में रेलवे की प्रतियोगी क्षमता को धारदार बनाने के उद्देश्य से माल भाड़ा घटाने के साथ-साथ ग्राहकों को अनेक प्रकार की सहूलियतें भी उपलब्ध कराई गईं। उदाहरणतः मिनी रेक लोड करने और एक स्टेशन पर पूरा माल उतारने के बजाय रास्ते में एक से अधिक स्टेशनों पर उतारने की सहूलियतें उपलब्ध कराई गईं। इसी प्रकार सीमेंट जैसी अन्य तैयार वस्तुओं के माल भाड़ा दरों में न केवल फेरबदल किए गए अपितु उनमें भी 'मिनी रेक', 'टू प्वाइंट रेक' और अपना माल एक से अधिक स्टेशनों पर उतारने जैसी सुविधा उपलब्ध कराई गई। इन्हीं प्रयासों के फलस्वरूप रेलवे स्टील एवं सीमेंट के परिवहन में अपनी हिस्सेदारी बढ़ाने में कामयाब हुई है। रेलवे के राजनीतिक अर्थशास्त्र की गलत समझ के कारण पहले खाद और खाद्यान्न का माल भाड़ा कम रखा जाता था। लेकिन, नई नीति के तहत इनके माल भाड़े में 33 प्रतिशत

तक की भारी वृद्धि की गई। इस वृद्धि से न तो रेलवे की प्रतियोगी क्षमता कुंद हुई और न ही रेल मंत्री को किसी प्रकार के राजनीतिक विरोध का सामना करना पड़ा।

खाली लौटती गाड़ियों में फ्रेट डिस्काउंट योजना

डिफरेंशियल टैरिफ पॉलिसी का एक और उदाहरण खाली लौटती गाड़ियों पर दी जाने वाली भारी छूट की योजना है। पहले रेलवे भरकर जाने वाली और खाली लौटने वाली (लोडेड और एम्प्टी फ्लो डायरेक्शन) दोनों दिशाओं में एक समान माल भाड़ा चार्ज करती थी। फलस्वरूप, अधिकांश गाड़ियाँ माल उतारने के बाद खाली लौटती थीं। खाली लौटती गाड़ियों में ट्रैफिक आकर्षित करने के लिए रेल मंत्री ने वर्ष 2007 का रेल बजट प्रस्तुत करते हुए 'एम्प्टी फ्लो डायरेक्शन स्कीम' की घोषणा की :

दिल्ली से गुवाहाटी जाने का ट्रक भाड़ा गुवाहाटी से दिल्ली वापस लौटने के भाड़े से काफी अधिक होता है, जबकि रेलवे दोनों तरफ का एक समान भाड़ा चार्ज करती है। यह देखा गया है कि हमारी सौ में से चालीस मालगाड़ियाँ वापसी की दिशा में खाली लौटती हैं। खाली लौटती मालगाड़ियों में फ्रेट लोड करने पर रेलवे का अतिरिक्त खर्चा कम होता है। अतः एम्प्टी फ्लो डायरेक्शन में लोड किए गए इन्क्रीमेंटल फ्रेट पर भारी डिस्काउंट देने की घोषणा करता हूँ। 700 किलोमीटर से अधिक की दूरी के इंक्रीमेंटल फ्रेट पर यह डिस्काउंट नॉन पीक सीजन में 30 प्रतिशत एवं पीक सीजन में 20 प्रतिशत के बराबर होगा।

आगामी सालों में इस नीति को और उदार बनाया गया। खाली लौटती गाड़ियों में अब सुस्त (लीन सीजन) और व्यस्त (पीक सीजन) दोनों मौसम में 30 प्रतिशत तक की छूट मिलती है। क्षेत्रीय रेलवे के सभी महाप्रबंधकों को डिस्काउंट रेट 30 से बढ़ाकर 50 प्रतिशत तक करने और इन्क्रीमेंटल ट्रैफिक की जगह पूरे ट्रैफिक पर डिस्काउंट देने की शक्तियाँ प्रदान की गई हैं। इससे खाली लौटती गाड़ियों में ट्रैफिक आकर्षित करने में सफलता मिली।

तत्काल योजना

डिफरेंशियल टैरिफ पॉलिसी का एक और उदाहरण 'तत्काल योजना' है। गाड़ियों में आरक्षण की प्रक्रिया तीन महीने पहले शुरू होती है। ऐसी अनेक लोकप्रिय गाड़ियाँ हैं, जो आरक्षण शुरू होने के कुछ ही घंटों के भीतर पूरी की पूरी बुक हो जाती हैं। ऐसे में बेहद जरूरी कामों से आकस्मिक सफर करनेवाले मुसाफिरों को पहले मजबूरी में दलालों के पास जाना पड़ता था। इस समस्या से निपटने के लिए नई तत्काल योजना शुरू की गई। इसके तहत गाड़ी छूटने के पाँच दिन पहले तक 30 प्रतिशत सीटें उपलब्ध रहती हैं। इससे जरूरतमंद यात्री थोड़ा अधिक सरचार्ज अदा करके आसानी से टिकट खरीद लेते हैं। इससे जहाँ एक ओर दलालों पर अंकुश लगा, वहीं दूसरी ओर रेलवे को 300 करोड़ रुपये की सालाना अतिरिक्त आमदनी प्राप्त हो रही है।

डॉयनमिक प्राइसिंग

पहले रेलवे के माल भाड़े एवं यात्री किराए की दरों में साल में एक बार रेल बजट के माध्यम से परिवर्तन किए जाते थे। साल के बीच में इसमें रद्दोबदल की गुंजाइश कम होती थी। इस तरह एक बार तय की गई दरों को साल भर तक ढोना पड़ता था, चाहे नफा हो या नुकसान। इससे कई मर्तबा रेलवे के साथ-साथ ग्राहकों को भी दिक्कत होती थी। इतना ही नहीं, सुस्त और व्यस्त दोनों मौसमों (लीन एवं पीक सीजन) में रेलवे एक समान माल भाड़ा चार्ज करती थी। सुस्त मौसम में माँग कम हो जाती है, इसलिए ट्रकों का भाड़ा कम हो जाता है। लेकिन रेलवे किराए भाड़े में किसी प्रकार की छूट नहीं देती थी। अब रेलवे की किराया-भाड़ा नीति भी पूरी तरह परिवर्तनशील अर्थात डॉयनमिक हो गई है। इस नीति का निचोड़ वर्ष 2007 के रेल बजट की इन पंक्तियों से जाहिर होता है :

रेलवे के यात्री किराए एवं माल भाड़े की दरें सभी सीजन और सभी मार्गों पर एक समान रहती हैं, जबकि एयरलाइंस एवं रोड ट्रांसपोर्ट की दरें माँग एवं समय के हिसाब से घटती-बढ़ती रहती हैं। अब माल तथा यात्री परिवहन दोनों में पीक एवं नॉन पीक सीजन, प्रीमियम एवं नॉन प्रीमियम सेवा और

व्यस्त एवं गैर-व्यस्त मार्गो के लिए डॉयनमिक प्राइसिंग पॉलिसी अपनाई जाएगी। इस नीति के अंतर्गत नॉन पीक सीजन, नॉन प्रीमियम सर्विस एवं एम्प्टी फ्लो डायरेक्शन की दरें सामान्य दरों से कम एवं पीक सीजन तथा प्रीमियम सर्विस की दरें सामान्य से अधिक हो सकती हैं। माल व्यवसाय के लिए नॉन पीक सीजन 1 जुलाई से 31 अक्तूबर होगा। यात्री व्यवसाय के लिए यह अवधि 15 जनवरी से 15 अप्रैल एवं 15 जुलाई से 15 सितंबर तक होगी।

इस नीति के तहत जहाँ सुस्त मौसम में माल भाड़ा दरों में पंद्रह प्रतिशत तक की छूट दी गई है, वहीं व्यस्त मौसम में पाँच से सात प्रतिशत तक का सरचार्ज लगाया गया है। इससे रेलवे को दोहरा फायदा हुआ। एक तरफ सुस्त मौसम में वैगनों की मांग बढ़ी, दूसरी ओर व्यस्त मौसम में सरचार्ज लगाने से अतिरिक्त आमदनी हुई।

जनादेश यात्री किरायों में वृद्धि की इजाजत नहीं देता। इसलिए यात्री किराया नीति को व्यस्त मौसम में सरचार्ज लगाकर नहीं, बल्कि सुस्त मौसम में डिस्काउंट देकर डॉयनमिक बनाया गया है। चूँकि निचले दर्जे का किराया पहले से ही बहुत कम है इसलिए वातानुकूलित श्रेणियों में ही सुस्त मौसम में डिस्काउंट देने की नीति अपनाई गई। कॉमर्शियल पोर्टल चालू होने के बाद रेलवे की टैरिफ पॉलिसी और डॉयनमिक हो जाएँगी। इस पोर्टल के माध्यम से वातानुकूलित डिब्बों में खाली पड़ी सीटों एवं खाली लौटती मालगाड़ियों में से कुछ को खुली नीलामी द्वारा भरा जा सकेगा।

अपग्रेडेशन स्कीम

जिस तरह सब्जी पड़े-पड़े सड़ जाती है, उसी तरह खाली पड़ी सीटें भी स्टेशन से गाड़ी छूटते ही बेकार हो जाती हैं। पहले जहाँ माँग न होने से वातानुकूलित दर्जे की तमाम सीटें खाली रह जाती थीं, वहीं निचले दर्जों में बड़ी संख्या में लोग प्रतीक्षा सूची में रह जाते थे। इस समस्या से निपटने के लिए निचले दर्जों के यात्रियों को ऊपरी दर्जों में भेजने की योजना बनाई गई। इसे 'अपग्रेडेशन स्कीम' का नाम दिया गया। इस स्कीम के तहत कम्प्यूटर के जरिए निचले दर्जे के यात्रियों को ऊँचे

दर्जों की खाली सीटों पर स्वतः अपग्रेड कर दिया जाता है। इसके लिए यात्रियों को किसी प्रकार का अतिरिक्त शुल्क नहीं देना पड़ता। यह काम ट्रेन छूटने के चार घंटे पहले होता है। इसका फायदा यह हुआ कि पहले जहाँ वातानुकूलित दर्जों की खाली सीटों से रेलवे को कोई आमदनी नहीं हो रही थी, वहीं अब कम से कम निचले दर्जों का किराया तो मिलने लगा। इस योजना से ग्राहक भी बहुत खुश हुए क्योंकि उन्हें नॉन एसी स्लीपर के किराए में वातानूकूलित डिब्बे में यात्रा करने का मौका मिला।

पूर्णतः वातानुकूलित 'गरीब रथ'

ग्राहकों का दिल जीतने के लिए रेलवे का ध्यान सेवाओं की गुणवत्ता बढ़ाने पर बराबर बना रहा और इस लिहाज से अनेक कदम उठाए गए। 'मिनी रेक', 'टू प्वाइंट रेक', 'तत्काल सेवा', 'अपग्रेडेशन स्कीम' वगैरह इन प्रयासों के कुछ उदाहरण मात्र हैं। लेकिन इन सबमें सबसे ज्यादा लोकप्रिय और अनोखी पहल 'गरीब रथ' की रही। यदि इसे रेलवे की 'नैनो' (टाटा की लखटकिया कार) कहा जाए तो अतिशयोक्ति न होगी। फर्क सिर्फ इतना है कि गरीब रथ की शुरुआत नैनो से तीन साल पहले हुई। 'गरीब रथ' आम आदमी को द्वितीय श्रेणी के स्लीपर के किराए से कुछ अधिक किराए पर वातानुकूलित श्रेणी में सफर करने का अवसर उपलब्ध कराती है। उदाहरण के लिए, दिल्ली से मुंबई के बीच चलने वाले 'गरीब रथ' में थ्री एसी का किराया 650 रुपये और एसी चेयर कार का किराया 500 रुपये होता है, जबकि इसी यात्रा के लिए स्लीपर का किराया 450 रुपये है। आखिर यह चमत्कार कैसे हुआ। इसका मूलमंत्र सिर्फ एक है–साधनों एवं संभावनाओं का अधिकतम उपयोग यानी वॉल्यूम गेम। तालिका 5.1 के अवलोकन से स्पष्ट होगा कि गरीब रथ में 17 की बजाय 24 डिब्बे होते हैं। इसमें कोई पैंट्री कार नहीं होती और न ही यात्री किरायों में किसी प्रकार की छूट दी जाती है। यहाँ तक कि रेलकर्मी भी इसमें मुफ्त यात्रा नहीं कर सकते हैं। लीक से हटकर सोचने की प्रक्रिया यहीं समाप्त नहीं होती। गरीब रथ के हर डिब्बे में 64 की बजाय 75 बर्थ और चेयर कार में 70 की जगह 102 सीटें होती हैं। तालिका 5.1 से दोनों गाड़ियों के बीच का फर्क साफ होता है :

तालिका 5.1 राजधानी एक्सप्रेस और गरीब रथ की तुलनात्मक लागत

	सामान्य राजधानी ट्रेन	गरीब रथ
थ्री एसी कोच की क्षमता	64 यात्री	75 यात्री
चेयर कार की क्षमता	70 यात्री	102 यात्री
प्रति गाड़ी अधिकतम क्षमता	816 यात्री	1920 यात्री
प्रति यात्री प्रति कि.मी. लागत	80 पैसे (17 डिब्बों वाली)	32 पैसे (24 डिब्बों वाली)

स्रोत : सांख्यिकी एवं अर्थ निदेशालय, रेल मंत्रालय

चित्र 5.1 गरीब रथ और राजधानी एक्सप्रेस की तुलनात्मक लागत

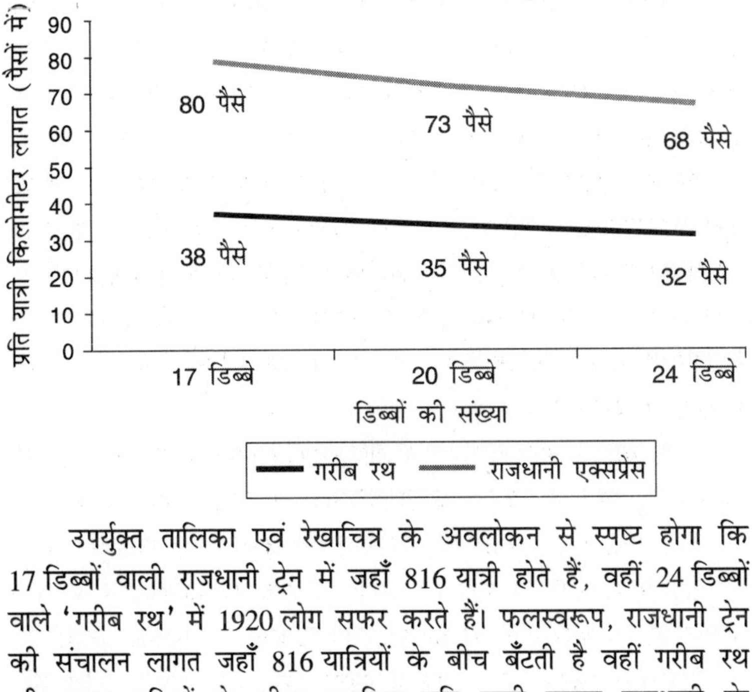

उपर्युक्त तालिका एवं रेखाचित्र के अवलोकन से स्पष्ट होगा कि 17 डिब्बों वाली राजधानी ट्रेन में जहाँ 816 यात्री होते हैं, वहीं 24 डिब्बों वाले 'गरीब रथ' में 1920 लोग सफर करते हैं। फलस्वरूप, राजधानी ट्रेन की संचालन लागत जहाँ 816 यात्रियों के बीच बँटती है वहीं गरीब रथ की 1920 यात्रियों के बीच। इसलिए प्रति यात्री लागत राजधानी के मुकाबले आधी से भी कम आती है। यही कारण है कि राजधानी एक्सप्रेस के थ्री एसी के किराए की तुलना में गरीब रथ का किराया 56 प्रतिशत कम रखा गया है। इससे जहाँ एक और मध्यम वर्ग के लोगों का वातानुकूलित गाड़ियों में सफर करने का सपना पूरा हुआ है वहीं दूसरी

ओर रेलवे को घाटे के यात्री व्यवसाय को मुनाफे में बदलने का मौका मिला। यानी रेलवे भी जीती और ग्राहक भी। रेलवे के कायाकल्प की नई सोच और अद्वितीय रणनीति का इससे बढ़िया कोई और उदाहरण नहीं हो सकता।

प्रॉफिट मार्जिन और प्रोडक्ट मिक्स

वर्ष 2005-08 के दौरान माल कारोबार में रेलवे के मुनाफे का मार्जिन 21 प्रतिशत से बढ़कर 80 प्रतिशत हो गया है। इससे कुछ लोगों को लग सकता है कि रेलवे अपनी एकाधिकार की स्थिति (मोनोपोली) का दुरुपयोग कर रही है। परन्तु हकीकत इससे अलग है। रेलवे की आधी से ज्यादा माल आमदनी कोयले और सीमेंट से प्राप्त होती है। इनके मालभाड़े में मामूली वृद्धि की गई है। दूसरी ओर, स्टील तथा पेट्रोलियम उत्पादों के मालभाड़े में भारी कमी की गई है। माल आमदनी में इन दोनों वस्तुओं की हिस्सेदारी 15 प्रतिशत है। इस प्रकार रेलवे द्वारा 65 प्रतिशत से अधिक आमदनी देने वाली वस्तुओं के मालभाड़े या तो घटाए गए हैं अथवा उनमें मामूली वृद्धि की गई है। ऐसे में सवाल किया जा सकता है कि आखिर रेलवे का प्रॉफिट मार्जिन 21 प्रतिशत से बढ़कर 80 प्रतिशत कैसे हुआ? इसका जवाब है : प्रति इकाई लागत में कमी, कुछ वस्तुओं के भाड़ों में भारी वृद्धि तथा निर्यात के लिए कच्चे लोहे के 'लो वैल्यू, लो मार्जिन बिजनेस' को 'सुपर हाई मार्जिन बिजनेस' में बदला जाना।

वर्ष 2001 में माल परिवहन की प्रति इकाई लागत 61 पैसे और आमदनी 74 पैसे थी। इस तरह माल व्यवसाय में रेलवे का प्रॉफिट मार्जिन 21 प्रतिशत था। मगर वर्ष 2001 से 2008 के बीच माल परिवहन की प्रति इकाई लागत 61 पैसे से घटकर 54 पैसे रह गई। इस अवधि में रेलवे यदि मालभाड़े में बिल्कुल भी बढ़ोतरी नहीं करती है तो भी घटती लागत की वजह से उसका प्रॉफिट मार्जिन 21 प्रतिशत से बढ़कर 37 प्रतिशत हो जाता। दूसरी ओर, यदि रेलवे की प्रति इकाई लागत नब्बे के दशक की तरह प्रति वर्ष 8 प्रतिशत की दर से बढ़ती रहती तो वर्ष 2008 में प्रति इकाई लागत बढ़कर एक रुपये तीन पैसे हो जाती। बढ़ी हुई लागत पर 21 प्रतिशत का पुराना मार्जिन बनाए रखने मात्र के लिए रेलवे को मालभाड़े में 70 फीसदी की बढ़ोतरी करनी पड़ती। इस प्रकार स्पष्ट है कि रेलवे

के प्रॉफिट मार्जिन में जो आशातीत बढ़ोतरी हुई है उसमें घटती लागत ने अहम भूमिका निभाई।

दो, वर्ष 2001 से 2008 के बीच रेलवे की प्रति इकाई (प्रति टन किलोमीटर) माल आमदनी 74 पैसे से बढ़कर 93 पैसे हो गई। यह सुधार कुछ वस्तुओं की माल भाड़ा दरों में की गई भारी वृद्धि के कारण हुआ है। यह वृद्धि केवल ऐसी वस्तुओं के माल भाड़े में की गई जिनके परिवहन में रेलवे की प्रतियोगी स्थिति मजबूत है। कच्चे लोहे सहित विभिन्न प्रकार के खनिज पदार्थों में 50 प्रतिशत तथा खाद और खाद्यान्न के माल भाड़े में 33 प्रतिशत की वृद्धि की गई। पाँच से सात प्रतिशत बिजी सीजन एवं दो प्रतिशत डेवलपमेंट सरचार्ज लगाने से भी रेलवे की आय में सुधार हुआ है।

तीन, कच्चे लोहे के निर्यात के परिवहन को 'लो वैल्यू, लो मार्जिन बिजनेस' से 'हाई वैल्यू और सुपर हाई मार्जिन बिजनेस' में बदला गया। व्यापार में सफलता इस बात पर निर्भर करती है कि पैसा कमाने के अवसर को समय रहते किस तरह भांपा और भुनाया जाता है। वर्ष 2003 से 2008 के बीच अंतरराष्ट्रीय बाजार में कच्चे लोहे की कीमतें आसमान छू रही थीं। इसकी कीमत 20 डालर (एक हजार रुपये) से बढ़कर 100 डालर (पाँच हजार रुपये) प्रति टन हो गई। रेलवे ने इस सुनहरे अवसर का भरपूर फायदा उठाया। चूंकि कच्चे लोहे के परिवहन में रेलवे की प्रतियोगी स्थिति बेहद मजबूत है इसलिए इसके माल भाड़े में चार गुना वृद्धि की गई है। माल भाड़े में चार गुना वृद्धि होने पर भी मालगाड़ियों की माँग कितनी अधिक थी, इसका अंदाजा इसी बात से लगाया जा सकता है कि रेलवे में अगस्त 2008 में निर्यात किए जाने वाले कच्चे लोहे को खदान से बंदरगाह तक पहुँचाने के 10 हजार मालगाड़ियों के आवेदन (इंडेंट) लंबित पड़े हुए थे। सबसे मजे की बात यह है कि माल भाड़े में चार गुना से अधिक वृद्धि करने का आम आदमी की सेहत पर कोई असर नहीं पड़ा क्योंकि इसका बोझ भारतीय ग्राहकों की बजाय विदेशी ग्राहकों को वहन करना पड़ रहा था। चूँकि खनन कार्य में लगी कंपनियाँ अंतरराष्ट्रीय बाजार में कच्चे लोहे के पाँच गुना दाम वसूल रही थीं, इसलिए उन्हें भी पैसा खर्च करने में कोई तकलीफ नहीं हुई। लिहाज़ा वर्ष 2001-2008 के दौरान निर्यात किए जाने वाले कच्चे लोहे से रेलवे की आमदनी

पाँच गुना अर्थात 900 करोड़ रुपये से बढ़कर 4,400 करोड़ रुपये हो गई। निर्यात किए जाने वाले कच्चे लोहे के महज एक छोटे से हिस्से से रेलवे ने वर्ष 2005-2008 के बीच नौ हजार करोड़ रुपये की अतिरिक्त कमाई की। माल भाड़े में चार गुना वृद्धि करने से निर्यात के लिए कच्चे लोहे के परिवहन में रेलवे का प्रॉफिट मार्जिन 25 प्रतिशत से बढ़कर 400 प्रतिशत हो गया। रेलवे की 'व्यावसायिक समझ' का इससे अच्छा उदाहरण नहीं हो सकता है। संक्षेप में, प्रति इकाई लागत में कमी, कुछ वस्तुओं के माल भाड़े में वृद्धि और निर्यात किए जाने वाले कच्चे लोहे के 'लो मार्जिन बिजनेस' को 'सुपर हाई मार्जिन बिजनेस' में बदलने के कारण माल परिवहन में रेलवे का मुनाफा 21 प्रतिशत से बढ़कर 80 प्रतिशत हो गया है।

इसी प्रकार, वर्ष 2005 से 2008 के बीच जहाँ यात्रियों की संख्या में सालाना छह प्रतिशत का इजाफा हुआ है, वहीं यात्री आय सालाना 12 प्रतिशत की दर से बढ़ी। सभी श्रेणियों के यात्री किराए में कमी करने के बावजूद ऐसा हुआ। यह देखकर कुछ लोग रेलवे पर पिछले दरवाजे से किराया बढ़ाने का आरोप लगाते हैं। वस्तुतः यह गुपचुप किराया बढ़ाने का नहीं बल्कि यात्री व्यवसाय की प्रति इकाई लागत में कमी एवं इसके 'प्रोडक्ट मिक्स' में हो रहे भारी बदलाव का नतीजा है। इस अवधि में यात्री व्यवसाय की प्रति इकाई लागत (प्रति यात्री किलोमीटर) 41 पैसे से घटकर 39 पैसे रह गई। इतना ही नहीं इस अवधि में ज्यादा आमदनी देने वाले वातानूकूलित श्रेणी और लंबी दूरी की मेल एवं एक्सप्रेस गाड़ियों के यात्रियों की संख्या महानगरों की उपनगरीय सेवा में यात्रा करने वाले शहरी यात्रियों के मुकाबले कहीं तेजी से बढ़ी। एक यात्रा के लिए रेलवे को चार रुपये की आमदनी देने वाले शहरी यात्रियों की संख्या में जहाँ सालाना पाँच प्रतिशत की दर से वृद्धि हुई, वहीं 600 रुपये की आमदनी वाले वातानुकूलित श्रेणी के यात्रियों की संख्या में सालाना 10% से अधिक की वृद्धि हुई। इसी प्रकार औसतन 100 से 200 रुपये की आमदनी देने वाली मेल एवं एक्सप्रेस गाड़ियों के यात्रियों की संख्या में भी सालाना आठ से नौ प्रतिशत की वृद्धि हुई। इस संबंध में उल्लेखनीय है कि उपनगरीय सेवा एवं साधारण पैसेंजर गाड़ियों के 88 प्रतिशत यात्रियों से रेलवे को कुल आमदनी का मात्र 28 प्रतिशत हिस्सा प्राप्त होता है, जबकि मेल एवं एक्सप्रेस के मात्र 12 प्रतिशत यात्रियों से कुल आमदनी का 72 प्रतिशत हिस्सा

प्राप्त होता है। यह भी उल्लेखनीय है कि वातानुकूलित श्रेणी के एक प्रतिशत यात्रियों से रेलवे को कुल आमदनी का 20 प्रतिशत हिस्सा प्राप्त होता है, देखें तालिका 5.2

तालिका 5.2 प्रोडक्ट-मिक्स में बदलाव का आमदनी में वृद्धि दर पर असर

श्रेणियां	यात्रियों की संख्या में हिस्सेदारी (प्रतिशत में)	यात्रियों की संख्या में सालाना वृद्धि की दर (प्रतिशत में)	प्रति यात्री आय	कुल यात्री आय में हिस्सेदारी (प्रतिशत में)
वातानुकूलित सेवा	1	10.5	638 रुपये	20
मेल/एक्सप्रेस स्लीपर	3	9.6	215 रुपये	26
मेल/एक्सप्रेस अनारक्षित	9	6.5	100 रुपये	26
साधारण पैसेंजर	30	7.9	19 रुपये	20
शहरी सेवा	57	5.4	4 रुपये	8
कुल योग	**100**	**6.4**	**28 रुपये**	**100**

यही वजह है कि यात्रियों की संख्या में मात्र छह प्रतिशत वृद्धि होने के बावजूद यात्री आय में सालाना बारह प्रतिशत की वृद्धि हुई है। यह ध्यान में रखने की बात है कि यात्री आय को प्रभावित करने वाले कारकों में यात्री किराया मात्र एक कारक है। यात्रियों की श्रेणी अर्थात् 'प्रोडक्ट मिक्स' भी एक महत्त्वपूर्ण कारक है।

लगेज वैन एवं पार्सल वैन की लीजिंग

लोकल गाड़ियों को छोड़कर अन्य सभी यात्री गाड़ियों में एक आगे और एक पीछे कुल मिलाकर दो लगेज वैन होते हैं, जिनकी ढुलाई क्षमता 16 टन होती है। इसके अतिरिक्त रेलवे के पास 800 पार्सल वैन हैं, जिन्हें आवश्यकतानुसार गाड़ियों में लगाया जाता है। पार्सल वैन की ढुलाई क्षमता 18 से 24 टन तक होती है। रेलवे में पार्सल भाड़े की तीन श्रेणियाँ हैं। राजधानी और शताब्दी एक्सप्रेस का पार्सल भाड़ा सबसे अधिक और साधारण यात्री गाड़ियों का सबसे कम होता है। पार्सल भाड़ा नीति निर्धारित करते समय इस बात को ध्यान में रखना जरूरी है

कि रेलवे एक स्टेशन से दूसरे स्टेशन तक ही पार्सल पहुँचाती है, जबकि ट्रक इसे सीधे ग्राहक के दरवाजे तक पहुँचा देते हैं। यही वजह है कि 750 किलोमीटर से कम दूरी के पार्सल के परिवहन में रेलवे ट्रकों से मात खा जाती है। दूसरी ओर यह भी हकीकत है कि लंबी दूरी की सुपरफास्ट मेल एवं एक्सप्रेस गाड़ियों में पार्सल ढुलाई की मांग बनी रहती है। खासकर ऐसी गाड़ियों में जो उत्पादन केन्द्रों से खपत वाले स्थानों की ओर जा रही हों। उदाहरण के लिए मुम्बई से असम की ओर जाने वाली गाड़ियों में पार्सल वैन लगाने की मांग हमेशा ज्यादा रहती है, जबकि वहाँ से मुम्बई की ओर लौटने वाली गाड़ियों में यह माँग न के बराबर होती है। एक और महत्वपूर्ण तथ्य यह है कि पार्सल व्यवसाय में समय पर सामान पहुँचाने का बहुत महत्व होता है। जितने कम समय में पार्सल की डिलीवरी की गारंटी होती है उतना ही ज्यादा भाड़ा मिलता है। उदाहरण के लिए दिल्ली से मुम्बई के बीच पार्सल बुकिंग का रेट दो रुपये से बारह रुपये प्रति किलो के बीच होता है। यानी यदि 24 घंटे के भीतर पार्सल डिलीवर होने की गारंटी हो तो अधिकतम बारह रुपये का रेट मिलेगा, जबकि तीन दिन के बाद डिलीवरी होने पर केवल दो रुपये का रेट मिलेगा। दिल्ली-मुंबई राजधानी एक्सप्रेस शाम को चार बजे चलती है और अगले दिन सुबह नौ बजे मुंबई पहुँच जाती है। इस प्रकार रेलवे 24 घंटे के अंदर पार्सल दिल्ली से मुंबई पहुँचा देती है। यही कारण है कि 'राजधानी एक्सप्रेस एवं अन्य सुपर फास्ट गाड़ियों' में न केवल पार्सल वैन की बराबर माँग रहती है अपितु उनके पार्सल भाड़े को बढ़ाने की भी काफी संभावनाएँ हैं। दूसरी ओर, ऐसी अनेक यात्री गाड़ियाँ हैं जिनमें लगेज वैन अथवा पार्सल वैन की कोई माँग नहीं रहती। पार्सल व्यवसाय से जुड़ी एक अन्य समस्या यह थी कि पहले रेलवे एक-एक पैकेट पार्सल बुक करने का कार्य स्वयं करती थी। बहुत कम गाड़ियों में दोनों लगेज वैन लीज पर दिए जाते थे।

जैसे-जैसे रेलवे को पार्सल व्यवसाय की उक्त बारीकियाँ समझ में आती गईं, उसकी पार्सल आमदनी में इजाफा होता गया। ऐसा नहीं है कि ये सब एक दिन में हो गया। वस्तुतः रेलवे को ये सब सीखने में तीन साल का लम्बा समय लगा। रेलवे का प्रमुख काम गाड़ी चलाना है, न कि एक-एक पैकेट पार्सल बुक करना। इसीलिए नई नीति के तहत अधिक से अधिक लगेज वैन एवं पार्सल वैन

को खुली निविदा से लीज पर देने का निर्णय लिया गया। लेकिन अनेक स्टेशनों पर खुली निविदा के द्वारा लगेज वैन लीज पर देने की नीति का कड़ा विरोध हुआ। इसलिए यह नीति एक बार में नहीं, बल्कि चरणबद्ध तरीके से लागू की गई। स्थानीय कर्मचारियों को विश्वास में लेकर प्रथम चरण में एक पूरी लगेज वैन अथवा उसके आधे हिस्से को ही खुली निविदा द्वारा लीज पर दिया गया। पहली निविदा पार्सल भाड़ा सूची में दी गई दरों के आधार पर रिजर्व जमा (न्यूनतम राशि) निर्धारित कर निकाली गई। इसमें यह बात देखने को मिली कि जहाँ एक ओर कई तेज एवं लंबी दूरी की गाड़ियों के लगेज वैन की बोली निर्धारित दर से ज्यादा दर पर लगी, वहीं दूसरी ओर धीमी अथवा कम दूरी वाली गाड़ियों की बोली नहीं लगी। ऐसी गाड़ियाँ जिनमें लगेज वैन पार्सल भाड़ा सूची में निर्धारित न्यूनतम दर से अधिक दर पर बिकीं उनमें रेलवे द्वारा बाकी के लगेज वैन में की जाने वाली पीस मील बुकिंग की दरें भी बढ़ा दी गईं। इससे रेलवे को मात्र चार टन पर ही नहीं बल्कि दोनों लगेज वैन के पूरे 16 टन पर बढ़ी हुई दर से पार्सल भाड़ा मिलने लगा। इतना ही नहीं, जिन गाड़ियों में माँग अधिक थी उनमें अतिरिक्त पार्सल वैन भी खुली निविदा से लीज पर देकर जोड़े गए। दूसरी ओर, जिन गाड़ियों में रिजर्व प्राइस पर बोली नहीं लगी उनके रिजर्व प्राइस में क्रमशः 25, 50 और 75 फीसदी तक की कमी की गई। पार्सल दरों में की गई भारी कमी की वजह से अनेक ऐसी यात्री गाड़ियों में भी लगेज वैन की माँग बढ़ गई जो पहले खाली चलती थीं। इस लचीली और परिवर्तनशील नीति से रेलवे को दोहरा मुनाफ़ा हुआ। एक तरफ पार्सल भाड़ा दर बढ़ जाने से 'सुपर फास्ट' गाड़ियों से प्राप्त होने वाले राजस्व में तेजी से वृद्धि हुई, वहीं कम लोकप्रिय गाड़ियों की क्षमता के उपयोग में सुधार हुआ। इसी कारण वर्ष 2005 से 2008 के बीच पार्सल व्यवसाय से रेलवे की आय 476 करोड़ रुपये से बढ़कर 1,008 करोड़ रुपये हो गई।

मजबूत गठबंधन बनाकर ग्राहकों की सेवा

ग्राहकों को बेहतर सेवा प्रदान कराने और रेलवे की प्रतियोगी क्षमता को धार देने के लिए रेलवे द्वारा अनेक तरह के गठजोड़ किये गए। रेल मंत्री ने अपने बजट भाषण 2007 में इस भावना को इस प्रकार व्यक्त किया :

एक कदम हम बढ़ें, एक कदम तुम,
आओ मिलकर नाप दें, फासले चाँद तक।

ऐसी साझेदारियों के मुख्य रूप से तीन उद्देश्य थे :

- ग्राहकों के साथ दीर्घकालिक संबंध।
- अगर आप प्रतिद्वंद्वी को हरा नहीं सकते तो उससे दोस्ती गांठ लीजिए।
- बेहतर सेवा।

रेलवे अपने माल ग्राहकों के साथ दीर्घकालीन रिश्ते कायम कर रही है। 'वैगन निवेश योजना', 'रेल साइडिंग निर्माण योजना' तथा 'इंजन ऑन लोड' जैसी योजनाएं इसी नजरिए से बनाई गई हैं। इन तीनों योजनाओं में पहले निवेश ग्राहकों द्वारा किया जाता है और बाद में रेलवे के हिस्से की राशि को 10-15 वर्ष तक माल भाड़े में निर्धारित डिस्काउंट उपलब्ध कराकर वापस किया जाता है। ऐसी योजनाएँ ग्राहकों के बीच बहुत लोकप्रिय हुई हैं। अकेले वैगन निवेश योजना में तीन हजार करोड़ रुपये का निवेश प्राप्त हुआ। इससे रेलवे के प्रति ग्राहकों की प्रतिबद्धता तो बढ़ी ही है, साथ-ही-साथ ग्राहकों ने वैगन खरीदने के लिए अतिरिक्त निवेश का भी प्रबंध किया। इसी प्रकार ग्राहकों के परिसर तक रेल लाइन पहुँचाने (रेल कनेक्टीविटी) की दृष्टि से रेलवे ने निजी साइडिंग्स के निर्माण के लिए ग्राहकों के साथ साझेदारी की। साइडिंग के निर्माण में निवेशित राशि की आधी रकम रेलवे द्वारा ग्राहकों को अगले दस वर्षों तक माल भाड़े में छूट देकर वापस की जाती है। पहले साइडिंग के परिचालन का पूरा खर्च ग्राहक को वहन करना होता था, जबकि अब उन्हें सिर्फ एक वाणिज्य स्टाफ के बराबर ही खर्च वहन करना पड़ता है।

इसी प्रकार 'इंजन ऑन लोड' स्कीम को भी एक नया आयाम दिया गया। इस योजना के अंतर्गत माल को लादने अथवा उतारने के दौरान इंजन कटकर दूसरी जगह नहीं जाता बल्कि गाड़ी में ही लगा रहता है। इससे इंजन के समय की बर्बादी कम हुई। खुली गाड़ियों में माल लादने और उतारने की समय सीमा को नौ घंटे से घटाकर चार घंटे कर दिया गया है। कम समय में लदान करने के लिए ग्राहकों को मूलभूत सुविधाओं में अतिरिक्त निवेश करना पड़ता है। इस योजना के अंतर्गत यह राशि ग्राहकों को अगले 10 वर्षों में मालभाड़े में एक से

पाँच प्रतिशत तक की छूट देकर वापस की जाती है। ऊपर वर्णित सभी योजनाओं के माध्यम से रेलवे ने अपने ग्राहकों के साथ दीर्घकालीन संबंध स्थापित करने में सफलता पाई है।

रेलवे के माल व्यापार की सबसे बड़ी कमजोरी यह है कि उसका व्यापार मात्र आठ से दस वस्तुओं में सिमटा हुआ है। व्यापार के दायरे का विविधीकरण करने अर्थात आठ वस्तुओं की बजाय रेलवे को आठ हजार वस्तुओं का ट्रांसपोर्टर बनाने के उद्देश्य से रेलवे द्वारा 16 कंपनियों को कंटेनर ट्रेन चलाने के लाइसेंस दिए गए हैं। ये कंपनियाँ बाज़ार से तरह-तरह का माल इकट्ठा कर उसे कंटेनर में रखती हैं जबकि रेलवे उसे अपना इंजन लगाकर गंतव्य स्थान तक पहुँचाती है। ये कंपनियाँ आयात-निर्यात किए जाने वाले माल का परिवहन करने के साथ-साथ स्थानीय ट्रैफिक पर भी ध्यान दे रही हैं। उदाहरणतः पहले राजस्थान से दक्षिण भारत के लिए संगमरमर का परिवहन ट्रकों के माध्यम से किया जाता था, जबकि अब इसका एक हिस्सा कंटेनर ट्रेन के माध्यम से रेलवे को भी मिलने लगा है। इसी प्रकार छोटी-छोटी स्टील कंपनियों की पूरी की पूरी स्टील पहले ट्रकों से भेजी जाती थी, जो अब कंटेनर ट्रेनों से भी भेजी जा रही है। नए लाइसेंस धारकों ने न केवल नए कंटेनर डिपो का निर्माण किया, अपितु 70 नई कंटेनर ट्रेनों में भी निवेश किया। इन सबके फलस्वरूप रेलवे के कंटेनर ट्रैफिक में पहले की अपेक्षा दोगुनी अर्थात् 24 प्रतिशत की वार्षिक वृद्धि दर्ज की जा रही है। इतना ही नहीं, निजी क्षेत्र की कंपनियों को कंटेनर ट्रेन चलाने का लाइसेंस देकर रेलवे ने कल तक प्रतिद्वंद्वी रही रोडलाइंस कंपनियों को अपना हमसफर बना लिया।

सेवा की गुणवत्ता में सुधार

सेवा की गुणवत्ता में सुधार लाने के लिए रेलवे ने एकसाथ बहुआयामी रणनीतियों पर अमल किया। इसी के तहत यात्री सुविधाओं के विस्तार एवं सुधार के लिए अब पहले से कई गुना ज्यादा धनराशि खर्च की जा रही है। उदाहरण के लिए छोटे स्टेशनों पर प्लेटफार्मों की ऊँचाई एवं लम्बाई बढ़ाई जा रही है, ताकि बुजुर्ग एवं विकलांग यात्रियों को चढ़ने-उतरने में परेशानी न हो। साथ ही पटरी पार करने के लिए फुट ओवरब्रिज (एफओबी) एवं यात्रियों के लिए सर्दी, गर्मी एवं बारिश

से बचाव के लिए प्लेटफार्मों पर कवर्ड शेड की व्यवस्था की जा रही है। अन्य सुविधाओं के तहत पीने के पानी, प्रकाश की व्यवस्था एवं गाड़ियों की साफ-सफाई पर भी विशेष ध्यान दिया जा रहा है। सेवा की गुणवत्ता में सुधार लाने के लिए निजी क्षेत्र की कंपनियों के साथ मिलकर मजबूत गठजोड़ तैयार किया गया है। उदाहरण के लिए 'यूरेका फोर्ब्स' जैसी कंपनियों को स्टेशनों की साफ-सफाई की जिम्मेदारी सौंपी गई है। स्टेशनों पर फूड प्लाजा, 'हल्दीराम' एवं 'मैक्डोनाल्ड', जैसी कंपनियों द्वारा चलाए जा रहे हैं और चाय, काफी एवं ठंडे पेय पदार्थों की बिक्री 'कैफे डे, पेप्सी एवं कोकाकोला' जैसी नामी-गिरामी कंपनियों द्वारा की जा रही है। इसी प्रकार कभी खराब हालत में रहने वाले 'यात्री-निवास' अब निजी भागीदारी के तहत निजी क्षेत्र के मशहूर होटल समूहों द्वारा चलाए जा रहे हैं। इससे ग्राहकों को उपलब्ध कराई जाने वाली सेवाओं की गुणवत्ता में सुधार हुआ है। रेलवे का नेटवर्क अत्यंत विशाल है। रोजाना लाखों लोग इसके सम्पर्क में आते हैं और ट्रेनों में सफर करते हैं। रेलवे ने इस स्थिति का भी भरपूर लाभ उठाया। स्टेशनों एवं गाड़ियों में विज्ञापनों के माध्यम से जहाँ स्टेशनों की सुंदरता बढ़ी वहीं रेलवे ने सैकड़ों करोड़ रुपये की अतिरिक्त आमदनी प्राप्त की। इस रणनीति के परिणामस्वरूप रेलवे की 'विविध आय' में वर्ष 2004 से 2008 के बीच दो गुने से ज्यादा वृद्धि हुई है और यह एक हजार करोड़ रुपये से बढ़कर 2,600 करोड़ रुपये हो गई है।

इसी प्रकार सूचना प्रौद्योगिकी का भी रेलवे पूरा उपयोग कर रही है। अब यात्री घर बैठे ई-टिकट प्राप्त कर सकते हैं। यह सुविधा 40 हजार से अधिक काउंटरों पर उपलब्ध है। इसके अलावा एटीएम, पेट्रोल पंप एवं डाकघरों में भी यह सुविधा उपलब्ध है। पहले यात्रियों को ट्रेन संबंधी पूछताछ में काफी दिक्कतें पेश आती थीं। परन्तु अब देश के किसी भी कोने से सूचना हासिल की जा सकती है। यह संभव हुआ है '139 ट्रेन इन्क्वायरी सेवा' लागू होने से, जो 11 भाषाओं में चौबीसों घंटे उपलब्ध है। देश के चार कोनों में चार कॉल सेंटर स्थापित किये गए हैं। इनके जरिए गाड़ियों के आगमन-प्रस्थान, आरक्षण स्थिति आदि की जानकारी पलक झपकते ही प्राप्त की जा सकती है। फिलहाल देश भर में पाँच लाख से अधिक यात्री रोज़ाना इस सुविधा का लाभ उठा रहे हैं। इस सेवा की सबसे

खास बात यह है कि इसमें रेलवे को कोई खर्च नहीं करना पड़ रहा है, बल्कि रेलवे को इससे आमदनी हो रही है। विश्व में शायद ही कहीं ऐसा होगा जहाँ कॉल सेंटर चलाने वाली कंपनी सेवा पाने वाली कंपनी को भुगतान करती हो। लेकिन रेलवे ने यह चमत्कार भी कर दिखाया है। कॉल सेंटर चलाने वाली कंपनी अपना खर्च रेलवे की बजाय टेलीकॉम कंपनियों से वसूलती हैं। इस तरह ये कॉल सेंटर रेलवे पर बोझ नहीं, बल्कि आय का साधन हैं। कॉल सेंटर पर आने वाले खर्च का एक हिस्सा मूल्यवर्द्धित सेवाओं (value added services) जैसे कि एसएमएस एलर्ट, टैक्सी एवं होटल बुकिंग इत्यादि की सहूलियतें उपलब्ध कराकर वसूला जाता है। इसी प्रकार अब माल ग्राहक भी डिमांड ड्राफ्ट बनाने के बजाय ई-पेमेंट सुविधा के जरिए सीधे भुगतान कर सकते हैं। नवीनतम 'फ्रेट ऑपरेशन इन्फारमेशन सिस्टम (एफओआईएस)' के जरिए व्यापारी अपने कार्यालय में बैठे अपने माल की ऑनलाइन मानीटरिंग व ट्रैकिंग कर सकते हैं। लालू प्रसाद के शब्दों में :

मन में भाव सेवा का होठों पर मुस्कान,
बेहतर सेवा वाजिब दाम, रेल की होगी यही पहचान।

संक्षेप में मुस्कान के साथ ग्राहकों की सेवा रेलवे के वित्तीय कायाकल्प की बुनियाद बना। जब तक रेलवे इस सिद्धांत पर चलती रहेगी और ग्राहकों की सुविधाओं का ख्याल रखा जाता रहेगा, तब तक इसकी वित्तीय स्थिति सुदृढ़ होती रहेगी और इसके कायाकल्प को चिरस्थायी बनाना मुश्किल नहीं होगा। लेकिन यदि इसे नजरअंदाज किया गया तो फिर नई कठिनाइयों का सामना करना पड़ सकता है। ऐसा न हो, इसके लिए रेलवे को नित नई चुनौतियों का सामना करने के लिए हमेशा तैयार रहना होगा। वित्तीय कायाकल्प को चिरस्थायी बनाने के लिए रेलवे के समक्ष भविष्य में किस प्रकार की चुनौतियां आ सकती हैं और उसका निदान क्या होगा, इसका जिक्र अगले अध्याय में किया जाएगा।

6

भविष्य की तस्वीर

उपलब्धियाँ

वर्ष 2001 में जिस भारतीय रेल के दिवालिया होने की भविष्यवाणियाँ की जा रहीं थीं, आज उसी ने अपनी भौतिक एवं वित्तीय उपलब्धियों से पूरी दुनिया को आश्चर्यचकित कर दिया है। रेलवे ने वर्ष 2008 में 25 हजार करोड़ रुपये का लाभांश पूर्व कैश सरप्लस अर्जित किया। इसका ऑपरेटिंग रेशियो 98 प्रतिशत से सुधरकर 76 प्रतिशत हो गया और बैंक बैलेंस 359 करोड़ रुपये से बढ़कर 22 हजार करोड़ रुपये हो गया। इतना ही नहीं, निवेशित पूंजी पर रेलवे का रिटर्न 2 प्रतिशत से बढ़कर 21 प्रतिशत हो गया है। गिनी-चुनी 'ब्लूचिप कंपनियाँ' ही अपनी निवेशित पूंजी पर 21 प्रतिशत रिटर्न कमा पाती हैं। जिस भारतीय रेल को वर्ष 2001 में लाइलाज कर्ज के जाल में उलझा घोषित कर दिया गया था, आज उसी को अमेरिका तथा जापान के बाजारों में नामी-गिरामी कंपनियों से भी कम ब्याज दर पर कर्ज मिल रहा है। तालिका 6.1 में रेलवे की वित्तीय स्थिति में आए अभूतपूर्व सुधार की एक झलक देखी जा सकती है।

नब्बे के दशक में खर्चे आमदनी से सालाना एक प्रतिशत ज्यादा तेजी से बढ़े थे, लेकिन अब स्थिति ठीक इसके विपरीत है। अब रेलवे की आमदनी उसके खर्चे की तुलना में सालाना चार प्रतिशत ज्यादा तेजी से बढ़ रही है। इसी वजह से रेलवे का कैश सरप्लस बढ़कर 25 हजार करोड़ रुपये हो गया। पिछले सात वर्षों में रेलवे की आमदनी और खर्चे के गणित में आए बदलाव को तालिका 6.2 में देखा जा सकता है।

तालिका 6.1 रेलवे के वित्तीय सूचकांक

	2001	2008	परिवर्तन
लाभांश पूर्व नकद सरप्लस (करोड़ रु.)	4,790.0	25,006.0	5 गुना वृद्धि
निवेश योग्य सरप्लस (करोड़ रु.)	4,204.0	19,972.0	4 गुना वृद्धि
पूँजीगत निवेश (करोड़ रु.)	9,395.0	28,680.0	3 गुना वृद्धि
फंड बैलेंस (बैंक बैलेंस) (करोड़ रु.)	359.0	22,279.0	62 गुना वृद्धि
ऑपरेटिंग रेशियो	98.3%	75.9%	22% सुधार
निवेशित पूँजी पर रिटर्न	2.5%	20.7%	18% सुधार
डेब्ट सर्विस कैश कवरएज रेशियो	1.7	6.5	3 गुना सुधार

स्रोत : सांख्यिकी एवं अर्थ निदेशालय, रेल मंत्रालय, भारत सरकार

तालिका 6.2 आमदनी एवं खर्च की वार्षिक वृद्धि दर

	1991 करोड़ रु.	2001 करोड़ रु.	2008 करोड़ रु.	1991-2001 वार्षिक वृद्धि दर (%)	2001-2008 वार्षिक वृद्धि दर (%)
कुल संचालन खर्च	11,154	34,667	54,462	12.0	6.7
सकल यातायात आमदनी	12,096	34,880	71,720	11.2	10.8
• यात्री आय	3,148	10,515	19,844	12.8	9.5
• माल आय	8,408	23,305	47,434	10.7	10.7
• अन्य कोचिंग आय	336	764	1,800	8.6	13.0
• विविध आय	242	703	2,565	11.2	20.3

स्रोत : सांख्यिकी एवं अर्थ निदेशालय, रेल मंत्रालय, भारत सरकार

यह कायाकल्प अर्थव्यवस्था की तेज विकास दर एवं महँगाई की धीमी रफ्तार दोनों का पूरा फायदा उठाने का परिणाम है। कर्मचारियों की कार्यकुशलता एवं संपत्तियों की उत्पादकता में हुए अभूतपूर्व सुधार की बदौलत रेलवे ने अर्थव्यवस्था की तेज विकास दर का पूरा लाभ उठाया। जिसके फलस्वरूप रेलवे का माल व्यापार तेजी से बढ़ा। इतना ही नहीं, नब्बे के दशक की तुलना में 2000 के दशक में महँगाई की दर में तेजी से गिरावट आई। इस अवधि में मुद्रास्फीति की सालाना दर बारह से घटकर पाँच प्रतिशत रह गई। जहाँ माल परिवहन में सालाना आठ प्रतिशत की वृद्धि हुई, वहीं खर्चों में वृद्धि की औसत दर छह प्रतिशत रही। इसलिए

माल परिवहन की प्रति इकाई लागत 61 पैसे से घटकर 54 पैसे रह गई।

इतना ही नहीं, वर्ष 2001-04 की तुलना में वर्ष 2005-08 के दौरान आमदनी में वृद्धि की रफ्तार दो गुनी हो गई। इसी कारण आमदनी और खर्चे का अंतर भी ढाई प्रतिशत से बढ़कर पाँच प्रतिशत हो गया है। चित्र 6.1 से यह तस्वीर और भी साफ होती है।

चित्र 6.1 आमदनी और खर्च की तुलनात्मक वृद्धि दर

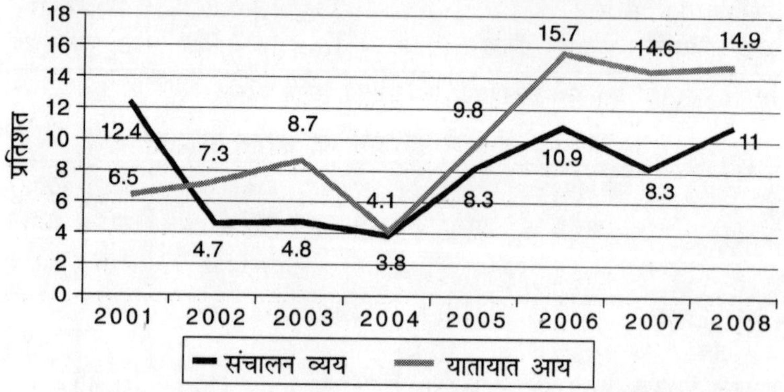

यही कारण है कि वर्ष 2001–04 की अवधि के दौरान जहाँ रेलवे का निवेश योग्य सरप्लस 4,200 करोड़ रुपये से बढ़कर मात्र 5,800 करोड़ रुपए ही हो

चित्र 6.2 निवेश योग्य सरप्लस राशि में वृद्धि

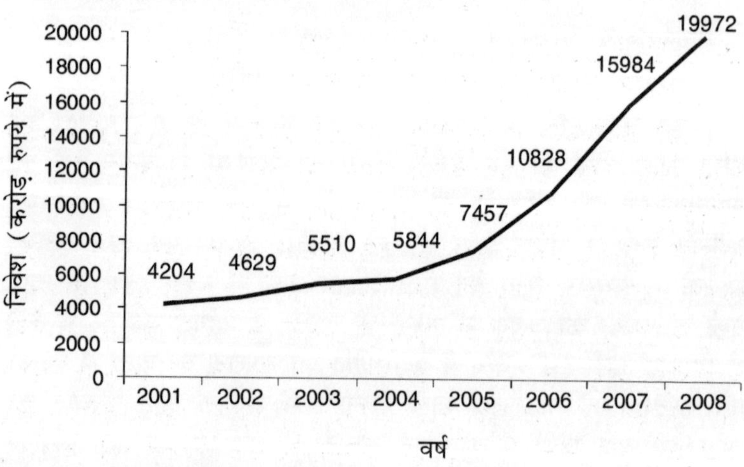

पाया, वहीं वर्ष 2005-08 के बीच यह 5,800 करोड़ से बढ़कर 20 हजार करोड़ रुपये हो गया। चित्र 6.2 से यह बात और स्पष्ट होती है।

वर्ष 2001-04 के दौरान रेलवे के मुनाफे में बहुत कम वृद्धि होने का प्रमुख कारण यह था कि माल भाड़े से प्राप्त होने वाली प्रति इकाई आमदनी 74 पैसे से घटकर 72 पैसे रह गई। यह गिरावट पेट्रोलियम पदार्थों और स्टील जैसी वस्तुओं की माल भाड़ा दरों में की गई कमी के कारण दर्ज की गई। यही कारण है कि माल व्यवसाय की प्रति इकाई लागत 61 पैसे से घटकर 57 पैसे होने पर भी वर्ष 2001-04 के दौरान रेलवे के 'प्रॉफिट मार्जिन' में कोई विशेष सुधार नहीं हुआ। वहीं वर्ष 2005-08 के बीच कच्चे लोहे और खाद्यान्न जैसी वस्तुओं के माल भाड़े में वृद्धि के कारण प्रति इकाई माल आमदनी में वृद्धि (72 पैसे से 93 पैसे), माल ढुलाई में तेजी से वृद्धि (6 से 8 प्रतिशत) एवं प्रति इकाई परिवहन लागत में कमी (57 पैसे से 54 पैसे) के कारण माल परिवहन में रेलवे के मुनाफे का प्रतिशत 26 से बढ़कर 80 हो गया।

इसी प्रकार यात्री किराए में साल-दर-साल की गई वृद्धि के बावजूद वर्ष 2001-04 के दौरान यात्री व्यवसाय में रेलवे का घाटा बढ़ता ही गया। दूसरी ओर सभी श्रेणी के यात्री किराए में कमी करने के बावजूद वर्ष 2005-08 के दौरान यात्री व्यवसाय के घाटे को कम करने में सफलता मिली। इसके पीछे दो प्रमुख कारण थे। प्रति इकाई लागत में कमी (41 पैसे से घटकर 39 पैसे) और लम्बी दूरी विशेषकर वातानुकूलित श्रेणी के यात्रियों की संख्या में तेजी से वृद्धि के कारण प्रति यात्री किलोमीटर आमदनी में वृद्धि (25 पैसे से बढ़कर 26 पैसे) हो गई। इसी प्रकार पूर्व के वर्षों की तुलना में रेलवे की पार्सल-लगेज, विज्ञापन, पार्किंग तथा जमीन इत्यादि से होने वाली विविध आय में भी तेजी से वृद्धि दर्ज की गई। ये तथ्य चित्र 6.3 और 6.4 से और स्पष्ट होते हैं।

चित्र 6.3 प्रति इकाई माल भाड़ा आय एवं लागत

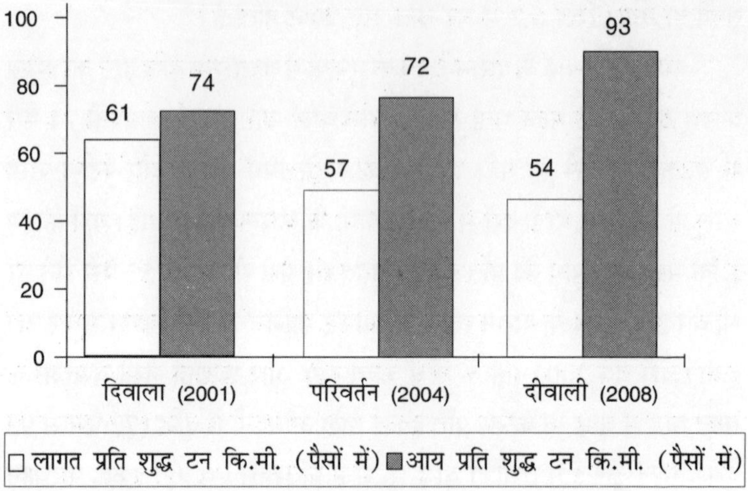

चित्र 6.4 प्रति इकाई यात्री आय एवं लागत

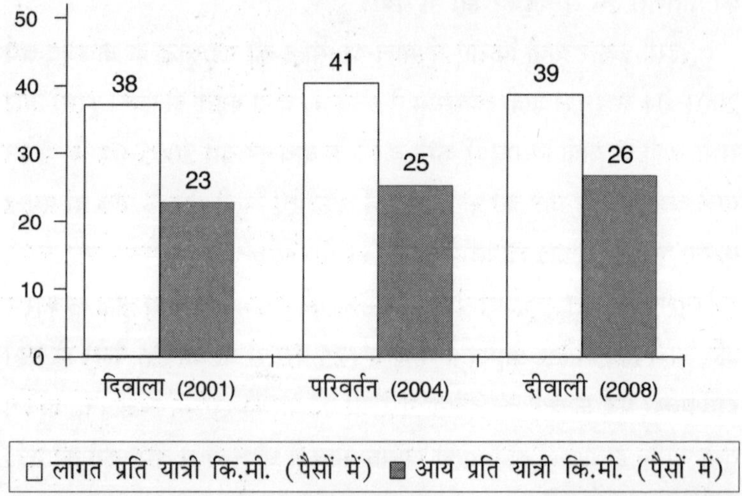

इसी प्रकार रेलवे के ट्रैफिक में तेजी से वृद्धि हुई। तालिका 6.3 के अवलोकन से स्पष्ट होगा कि नब्बे के दशक की तुलना में वर्ष 2007-08 के दौरान रेलवे के माल एवं यात्री व्यवसाय में दोगुनी रफ्तार से वृद्धि हुई।

तालिका 6.3 ट्रैफिक की वार्षिक वृद्धि दर

	1991	2001	2008	1991-2001 वार्षिक वृद्धि दर (%)	2001-2008 वार्षिक वृद्धि दर (%)
यात्रियों की संख्या (करोड़ में)	385.8	483.3	655.8	2.3	4.5
यात्री कि.मी. (अरब में)	295.6	457.2	767.5	4.4	7.7
माल ढुलाई (करोड़ टन में)	31.8	47.3	79.4	4.0	7.7
माल यातायात (अरब टन कि.मी. में)	235.8	312.3	511.8	2.8	7.3

लेकिन यह वृद्धि नई रेलवे लाइन बनाकर अथवा नया चल स्टॉक खरीदकर नहीं, बल्कि उन्हीं रेलकर्मियों, नेटवर्क, इंजन और डिब्बों की बदौलत हुई। इसलिए रेलकर्मियों और सम्पत्तियों की उत्पादकता में सुधार की वार्षिक दर पूर्व की अपेक्षा दोगुनी हो गई। ये बदलाव तालिका 6.4 में और स्पष्ट रूप से देखे जा सकते हैं।

तालिका 6.4 उत्पादकता में छलांग

सूचकांक	1991	2001	2008	1991-2001 वार्षिक वृद्धि दर (%)	2001-2008 वार्षिक वृद्धि दर (%)
माल डिब्बा उपयोग (शुद्ध टन कि.मी./वैगन/दिन)	1,407.0	2042.0	3,566.0	3.8	8.3
रेलपथ उपयोग (शुद्ध लाख टन कि.मी./मार्ग कि.मी.)	37.8	50.1	80.9	2.8	7.1
रेल पथ उपयोग (यात्री लाख कि.मी./मार्ग कि.मी.)	47.4	72.5	109.9	4.3	6.1
श्रम उत्पादकता (शुद्ध लाख टन कि.मी./कर्मचारी)	1.5	2.2	3.7	3.9	7.7
श्रम उत्पादकता (यात्री लाख कि.मी./कर्मचारी)	1.9	3.2	5.5	5.3	8.0

स्पष्ट है कि रेलवे ने मुनाफा कर्मचारियों की छँटनी जैसे घिसे-पिटे किताबी नुस्खे लागू करके नहीं, बल्कि कर्मचारियों एवं संपत्तियों की उत्पादकता में तेजी से वृद्धि करके कमाया है। यही कारण है कि वर्ष 2001-08 के दौरान वेतन और पेंशन का कुल संचालन खर्च में हिस्सा जहाँ 52 प्रतिशत के आसपास स्थिर बना रहा, वहीं रेलवे की आमदनी में इनका हिस्सा 51 से घटकर 36 प्रतिशत रह गया। इसका मूल कारण यह है कि खर्चों की तुलना में रेलवे की आमदनी में कहीं तेज रफ्तार से वृद्धि हुई। इस दौरान आमदनी दोगुने से भी अधिक हो गई, जबकि वेतन एवं पेंशन खर्चे मात्र 50 प्रतिशत बढ़े। तालिका 6.5 से ये तथ्य और स्पष्ट होंगे।

तालिका 6.5 कर्मचारियों पर खर्च का कुल संचालनिक खर्च एवं आमदनी में हिस्सा

	2001	2008
सकल यातायात प्राप्तियाँ (करोड़ रु.)	34,880.0	71,720.0
सामान्य संचालनिक व्यय (करोड़ रु.)	33,161.0	49,924.0
कर्मचारियों पर व्यय (करोड़ रु.)	17,861.0	26,059.0
संचालनिक व्यय में कर्मचारी खर्च का प्रतिशत	53.9%	52.2%
सकल आय में कर्मचारी खर्च का प्रतिशत	51.2%	36.3%

बाजार में रेलवे की हिस्सेदारी में वृद्धि

रेलवे में हुए बदलाव का फायदा भौतिक एवं वित्तीय उपलब्धि तक ही सीमित नहीं है। पिछले कई दशकों से रेलवे स्टील और सीमेंट जैसे तैयार माल के परिवहन में लगातार अपनी हिस्सेदारी गंवाती जा रही थी। वर्ष 1991 से 2004 के बीच स्टील और सीमेंट के परिवहन में रेलवे की हिस्सेदारी घटकर क्रमशः 67 से 36 प्रतिशत एवं 59 से 40 प्रतिशत रह गई। दूसरी ओर वर्ष 2007-08 में इन वस्तुओं के उत्पादन में जहाँ आठ से दस प्रतिशत की वृद्धि दर्ज की गई, वहीं इनके रेल परिवहन में 20 से 25 प्रतिशत की वृद्धि दर्ज की गई। परिणामतः इन वस्तुओं के परिवहन में रेलवे की हिस्सेदारी में दो से पाँच प्रतिशत वृद्धि दर्ज की गई। रेलवे की हिस्सेदारी में आए बदलाव को चित्र 6.5 में देखा जा सकता है।

चित्र 6.5 स्टील और सीमेंट के परिवहन में रेलवे की हिस्सेदारी

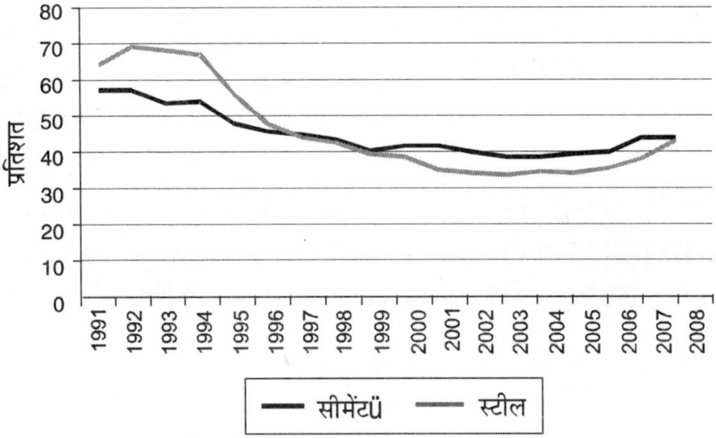

सेवा की गुणवत्ता में सुधार

सिर्फ रेलवे ही नहीं, बल्कि देश की जनता ने भी रेलवे में आए बदलाव का पूरा फायदा उठाया है। हर श्रेणी के यात्री किराए में की गई कमी का सीधा फायदा गरीब और अमीर दोनों वर्ग के यात्रियों को मिला। वर्ष 2005-08 के दौरान द्वितीय श्रेणी के किराए में प्रति टिकट तीन रुपये तथा वातानुकूलित प्रथम एवं द्वितीय श्रेणियों के किराए में क्रमशः 28 और 20 प्रतिशत की कमी की गई। यात्रियों को रेल सेवा की गुणवत्ता में हुए सुधार का भी भरपूर फायदा मिला है। अब यात्री लंबी लाइनों में अपनी बारी आने का इंतजार करने की बजाय घर बैठे इंटरनेट से रेल टिकट आरक्षित कर रहे हैं। पूर्णतः वातानुकूलित गरीब रथ और वातानुकूलित श्रेणियों में सीट खाली रहने पर निम्न श्रेणी के यात्रियों को निःशुल्क अपग्रेड करने की सुविधा से लाखों लोग जिन्दगी में पहली बार वातानुकूलित श्रेणी में यात्रा करने का लुत्फ उठा रहे हैं। गाड़ियों एवं स्टेशनों की साफ-सफाई, सामान्य श्रेणी के डिब्बों में लकड़ी की सीटों की जगह गद्देदार कुशन की व्यवस्था और छोटे स्टेशनों के प्लेटफार्म को ऊँचा करने जैसे अनेक महत्त्वपूर्ण सुधार कार्य किए गए। इसके अतिरिक्त सर्दी, गर्मी एवं बारिश से बचने के लिए छोटे स्टेशनों पर शेड बनाए जा रहे हैं।

इसी प्रकार पेट्रोलियम पदार्थ जैसी वस्तुओं के मालभाड़े में भी कमी की गई है। इतना ही नहीं, अब व्यापारियों का माल पहले की अपेक्षा कहीं जल्दी पहुँच जाता है। बैंक ड्राफ्ट बनाने के लिए व्यापारियों को बैंकों के चक्कर काटने नहीं पड़ते। अब वे 'ई-पेमेंट' की सुविधा का उपयोग कर कार्यालय में बैठे-बैठे ही मालभाड़े का भुगतान कर देते हैं। नवीनतम 'फ्रेट ऑपरेशन इन्फारमेशन सिस्टम' (एफओआईएस) के जरिए व्यापारी कार्यालय में बैठे-बैठे अपने माल की ऑनलाइन निगरानी (ट्रैकिंग) कर सकते हैं। माल ग्राहकों की समस्याओं का समाधान करने के लिए रेल मंत्री से लेकर क्षेत्रीय कार्यालय तक कई समितियाँ बनाई गई हैं।

रेलवे और रेल मंत्री की छवि में सुधार

रेलवे के वित्तीय कायाकल्प से रेल मंत्री और रेलकर्मियों को भी पूरा फायदा हुआ है। इस कार्यकाल में रेल मंत्री की छवि में व्यापक सुधार हुआ। लालू प्रसाद के कार्यकाल के पहले वर्ष से ही रेलवे की भौतिक और वित्तीय स्थिति में सुधार के लक्षण दिखने लगे थे। इसके बावजूद वर्ष 2005 में *'इण्डिया टुडे'* पत्रिका ने उपलब्धियों के आधार पर की गई केन्द्रीय मंत्रियों की रैंकिंग में लालू प्रसाद को सबसे नीचे के पायदान से बस थोड़ा ऊपर 33 वें स्थान पर रखा था। लेकिन अगले ही वर्ष 2006 में इसी पत्रिका ने इस सूची में रेल मंत्री को सबसे ऊपर से दूसरा स्थान दिया। इतना ही नहीं आजकल बुद्धिजीवी वर्ग उन्हें प्यार से 'प्रोफेसर लालू' कहकर संबोधित करता है। ऐसा प्रोफेसर जो हारवर्ड, व्हार्टन से लेकर आईआईएम के विद्यार्थियों को अंडा तोड़े बिना आमलेट बनाने का गुर अर्थात कड़े निर्णय लिए बिना पैसा कमाने की कला सिखाता है। पहले रेलकर्मी छंटनी एवं वेतन-पेंशन के भुगतान को लेकर आशंकित नजर आते थे, वहीं अब उनका मनोबल बुलंदी पर है। जनमानस में आज रेलकर्मियों को आदर और सम्मान की दृष्टि से देखा जाता है और पहले की तरह 'बाबू' कहकर उनका उपहास नहीं उड़ाया जाता। इस बदलाव की झलक वर्ष 2007 में 'एनडीटीवी' द्वारा किए गए राष्ट्रीय जनमत सर्वेक्षण में मिली, जिसमें देश की सर्वश्रेष्ठ संस्था के रूप में भारतीय सेना के बाद रेलवे को दूसरे नम्बर और न्यायपालिका को तीसरे नम्बर पर रखा गया था। इस बात की सहज कल्पना की जा सकती है कि अगर रेलवे के बारे में जनता

की राय वर्ष 2001 में मांगी गई होती तो लोगों का क्या फैसला होता ? संक्षेप में रेलवे के वित्तीय कायाकल्प से रेलवे, रेलकर्मी, आम जनता और पूरे देश की अर्थव्यवस्था को बहुआयामी फायदा हुआ। रेलवे ने पूरे देश के सामने विकास की एक ऐसी कहानी लिखी, जिसमें रेलवे भी जीती, ग्राहक भी जीते और देश भी जीता। यहाँ यह कहने का तात्पर्य कदापि नहीं है कि रेलवे ने अपने सभी मुकामों को हासिल कर लिया है। वस्तुतः यह तो रेलवे के 'सुनहरे भविष्य' की एक छोटी-सी शुरुआत भर है। अभी तो रेलवे को विकास का लम्बा सफर तय करना है।

उठना है और भी ऊपर, हैं ऊँचाइयाँ पुकारतीं,
हैं अपार क्षमताएँ, आशाएँ तुम्हें निहारतीं।

कितना टिकाऊ होगा कायाकल्प

रेलवे के ऐतिहासिक कायाकल्प को लेकर बुद्धिजीवियों द्वारा मुख्य रूप से पाँच तरह की आशंकाएं व्यक्त की गई हैं। एक, यह कायाकल्प आँकड़ों की बाजीगरी का नतीजा है। रेलवे द्वारा 'दिवाला से दीवाली' तक का सफर अभूतपूर्व तेजी के साथ तय किया गया है। इसलिए इस पर सहज रूप से विश्वास नहीं होता। विशेषकर इसलिए भी चूंकि यह मुनाफा रेलवे, जो कि एक सरकारी विभाग के रूप में कार्य करती है, द्वारा कमाया गया है। इस संबंध में इतना ही कहना पर्याप्त होगा कि रेलवे की उपलब्धियाँ खुली किताब की तरह हैं। रेलवे के लेखे संसद के समक्ष पेश किए जाते हैं और इन्हें नियंत्रक एवं महालेखा परीक्षक (सीएजी) द्वारा ऑडिट किया जाता है। इतना ही नहीं रेलवे का 22 हजार करोड़ रुपये का बैंक बैलेंस भारतीय रिजर्व बैंक के पास जमा है, जिसे कभी-भी सत्यापित किया जा सकता है। उक्त आशंका की एक और वजह यह है कि वर्ष 2005 से 2008 के दौरान रेलवे की लेखा संधारण प्रणाली में तीन परिवर्तन किए गए हैं। एक, रेलवे चल स्टॉक भारतीय रेल वित्त निगम से लीज पर लेती है। लीज चार्जेज का एक हिस्सा ऋण पर लगने वाले ब्याज का और दूसरा पूंजीगत निवेश का होता है। लेकिन, पूर्व में पूरे के पूरे लीज चार्जेज को संचालन व्यय में सम्मिलित किया जाता था। राष्ट्रीय एवं अंतरराष्ट्रीय लेखा प्रणाली के अनुसार पूँजीगत खर्चे संचालन व्यय में शामिल नहीं होते हैं। अतः अब ब्याज का हिस्सा संचालन व्यय

में और पूंजीगत हिस्सा निवेश की राशि में सम्मिलित होता है। इस परिवर्तन की वजह से वर्ष 2008 में रेलवे का सरप्लस 1,677 करोड़ रुपये बढ़ गया। दूसरा परिवर्तन यह किया गया है कि अब सामरिक दृष्टि से महत्वपूर्ण रेल लाइनों के संचालन एवं रख-रखाव पर होने वाले खर्चों की भरपाई के लिए वित्त मंत्रालय से प्राप्त होने वाली राशि को रेलवे की विविध आय में सम्मिलित किया जाता है, जबकि पहले इसे रेलवे द्वारा भारत सरकार को देय लाभांश की राशि में से घटा दिया जाता था। इस परिवर्तन से रेलवे का सरप्लस 637 करोड़ रुपये बढ़ गया है। इसी प्रकार बैंक में जमा राशि पर मिलने वाले ब्याज को कैश सरप्लस की गणना में सम्मिलित करने से रेलवे का सरप्लस 1,175 करोड़ रुपये बढ़ा है। वर्ष 2008 में इन तीनों परिवर्तनों से रेलवे का कैश सरप्लस 3,489 करोड़ रुपये बढ़ जाता है। ये सभी परिवर्तन लेखा विशेषज्ञों, वित्त मंत्रालय तथा लेखा एवं महालेखा परीक्षक से सलाह-मशविरा कर और उनकी सहमति से ही किए गए हैं। इस तरह की सभी आशंकाओं पर पूर्ण विराम लगाने के उद्देश्य से इस पुस्तक में वर्ष 2001-2008 की अवधि के कैश सरप्लस एवं निवेश योग्य सरप्लस संबंधी सभी आँकड़े संशोधित लेखा प्रणाली के अनुसार ही दिखाए गए हैं।

दो, आशंका यह जताई गई कि यात्रियों की संरक्षा को दाँव पर लगाकर रेलवे ने मुनाफा कमाया है। इस संबंध में सिर्फ इतना ही कहना पर्याप्त होगा कि संरक्षा और मुनाफा एक ही सिक्के के दो पहलू हैं। रेल संरक्षा को ताक पर रखकर रेलवे पैसा नहीं कमा सकती है। एक रेल दुर्घटना होने पर रेल यातायात कई घंटे और कभी-कभी कई दिनों के लिए बाधित हो जाता है। यही नहीं प्रणाली की विश्वसनीयता पर भी सवाल उठने लगते हैं। इसलिए इन दोनों में एकसाथ सुधार होने पर ही रेलवे को फायदा हो सकता है। यह भी बेहद महत्वपूर्ण तथ्य है कि वर्ष 2001-08 के बीच रेल दुर्घटनाओं की संख्या 473 से घटकर 194 रह गई। इसी वजह से रेलवे खरबों रुपये कमा सकी। पहले वित्तीय संकट के कारण रेलवे के पास जर्जर एवं पुरानी पटरियों एवं डिब्बों को बदलने के लिए भी पर्याप्त पैसे नहीं थे। पर अब रेलवे पुरानी परिसंपत्तियों को बदलने के लिए पहले से तीन गुना ज्यादा अर्थात् सात हजार करोड़ रुपये सालाना उपलब्ध करा रही है। यह भी उल्लेखनीय है कि संरक्षा की दृष्टि से संवेदनशील सभी महत्वपूर्ण निर्णय रेल संरक्षा आयुक्त

की सहमति से लिए गए हैं। रेल संरक्षा आयुक्त रेल मंत्रालय के अधीन नहीं, बल्कि नागर विमानन मंत्रालय के नियंत्रण में काम करने वाली स्वायत्त संस्था है।

तीन, रेलवे का वित्तीय कायाकल्प अर्थव्यवस्था की तेज विकास दर का परिणाम भर है। यह सही है कि अगर देश की अर्थव्यवस्था मंदी की चपेट में आ जाए तो रेलवे तेजी से अपने व्यापार में वृद्धि नहीं कर सकती है। लेकिन, अर्थव्यवस्था की तेज विकास दर ही व्यापार बढ़ाने और मुनाफ़ा कमाने लिए पर्याप्त नहीं है। इस संदर्भ में यह उल्लेखनीय है कि वर्ष 1987-2001 के दौरान भारत की अर्थव्यवस्था ने सालाना औसतन छह प्रतिशत की विकास दर दर्ज की। लेकिन इस दौरान रेलवे के माल यातायात में सालाना मात्र दो से तीन प्रतिशत की ही वृद्धि दर्ज की गई। दूसरी ओर वर्ष 2005-08 के दौरान अर्थव्यवस्था की प्रगति दर बढ़कर आठ प्रतिशत हो गई, जबकि इस बार रेलवे ने अर्थव्यवस्था में आई तेजी को भुनाकर अपने माल व्यवसाय को सालाना नौ प्रतिशत की दर से आगे बढ़ाया। बढ़ती हुई मांग को पूरा करने के लिए रेलवे ने आमूलचूल परिर्वतन कर अपनी उत्पादकता बढ़ाई और खरबों रुपये की कमाई की। यह बात ध्यान में रखने योग्य है कि इस कायाकल्प में महँगाई की कम दर ने अर्थव्यवस्था की तेजी से कहीं बड़ी भूमिका निभाई है। वर्ष 2005-08 के दौरान महँगाई की दर मात्र पाँच प्रतिशत रही, जबकि रेलवे का व्यापार सालाना नौ प्रतिशत की तेजी से बढ़ा। इसी वजह से रेलवे 'चालू मूल्यों पर' माल ढुलाई की प्रति इकाई लागत घटाने में कामयाब हुई। यदि नब्बे के दशक की तरह अर्थव्यवस्था में मुद्रास्फीति की दर दहाई के आँकड़े में रहती तो व्यापार में सालाना नौ प्रतिशत की वृद्धि होने के बावजूद भी 'चालू मूल्यों पर' रेलवे की प्रति इकाई लागत कम नहीं होती और न ही प्रॉफिट मार्जिन में गुणोत्तर वृद्धि होती। इसी प्रकार कच्चे लोहे जैसे खनिज पदार्थों की कीमतों में आए भारी उछाल का भी रेलवे ने खूब फायदा उठाया। सिर्फ कच्चे लोहे के परिवहन से रेलवे ने 2005-08 के दौरान आठ हजार करोड़ रुपये से अधिक का मुनाफा कमाया।

चार, बार-बार यह आशंका भी जताई जा रही है कि लालू प्रसाद और उनकी टीम के चले जाने के बाद यह कायाकल्प टिकाऊ नहीं रह सकेगा। इस संबंध में इतना ही कहना पर्याप्त होगा कि यह लालूजी का 'निजी कार्यक्रम' नहीं है अपितु

छोटे-बड़े सभी रेलकर्मी समावेशी सुधार कार्यक्रम को अपना कार्यक्रम समझते हैं। यह रेलकर्मियों पर जबरदस्ती थोपा गया कार्यक्रम नहीं है, बल्कि सभी निर्णय आम सहमति से संगठन को विश्वास में लेकर क्रियान्वित किए गए हैं। चूंकि यह कार्यक्रम संगठन की दिनचर्या और संस्कृति के अभिन्न अंग बन गए हैं इसलिए संगठन के हर स्तर पर इस कार्यक्रम ने मजबूती से अपनी जड़ें जमा ली हैं।

पाँच, यह कायाकल्प पके-पकाए आमों को तोड़ लेने का नतीजा है। वस्तुतः रेल में अभी-भी अपार संभावनाएं है। उदाहरण के लिए चीन का रेल नेटवर्क भारतीय रेल जितना ही है। लेकिन चीन द्वारा की जाने वाली माल ढुलाई भारतीय रेल की तुलना में लगभग चार गुना ज्यादा है, जबकि दोनों देशों के रेलवे के यात्री किलोमीटर लगभग बराबर है। इसी प्रकार अमेरिकी रेल की तुलना में भारतीय रेल में दस गुना ज्यादा रेल कर्मी काम करते हैं। लेकिन अमेरिकी रेल का माल ट्रैफिक हमसे सात गुना ज्यादा है। उक्त उदाहरणों से स्पष्ट होगा कि रेलवे में अभी भी व्यापार बढ़ाने की काफी संभावनाएं मौजूद हैं। जरूरत सिर्फ नई सोच, आपसी तालमेल और टीम भावना के साथ काम करने की है। इसका यह तात्पर्य कदापि नहीं है कि नेटवर्क का विस्तार और रोलिंग स्टॉक का आधुनिकीकरण किए बिना रेलवे भविष्य की बढ़ती हुई माँग को पूरा कर पाएगी। वस्तुतः 11वीं पंचवर्षीय योजना के महत्त्वाकाँक्षी लक्ष्यों को प्राप्त करने के लिए रेलवे को भारी निवेश करना होगा।

तालिका 6.6 11वीं पंचवर्षीय योजना के लक्ष्य

	10वीं योजना 2003-2007	11वीं योजना 2008-2012	प्रतिशत वृद्धि
माल ढुलाई (करोड़ टन में)	73	110	51
शुद्ध टन किलोमीटर (अरब में)	481	702	46
यात्री फेरे (करोड़ में)	630	840	33
यात्री किलोमीटर (अरब में)	696	942	35

स्रोत : योजना आयोग, भारत 2008

यह उल्लेख करना समीचीन होगा कि रेलवे का वित्तीय कायाकल्प होने से इसके वार्षिक निवेश को अब पंख लग गए हैं। जहाँ वर्ष 2004 में रेलवे

ने कुल 11 हजार करोड़ रुपये का निवेश किया था वहीं 2008 में 28 हजार करोड़ रुपये का निवेश हुआ। इसी का प्रतिफल है कि जहाँ पहले 6 हजार 300 वैगन बनते थे वहीं वर्ष 2008 में 14 हजार वैगनों का निर्माण हुआ। इसी प्रकार डीजल और इलेक्ट्रिक इंजन का उत्पादन भी दोगुने से ज्यादा हो गया है। इतना ही नहीं, विकास के महत्त्वाकाँक्षी लक्ष्यों को प्राप्त करने के लिए रेलवे 10वीं पंचवर्षीय योजना की तुलना में 11वीं योजना में लगभग तीन गुना निवेश करेगी। सबसे महत्वपूर्ण बात यह है कि यह तीन गुना राशि का निवेश सरकारी सहायता की बदौलत नहीं, बल्कि रेलवे द्वारा स्वयं पैसा कमा कर किया जाएगा। तालिका 6.7 के अवलोकन से यह बात और स्पष्ट होगी।

तालिका 6.7 10वीं और 11वीं पंचवर्षीय योजना में निवेश की राशि

	10वीं योजना 2003-2007 (करोड़ रु.)	11वीं योजना 2008-2012 (करोड़ रु.)	प्रतिशत वृद्धि
योजना का आकार	84,064	233,289	178%
• सकल बजट सहायता	37,516 (45%)	63,635 (27%)	70%
• आंतरिक संसाधन	29,567 (35%)	90,000 (39%)	204%
• विविध	16,981 (20%)	79,654 (34%)	369%

स्रोत : योजना आयोग, भारत सरकार, 2008

रेलवे जैसे विशाल नेटवर्क के लिए कोई 'रेडीमेड निवेश नीति' नहीं हो सकती है। वस्तुतः अल्पकालिक, मध्यकालिक एवं दीर्घकालिक नीति के सुन्दर संयोग से ही परिवहन की बढ़ती हुई मांग को पूरा किया जा सकता है। कम लागत पर ज्यादा रिटर्न देने वाली योजनाओं में निवेश करने की रेलवे की अल्पकालिक नीति काफी उपयोगी सिद्ध हुई है। इससे नेटवर्क की बाधाओं को दूर करने एवं चल स्टॉक का प्रभावी उपयोग सुनिश्चित करने में सफलता मिली है। मध्यकालिक निवेश नीति के तहत चल रही 'थ्रूपुट संवर्धन योजनाओं' को तेजी से पूरा करने, बड़े जंक्शनों की बाधाओं को दूर करने और सिग्नल प्रणाली में सुधार कर नेटवर्क की क्षमता बढ़ाने के कार्य किए जा रहे हैं। लगभग 20 हजार किलोमीटर लंबे उच्च ट्रैफिक घनत्व वाले नेटवर्क (हाई डेंसिटी नेटवर्क) की लाइन क्षमता बढ़ाने के

लिए अगले सात वर्षों में 75 हजार करोड़ रुपये का निवेश किया जाएगा। रेल मंत्री ने वर्ष 2008 के रेल बजट में कहा :

लगभग 20 हजार किलोमीटर लंबे हाई डेंसिटी नेटवर्क, कोयला एवं आयरन-ओर रूट एवं पोर्ट-रेल संपर्क रेल लाइनों पर रेलवे का 75 प्रतिशत से अधिक माल यातायात संचालित होता है। इनमें से अनेक मार्ग पूरी तरह सैचुरेट हो चुके हैं और उन पर 100% से भी अधिक लाइन क्षमता का उपयोग किया जा रहा है। इसीलिए मैंने इस नेटवर्क का रूट वार विस्तृत अध्ययन कर एक ब्लू प्रिंट तैयार करने के आदेश दिए थे। मुझे यह घोषणा करते हुए खुशी हो रही है कि यह प्रक्रिया पूरी कर एक ब्लू प्रिंट तैयार कर लिया गया है। इस नेटवर्क की लाइन क्षमता बढ़ाने के लिए अगले 7 वर्षों में 75 हजार करोड़ रुपये का निवेश किया जाएगा। रूटवार ली जाने वाली योजनाओं में दोहरीकरण, तीसरी और चौथी लाइनों, बाइपासों, फ्लाईओवरों, क्रॉसिंग स्टेशनों, मध्यवर्ती ब्लॉक स्टेशनों, ऑटोमेटिक सिग्नलिंग कार्यों, यार्डों का पुनर्निर्माण सहित 124 कार्यों को चरणबद्ध तरीके से क्रियान्वित किया जाएगा। इस पूरे नेटवर्क पर आईबीएस प्रणालियाँ मार्च 2009 तक लगा दी जाएंगी।

साथ ही, रोलिंग स्टॉक के आधुनिकीकरण एवं तकनीकी उन्नयन पर विशेष जोर दिया गया है। अब रेलवे नए डिजाइन के उच्च क्षमता वाले खुले एवं बन्द वैगन (open & covered wagon) का निर्माण कर रही है। नए डिजाइन के वैगनों का टेयरवेट मात्र 18-20 टन होगा जबकि उनकी माल ढुलाई क्षमता 70 से 72 टन होगी। इतना ही नहीं बंद वैगनों की ट्रेन में 40 की जगह 58 डिब्बे होंगे। यही कारण है कि नई बंद वैगनों वाली एक मालगाड़ी में अब 78 प्रतिशत ज्यादा अर्थात् 2 हजार 300 टन की बजाय 4 हजार 100 टन माल की ढुलाई होगी।

तालिका 6.8 नए एवं पुराने कवर्ड वैगन (बीसीएन) की ढुलाई क्षमता

विषय	पुराने वैगन	नए वैगन
वैगन का अपना वजन (टेयर वेट)	24.5 टन	20.8 टन
प्रति वैगन माल लदान (पे लोड)	58.6 टन	70.6 टन
एक मालगाड़ी की कुल लदान क्षमता	2360.0 टन	4095.0 टन

नए डिजाइन के खुले वैगनों की मालगाड़ी में भी पहले की अपेक्षा 22 प्रतिशत ज्यादा माल की ढुलाई होगी। इसी प्रकार, सवारी डिब्बों की क्षमता भी बढ़ाई गई है। नए स्लीपर कोच में 72 की बजाय 84 सीटें, वातानुकूलित चेयर कार में 66 की बजाय 102, वातानुकूलित तृतीय श्रेणी में 64 की बजाय 72, वातानुकूलित द्वितीय श्रेणी में 46 की बजाय 52 और वातानुकूलित प्रथम श्रेणी के कोच में 18 की बजाय 22 सीटें होती हैं। इसी प्रकार नई पीढ़ी के डीजल एवं इलेक्ट्रिक इंजन की क्षमता भी पुराने की अपेक्षा काफी ज्यादा है।

दीर्घकालिक निवेश नीति के अंतर्गत नेटवर्क और चल स्टॉक की क्षमता का विस्तार करने के साथ-साथ आधुनिकीकरण, तकनीकी उन्नयन एवं सूचना प्रौद्योगिकी के अधिकाधिक उपयोग पर बल दिया जाएगा। स्वर्णिम चतुर्भुज एवं उसके विकर्ण मार्ग पूरे रेल नेटवर्क के मात्र 16 प्रतिशत हिस्से के बराबर हैं, लेकिन आधे से भी ज्यादा ट्रैफिक इन्हीं मार्गों पर चलता है। चूँकि ये मार्ग बुरी तरह संतृप्त हो गए हैं, इसलिए पूर्व-पश्चिम, पूर्व-दक्षिण, उत्तर-दक्षिण एवं दक्षिण-दक्षिण में समर्पित मालवाहक गलियारों का निर्माण किया जाएगा। इन गलियारों का निर्माण इस प्रकार किया जाएगा ताकि लंबी, भारी और तेज गाड़ियों के किफायती एवं कुशल ट्रंक रूट के रूप में इन्हें विकसित किया जा सके। फ्रेट कॉरिडोर बन जाने के बाद अलग-अलग स्पीड वाली यात्री एवं मालगाड़ियों के एक नेटवर्क पर चलने की समस्या का निदान हो जाएगा। इससे यात्री गाड़ियों की स्पीड में वृद्धि होगी।

माल एवं यात्री व्यवसाय की आमदनी बढ़ाने, ग्राहकों की दृष्टि में रेलवे की छवि में निखार लाने, संचालन लागत घटाने एवं शीर्ष नेतृत्व को दीर्घकालिक नीतिगत निर्णय लेने की प्रक्रिया में सहयोग करने के लिए आईटी योजनाओं पर निवेश कई गुना बढ़ाया जाएगा। इतना ही नहीं चल स्टॉक की क्षमता का विस्तार करने के लिए 11वीं पंचवर्षीय योजना में एक-एक नई रेल कोच, डीजल इंजन, इलेक्ट्रिक इंजन, मालडिब्बा एवं रेल पहिया निर्माण की कुल पाँच फैक्ट्रियाँ लगाई जाएंगी। इन नई इकाइयों में बनने वाले आधुनिक तकनीक के इंजन लंबी, भारी और हाई एक्सल लोड की गाड़ियाँ चलाने के लिए उपयुक्त होंगे। साथ ही ग्राहकों की सुविधाओं में सुधार के लिए सभी 22 मेट्रो स्टेशनों को विश्वस्तरीय आधुनिक टर्मिनल के रूप में विकसित किया जाएगा और कई 'मल्टी मॉडल लॉजिस्टिक

पार्क' (परिवहन पार्क) का निर्माण किया जाएगा। संक्षेप में रेलवे बहुआयामी निवेश नीति के तहत भविष्य की आवश्यकताओं को पूरा करने के लिए पर्याप्त राशि का निवेश करेगी।

इस प्रकार स्पष्ट है कि ऊपर वर्णित सभी आशंकाएं निराधार हैं जो कि कायाकल्प की रणनीति, सोच और नीयत को न समझ पाने के कारण उत्पन्न हुई हैं।

चुनौतियों का चक्रव्यूह

रेलवे की भौतिक एवं वित्तीय उपलब्धियाँ निस्संदेह ऐतिहासिक हैं, लेकिन रेलवे को इनसे संतुष्ट होकर नहीं बैठना है। भविष्य में इस रफ्तार को बनाए रखने के लिए रेलवे को सांगठनिक एवं व्यावसायिक मोर्चों पर अनेक प्रकार की चुनौतियों का सामना करना पड़ेगा। तेज-तर्रार और समर्पित रेलकर्मी रेलवे की सबसे बड़ी धरोहर हैं। हाल के दिनों में नवयुवक और विशेष रूप से आईआईटी और आईआईएम के छात्र निजी क्षेत्र की कंपनियों की ओर तेजी से रुख कर रहे हैं। पहले रेलवे उनकी सबसे पहली पसंद हुआ करती थी। रेलवे को एक 'आकर्षक नियोक्ता' के रूप में अपनी पहचान बनाए रखते हुए युवा प्रतिभाओं को आकर्षित करने के लिए हरसंभव उपाय करने होंगे। इतना ही नहीं, रेलकर्मियों के ज्ञान और क्षमता में लगातार सुधार करने की मुहिम भी चलानी होगी। हाल ही में शुरू किए गए अधिकारियों के प्रशिक्षण कार्यक्रमों का देश-विदेश के प्रतिष्ठित विश्वविद्यालयों में तेजी से विस्तार करना होगा। इसी प्रकार हाल के वर्षों में सत्ता के विकेन्द्रीकरण की पहल की गई है, जिसके फलस्वरूप क्षेत्रीय एवं मंडलीय रेल कार्यालयों के वित्तीय और प्रशासनिक अधिकारों में काफी वृद्धि हुई है। इस प्रक्रिया को आगे भी जारी रखना होगा। इसी भावना से रेलवे बोर्ड के संस्थागत ढाँचे में भी कुछ बुनियादी सुधार अपेक्षित होंगे, ताकि पूरी रेलवे संकुचित विभागीय भावना से ऊपर उठकर रेलवे के समग्र हित में एक टीम के रूप में काम करे। लीक से हटकर की गई सोच के कारण ही रेलवे का वित्तीय कायाकल्प हुआ है। विद्युत गति से बदलते परिवेश में इसे चिरस्थायी बनाने के लिए रेलवे को नित्य नई सोच और अभिनव प्रयास करने होंगे। इसी को ध्यान में रखते हुए रेलवे ने 'इनोवेशन प्रमोशन ग्रुप' बनाने का निर्णय लिया है। लेकिन यह तो मात्र एक शुरुआत है, अभी इस

दिशा में काफी काम करना बाकी है।

व्यापार की वर्तमान विकास दर को बनाए रखने के लिए रेलवे को ग्राहकों की आवश्यकता की कसौटी पर भी खरा उतरना होगा। उसे व्यापार को छोटे-छोटे टुकड़ों में बाँटकर वस्तुवार, मौसमवार, मार्गवार देखने और समझने की बहुमुखी रणनीति पर चलना होगा। रेलवे को अलग-अलग वस्तुओं के लिए अलग-अलग मूल्य, संचालन और निवेश नीति तैयार करनी होगी। उद्देश्य सिर्फ एक रखना होगा–ग्राहकों की संतुष्टि। यह हमेशा याद रखना होगा कि विभिन्न प्रकार की वस्तुओं के परिवहन में रेलवे की प्रतियोगी स्थिति भिन्न-भिन्न है। जहाँ सीमेंट के परिवहन में रेलवे कम दूरी के परिवहन में प्रतियोगी नहीं है, वहीं कच्चे लोहे जैसे खनिज के परिवहन में, चाहे कम दूरी का ट्रैफिक हो या ज्यादा का, रेलवे का कोई मुकाबला नहीं है। इसीलिए हाल में रेलवे ने जहाँ 300 किलोमीटर तक के सीमेंट के अतिरिक्त ट्रैफिक पर माल भाड़े में 20 से 40 प्रतिशत की छूट देने की योजना शुरू की है, वहीं निर्यात के लिए कच्चे लोहे के मालभाड़े में छूट देने की इसके ठीक विपरीत नीति बनाई गई है। कच्चे लोहे के परिवहन में कम दूरी के ट्रैफिक पर किसी प्रकार की छूट नहीं दी जाती है, जबकि 400 किलोमीटर से ज्यादा दूरी वाले परिवहन पर 20 से 50 प्रतिशत तक की छूट दी जा रही है। इन परस्पर विरोधी मूल्य नीतियों को बाजार की स्थिति के मद्देनजर तैयार किया गया है। एक हजार किलोमीटर की दूरी का कच्चे लोहे के परिवहन का रेल मालभाड़ा तीन हजार रुपये प्रति टन बनता है, जबकि विश्वव्यापी मंदी के कारण अंतरराष्ट्रीय बाजारों में कच्चे लोहे के दाम तीन हजार रुपये प्रति टन से काफी कम हो गए हैं। ऐसी परिस्थिति में कौन निर्यातक रेलवे को तीन हजार रुपये प्रति टन की राशि का भुगतान करेगा। लेकिन अगर कच्चा लोहा 300 किलोमीटर की दूरी से बंदरगाह तक पहुँचाया जाता है तो रेलवे का मालभाड़ा मात्र 900 रुपये बनता है। इसीलिए निर्यातक इस राशि का भुगतान करने में नहीं हिचकते। यही कारण है कि रेलवे ने सीमेंट और कच्चे लोहे के लिए 'परस्पर विरोधी मूल्य नीति' अपनाई है। बाजार और ग्राहक की पैनी समझ के आधार पर बनाई गई इसी तरह की लचीली एवं परिवर्तनशील नीतियों को न केवल भविष्य में भी जारी रखना होगा, अपितु उसमें सतत् रूप से संशोधन और सुधार करने होंगे।

नया जमाना ग्राहक की पसंद के अनुसार कपड़े काटकर सिलने का है। रेलवे को भी ग्राहकों की 'सप्लाई चेन' को समझकर नीति बनानी होगी। उदाहरण के लिए स्टील प्लांट को एक ओर कच्चे माल को खदान से फैक्ट्री तक मंगाना पड़ता है तो दूसरी ओर तैयार स्टील को बाज़ार में भेजना पड़ता है। दोनों अलग-अलग आवश्यकताएं हैं और इसके लिए रेलवे की रणनीति भी दो ध्रुवीय होनी चाहिए। इसी प्रकार सीमेंट उद्योग के लिए रेलवे को राख एवं खुली सीमेंट के परिवहन के लिए नए डिजाइन के वैगन एवं टर्मिनल बनाने होंगे। देश के विभिन्न हिस्सों में स्थित 'सीमेंट क्लस्टर' एवं नए स्टील प्लांट तक तेजी से रेल क्षमता का विस्तार भी करना होगा। एक और व्यापार जिस पर रेलवे को ध्यान देने की जरूरत है, वह है बंदरगाहों की ओर जाने वाले और वहां से आने वाले माल की ढुलाई। रेलवे के माल व्यवसाय का लगभग एक चौथाई हिस्सा इसी क्षेत्र से प्राप्त होता है। इसलिए वर्ष 2009 के बजट में बंदरगाह-रेल सम्पर्क योजनाओं को उच्च प्राथमिकता दी गई है। आयात-निर्यात ट्रैफिक को आकर्षित करने के लिए रेलवे को बंदरगाहों एवं देश के विभिन्न क्षेत्रों में नए कंटेनर टर्मिनल बनाने के साथ-साथ नए डिजाइनों वाली मालगाड़ियाँ भी चलानी होंगी।

लेकिन रेलवे के समक्ष सबसे बड़ी चुनौती अपने माल व्यवसाय का विविधीकरण कर कुछ वस्तुओं पर जरूरत से ज्यादा निर्भरता कम करने की है। रेलवे के माल व्यवसाय का दायरा कितना सीमित है, यह इस तथ्य से भी स्पष्ट होगा कि मात्र कोयले से कुल ट्रैफिक का लगभग 40 प्रतिशत और आठ वस्तुओं से 85% से अधिक ट्रैफिक प्राप्त होता है। लेकिन जैसे-जैसे अर्थव्यवस्था की प्रगति होती है, वैसे-वैसे देश के ट्रैफिक में ऐसी बल्क वस्तुओं का हिस्सा घटता जाता है और नॉन बल्क वस्तुओं का हिस्सा बढ़ता जाता है। इसलिए रेलवे को इस कायाकल्प को चिरस्थायी बनाने के लिए मोटर वाहन, पेट्रो केमिकल्स जैसी गैर-परंपरागत एवं नॉन बल्क वस्तुओं के परिवहन में अपनी हिस्सेदारी बढ़ानी होगी। इसी दृष्टिकोण से रेलवे ने हाल ही में 16 निजी कंपनियों को कंटेनर ट्रेन चलाने की अनुमति दी है। इससे रेलवे के माल व्यापार के विविधीकरण और विस्तार में मदद मिलेगी। इस प्रक्रिया को जारी रखते हुए निजी कंपनियों को कार और पेट्रो-केमिकल्स जैसी वस्तुओं की ढुलाई के लिए नए डिजाइन के वैगन की

मालगाड़ी चलाने एवं नए टर्मिनल बनाने की अनुमति देनी होगी।

संक्षेप में, कायाकल्प को चिरस्थायी बनाने के लिए रेल प्रशासन को एक टीम बनाकर काम करना होगा, लीक से हटकर सोचना होगा और अपने-आपको ग्राहकों की आवश्यकता के अनुसार ढालना होगा। रेलवे भविष्य में किस रफ्तार से प्रगति करेगी यह इस बात पर निर्भर करेगा कि वह अपने-आपको बाजार और ग्राहक की आवश्यकताओं के अनुरूप कितना ढाल पाती है और नित्य नई चुनौतियों का कितनी बहादुरी से सामना करती है।

बुनियादी ढाँचे के लिए मिसाल

आम आदमी के हित को केन्द्र में रखकर लागू की गई रेलवे की रणनीति अन्य ढाँचागत क्षेत्रों के लिए भी काफी उपयोगी साबित हो सकती है। निजीकरण, कर्मचारियों की छँटनी या टैरिफ रेगुलेटर बैठाने जैसे परंपरागत नुस्खे उन ढाँचागत क्षेत्रों में तो कारगर सिद्ध हुए, जिनमें सेवा के उपयोग की दरों में वृद्धि करना आम लोगों के लिए कष्टकर नहीं होता। उदाहरण के लिए यह रणनीति बंदरगाह, दूरसंचार, हवाई अड्डा एवं नागरिक उड्डयन जैसे बुनियादी क्षेत्रों में काफी कारगर सिद्ध हुई है। इसकी सफलता का सबसे शानदार उदाहरण भारत में हुई मोबाइल फोन क्रांति में देखने को मिलता है। लेकिन इस तरह के नुस्खे पेयजल, सिंचाई, बिजली एवं रेलवे जैसे ढाँचागत क्षेत्रों में राजनीतिक दृष्टिकोण से स्वीकार्य नहीं होते। भारत दुनिया के सबसे बड़े और जीवंत प्रजातांत्रिक देशों में से एक है। अनेक राज्यों में सरकारें किसानों को मुफ्त बिजली उपलब्ध कराने के वायदे पर चुनी एवं हटाई जाती हैं। इसी प्रसंग में बिजली एवं यात्री किराए की दरों में भारी वृद्धि करने के सुझाव कितने व्यावहारिक हैं, इसका अंदाजा सहज लगाया जा सकता है। जाहिर है इस तरह की सार्वजनिक उपयोग की सेवाओं के लिए भारतीय रेल के कायाकल्प से सबक लेते हुए नए सिरे से समावेशी सुधार कार्यक्रम बनाने होंगे। हर क्षेत्र की अपनी कुछ विशेषताएं एवं जटिलताएं होती हैं। साथ ही सबके सामाजिक, आर्थिक और राजनीतिक परिवेश भी जुदा-जुदा हैं। इसीलिए समावेशी सुधार कार्यक्रम का कोई 'रेडीमेड फार्मूला' नहीं हो सकता। रेलवे के कायाकल्प की रणनीति तो सिर्फ मार्गदर्शक सुझाव भर हैं जिन्हें दूसरे बुनियादी क्षेत्रों के लिए

समावेशी सुधार कार्यक्रम बनाते समय जेहन में रखा जा सकता है।

समावेशी सुधार कार्यक्रम की सफलता के लिए राजनीतिक नेतृत्व और नौकरशाही के बीच आपसी समझ, संवाद और तालमेल आवश्यक शर्त है। प्रायः राजनीतिक नेतृत्व और नौकरशाही एक-दूसरे पर दोषारोपण करते नजर आते हैं। जहाँ राजनेता जनादेश के नाम पर स्थानांतरण, पदस्थापन जैसे रोजमर्रा के प्रशासनिक कार्यों में राजनैतिक हस्तक्षेप करते हैं। वहीं नौकरशाही व्यावसायिक हितों की आड़ में किसानों को मुफ्त बिजली उपलब्ध कराने जैसे जनादेश का तहेदिल से आदर नहीं करती और उसके क्रियान्वयन में तरह-तरह के अवरोध उत्पन्न करती है। दोनों पक्षों को इस तरह की प्रवृत्ति पर अंकुश लगाकर आपसी विश्वास पैदा करना होगा। एक तरफ नौकरशाही को जनादेश का अक्षरशः पालन करना सीखना होगा, वहीं दूसरी तरफ राजनेताओं को रोजमर्रा के कामों में राजनीतिक हस्तक्षेप की प्रवृत्ति को त्यागना होगा। इसके बाद लोकतंत्र के दोनों स्तंभों के बीच जो विश्वास का रिश्ता कायम होगा, उससे मानवीय सुधार और राष्ट्रीय विकास का रास्ता अपने-आप आसान होता जाएगा।

रेलवे के कायाकल्प ने यह दिखा दिया है कि लीक से हटकर सोचने से संगठन के सामाजिक एवं व्यावसायिक हितों के कथित विरोधाभास को संतुलित किया जा सकता है। इसके लिए व्यापार से जुड़े विभिन्न पहलुओं को सामाजिक और व्यावसायिक हिस्सों में अलग-अलग बाँटकर बारीकी से देखना और समझना जरूरी है। हर पहलू, हर नीति एवं हर काम के सूक्ष्म विवेचन से मुनाफे का दरवाजा खुल सकता है। उदाहरण के लिए रेलवे के मामले में द्वितीय श्रेणी के यात्री किरायों में वृद्धि और एक चौथाई रेलकर्मियों की छँटनी करना सामाजिक दृष्टि से उपयुक्त नहीं था। दूसरे क्षेत्रों में यह कुछ अलग हो सकता है। ऊर्जा के क्षेत्र को लें तो किसानों, गाँव एवं शहर की गरीब जनता के लिए बिजली की दरें लागत से कम रखने का जनादेश प्रायः देखने को मिलता है। लेकिन, गरीबों को सस्ती बिजली देने से होने वाले घाटे की भरपाई के लिए यह जरूरी नहीं है कि मंझोले और बड़े उद्योगों को इतनी ऊँची दरों पर बिजली उपलब्ध कराई जाए कि वे धीरे-धीरे बिजली बोर्डों से बिजली लेना ही बन्द कर दें और स्वयं की ऊर्जा उत्पादन इकाई लगा लें। जिस तरह रेलवे ने वातानुकूलित श्रेणियों के यात्री किराए

में कमी कर करोड़ों रुपये कमाए, उसी प्रकार बिजली बोर्ड भी बड़े और छोटे उद्योगों, अमीर उपभोक्ताओं और पॉश कॉलोनियों में बिजली की आपूर्ति की दरें व्यावसायिक सिद्धांतों के आधार पर निर्धारित कर मुनाफा कमा सकते हैं। यह बात भी ध्यान में रखने योग्य है कि जिस तरह रेलवे की कुल आमदनी का मात्र 22 प्रतिशत द्वितीय श्रेणी के यात्री व्यवसाय से प्राप्त होता है, उसी प्रकार ऊर्जा क्षेत्र में भी गाँवों और झुग्गी-झोपड़ी में दी जाने वाली बिजली, आपूर्ति की गई कुल ऊर्जा का एक छोटा-सा हिस्सा होती है।

इसी प्रकार दूर-दराज़ के गाँवों एवं शहर की झुग्गी-झोपड़ियों में बिजली पहुँचाने के लिए किया जाने वाला निवेश, बिजली बोर्डों द्वारा किए जाने वाले सालाना निवेश का एक छोटा-सा हिस्सा ही होता है। कुल निवेश की 90 प्रतिशत से अधिक राशि बिजली बोर्डों की क्षमता, उत्पादकता और कार्यकुशलता में सुधार लाने के लिए खर्च की जा सकती है। पुराने ताप बिजली घरों के संचालन एवं रख-रखाव, ऊर्जा के वितरण एवं संचरण तथा नए बिजली उत्पादन घर बनाने जैसे अधिकांश निवेश निर्णय, बिजली बोर्ड के व्यावसायिक हितों के अनुसार लिए जा सकते हैं। बिजली बोर्डों द्वारा कम लागत और कम समय में अधिक फायदा देने वाली निवेश योजनाओं को क्रियान्वित कर ठीक उसी प्रकार पैसा कमाया जा सकता है, जैसे रेलवे ने प्लेटफार्मों को लम्बा करके एवं अन्य छोटे-छोटे कार्य करके कमाया। वितरण व्यवस्था में छोटे-छोटे निवेश के सहारे बिजली की चोरी और तकनीकी घाटे पर अंकुश लगाया जा सकता है। जिस तरह रेलवे ने मालगाड़ियों में ओवर लोडिंग पर रोक लगाकर हजारों करोड़ रुपये कमाए, उसी तरह ऊर्जा क्षेत्र में बिजली की चोरी रोक कर एवं बकाया बिल भुगतान की वसूली कर बिजली बोर्डों की वित्तीय स्थिति में सुधार लाया जा सकता है। यह उल्लेखनीय है कि भारत में आपूर्ति की गई बिजली में से मात्र 70 प्रतिशत बिजली के ही बिल तैयार किए जाते हैं और उसमें से भी 94 प्रतिशत की ही वसूली होती है। 30 प्रतिशत बिजली रास्ते में ही गुम हो जाती है, जो कि विश्व के औसत से कई गुना ज्यादा है। बिजली चोरी में कमी करके बिजली बोर्डों की वित्तीय स्थिति में तेजी से सुधार लाया जा सकता है बशर्ते निहित स्वार्थों से ऊपर उठकर काम करने की प्रशासनिक एवं राजनैतिक इच्छा शक्ति हो।

चौथी प्रमुख बात है–अभिनव सोच। ढाँचागत क्षेत्र की कंपनियों के लिए यह नितांत आवश्यक है कि व्यापार की प्रकृति एवं उसके उद्देश्य, लागत ढाँचे की परिवर्तनशीलता, माँग की लोच जैसे मुद्दों पर वर्षों से चली आ रही मान्यताओं की समय-समय पर पुनर्समीक्षा की जाए और उन्हें नए जमाने की आवश्यकता एवं बाजार में प्रतिस्पर्द्धा की स्थिति के अनुसार ढाला जाए।

उदाहरण के लिए इस मनोवृत्ति को त्यागना होगा कि पैसा कमाना सरकारी कंपनियों का प्रमुख उद्देश्य नहीं है। इस अकाट्य सत्य को आत्मसात् करना जरूरी है कि वित्तीय रूप से कंगाल संस्थान समाज की सेवा नहीं कर सकते, वरन् उस पर बोझ ही बनते हैं। इसलिए सरकारी प्रतिष्ठानों को जनादेश के दायरे में रहकर मुनाफा कमाने के लिए उसी प्रकार तत्पर रहना होगा, जैसे निजी कंपनियाँ करती हैं। इसके लिए नई सोच और नई कार्य संस्कृति विकसित करनी होगी। एक ऐसी संस्कृति जिसमें पैसा कमाने के हर मौके की पहचान की जाती है, उसे गिरफ्त में लिया जाता है और फिर उसे नोटों की गड्डी में तब्दील किया जाता है।

कायाकल्प की रणनीति को साकार करने के लिए पाँच प्रमुख बातों पर खास निगाह रखनी होगी। सबसे पहले तो लक्ष्य महत्वाकांक्षी रखे जाएं। लक्ष्यों को साकार करने के लिए विभिन्न विभागों के बीच आपसी संवाद, तालमेल तथा समन्वय सुनिश्चित किया जाए। निवेश बहुत सोच समझकर और रणनीतिक पक्ष को ध्यान में रखकर किया जाए और इन सब के लिए मजबूत गठजोड़ बनाया जाए। साधनों की उपलब्धता को ध्यान में रखते हुए नपे-तुले कदम उठाए जाएं, ताकि जोखिम भी नियंत्रण में रहे। अंत में निर्धारित लक्ष्यों को प्राप्त करने के लिए सारी ताकत झोंक दी जाए और तब तक धैर्य के साथ प्रयास जारी रखे जाएं, जब तक कि लक्ष्य प्राप्त न हो जाए। पैसा कमाने के लिए ये सब प्रयास ठीक उसी प्रकार से किए जाएं, जैसे एक व्यापारी करता है।

अंत में संगठन के राजनीतिक परिवेश के अनुरूप समावेशी सुधार कार्यक्रम बनाने के लिए कुछ बातों पर विशेष रूप से ध्यान देना जरूरी है। लोकतंत्र में आम आदमी की राय काफी मायने रखती है। इस नाते आर्थिक सूझ-बूझ के साथ-साथ राजनीतिक और सामाजिक स्वीकार्यता की राह सुगम बनाना भी जरूरी है। अनुकूल समय एवं उचित शब्दों के चयन के साथ-साथ 'मीडिया प्रबंधन' का भी

विशेष महत्व है। इसी से सुधारों को व्यापक स्वीकार्यता मिलती है। इसी प्रकार धीरे-धीरे समावेशी सुधार कार्यक्रम लागू करने से एक तरफ जोखिम नियंत्रण में रहता है तो दूसरी तरफ सभी संबंधित पक्षों से बातचीत कर उन्हें विश्वास में लेने का मौका मिल जाता है। जीवन में युद्ध जीतने के लिए कुछ लड़ाइयाँ हारनी पड़ती हैं। इसी प्रजातांत्रिक भावना के साथ काम करने से सुधार कार्यक्रम का लम्बा सफर आसान हो जाता है।

संक्षेप में, भारतीय रेल ने दशकों से चले आ रहे इस मिथक को तोड़ा है कि सामाजिक दायित्व मुनाफा कमाने की राह में रोड़ा हैं। अपने प्रयासों से भारतीय रेल ने पूरी दुनिया को दिखा दिया है कि सामाजिक दायित्वों के बखूबी निर्वहन के साथ-साथ मुनाफ़ा कमाया जा सकता है। रेलवे यह कदापि दावा नहीं करती कि भारतीय रेल के कायाकल्प का नुस्खा सभी क्षेत्रों पर समान रूप से लागू होता है। अलग-अलग क्षेत्रों की अलग-अलग समस्याएं और विशिष्टताएं हैं और उसी के अनुरूप रणनीति बनानी अपेक्षित है। उद्देश्य सिर्फ नीति-निर्माताओं और प्रशासकों को पुनर्चिंतन करने के लिए प्रेरित करना है, ताकि निजी कंपनियों की भांति सार्वजनिक उपयोग की सेवा उपलब्ध कराने वाली सरकारी कंपनियाँ भी जरूरी सबक लेकर अपने व्यापार एवं कारोबार को पुनर्जीवित कर सकें। इसके लिए पूरे संगठन को एक टीम के रूप में काम करना होगा, पैसा कमाने के लिए लालायित होना पड़ेगा और एकाधिकार की मनोवृत्ति को त्यागना होगा।

अनुलग्नक–1

योजनागत निवेश (वर्ष 2001-2008)

(करोड़ रुपयों में)

वर्ष	बजटीय सहायता	आन्तरिक संसाधन	गैर बजटीय स्त्रोत	निवेश योग्य कुल राशि
2001	3269	3229	2897	9395
2002	5517	2485	2175	10177
2003	5778	3113	2517	11408
2004	7081	3476	2837	13394
2005	8669	3712	3041	15422
2006	8073	7034	3731	18838
2007	7914	12233	4855	25002
2008	8668	14948	5064	28680

अनुलग्नक–2

संशोधित लेखा प्रणाली के अनुरूप नकद और निवेश योग्य सरप्लस का तुलनात्मक विवरण (वर्ष 2001-2008) (करोड़ रुपयों में)

विवरण	2000-01	2001-02	2002-03	2003-04	2004-05	2005-06	2006-07	2007-08
1. साधारण संचालन व्यय	26,449.35	27,586.44	28,407.87	29,311.53	31,718.45	35,029.53	37,432.53	41,033.17
2. पेंशन निधि को विनियोजन	4,841.85	5,600.00	5,950.00	6,263.09	6,680.00	6,950.00	7,426.00	7,989.00
3. विविध व्यय	227.12	230.44	244.66	275.11	287.44	319.11	407.45	423.59
4. **कुल (1 से 3)**	**31,518.32**	**33,416.88**	**34,602.53**	**35,849.73**	**38,685.89**	**42,298.64**	**45,265.98**	**49,445.76**
5. सकल यातायात प्राप्तियां	**35,154.31**	**38,140.71**	**41,377.23**	**43,143.62**	**47,661.58**	**54,773.29**	**63,040.50**	**71,720.06**
6. विविध प्राप्तियां	1,130.47	1,520.22	1,673.25	2,005.68	1,676.37	1,824.13	2,054.34	1,556.51
7. **कुल प्राप्तियां [5 + 6]**	**36,284.78**	**39,660.93**	**43,050.48**	**45,149.30**	**49,337.95**	**56,597.42**	**65,094.84**	**73,276.57**
8. रेलवे फंड बैलेंस पर ब्याज	23.04	42.53	135.30	252.70	392.17	580.35	818.63	1,175.38
9. **लाभांश पूर्व नकद सरप्लस [(7 + 8)–4]**	**4,789.50**	**6,286.58**	**8,583.25**	**9,552.27**	**11,044.23**	**14,879.13**	**20,647. 49**	**25,006.19**
10. (क) सामान्य राजस्व को देय लाभांश *	581.47	1,640.30	2,973.84	3,325.76	3,007.38	3,286.83	3,892.81	4,238.93
(ख) अस्थगित लाभांश का भुगतान	...	...	50.00	300.00	483.30	663.00	663.00	664.00
कुल लाभांश भुगतान	**581.47**	**1640.30**	**3,023.84**	**3,625.76**	**3,490.68**	**3,949.83**	**4,555.81**	**4,902.93**

11. **लाभांश उपरान्त नकद सरप्लस** [9 – 10]	**4,208.03**	**4,646.28**	**5,559.41**	**5,926.51**	**7,553.55**	**10,929.30**	**16,091.68**	**20,103.26**
12. ब्याज सहित मूल्य आरक्षित निधि (डीआरएफ) को विनियोजन	2,305.43	2,024.49	2,482.11	2,742.83	2,893.29	3,843.06	4,445.73	5,703.17
13. ब्याज सहित विकास निधि को नियोजन	744.98	449.50	553.85	748.99	1,943.96	2,039.46	2,128.53	2629.64
14. ब्याज सहित पूंजी निधि को विनियोजन	1,118.30	1,365.95	1,842.81	1,687.46	1,671.43	4,086.32	8,541.14	11,592.83
15. रेल संरक्षा निधि को विनियोजन	...	302.74	...	...	132.46	67.54	...	...
16. विशेष रेल संरक्षा निधि को विनियोजन	...	455.10	602.51	631.57	779.16	748.60	817.66	...
17. ओपन लाइन संबंधी कार्य-राजस्व	35.26	31.53	28.32	33.24	37.56	42.80	51.07	46.79
18. **शुद्ध निवेश योग्य सरप्लस** [12 से 17]	**4,203.97**	**4,629.31**	**5,509.60**	**5,844.09**	**7,457.86**	**10,827.78**	**15,984.13**	**19,972.43**

टिप्पणी

- वर्ष 2006-08 के दौरान लेखा प्रणाली में कुछ संशोधन किए गए थे। वर्ष 2001-08 के नकद एवं निवेश योग्य सरप्लस राशि को तुलनात्मक बनाने के लिए सभी वर्ष के सरप्लस की गणना संशोधित लेखा प्रणाली के अनुरूप की गई है।

* वर्ष 2000-01 और 2001-02 में क्रमशः 1823 करोड़ रु. और 1000 करोड़ रु. के लाभांश की अदायगी नहीं की गई।

अनुलग्नक–3

तत्कालीन लेखा प्रणाली के अनुरूप वित्तीय परिणाम (वर्ष 2001–2008) (करोड़ रुपयों में)

	2001	2002	2003	2004	2005	2006	2007	2008
1. क. ब्याजदेय पूँजी	32,662	36,758	40,709	45,672	48,957	53,062	58,145	63,981
ख. पूँजी निधि से निवेश	10,390	10,390	10,390	10,390	10,390	12,816	17,886	24,540
ग. महानगर परिवहन परियोजनाओं में निवेश	2,999	3,280	3,593	3,944	4,264	4,476	4,728	5,130
घ. राष्ट्रीय परियोजनाओं में निवेश	..	..	..	..	1,888	2,888	3,738	4,634
योग	46,051	50,428	54,692	60,006	65,499	73,242	84,496	98,285
2. ट्रैफिक प्राप्तियाँ								
क. यात्री	10,515	11,196	12,575	13,298	14,113	15,126	17,225	19,844
ख. अन्य कोचिंग	764	872	988	922	990	1,152	1,718	1,800
ग. माल	23,305	24,845	26,505	27,618	30,778	36,287	41,716	47,435
घ. अन्य फुटकर आमदनियाँ	703	945	1,080	1,004	1,157	1,839	1,712	2,565
ङ कुल आमदनियाँ (क से घ)	35,288	37,858	41,148	42,842	47,038	54,404	62,371	71,645
च. उचंत (सस्पेन्स)	–407	–21	–80	63	332	87	361	75
छ. सकल ट्रैफिक प्राप्तियाँ (ङ + च)	34,880	37,837	41,068	42,905	47,370	54,491	62,732	71,720
3. विविध प्राप्तियाँ	1,130*	1,520*	1,673*	2,006*	1,676*	1,824*	2,054*	1,557
4. कुल प्राप्तियाँ	36,010	39,357	42,741	44,911	49,046	56,315	64,786	73,277
5. साधारण संचालन व्यय	27,534	28,703	29,684	30,637	33,389	35,030	37,433	41,033
6. मूल्यह्रास आरक्षित निधि में विनियोग	2,301	2,000	2,402	2,593	2,700	3,604	4,198	5,450
7. पेंशन निधि में विनियोग	4,832	5,590	5,940	6,253	6,670	6,940	7,416	7,979

8. कुल संचालन निवेश (4 से 6)	34,667	36,293	38,026	39,483	42,759	45,574	49,047	54,462
9. विविध निवेश	272	727	885	950	1,014	2,736	1,286	480
10. कुल निवेश (7 + 8)	34,939	37,020	38,911	40,433	43,773	48,310	50,333	54,943
11. शुद्ध राजस्व (3 – 9)	1,071	2,337	3,830	4,478	5,273	8,005	14,453	18,334
12. सामान्य राजस्वों में लाभांश भुगतान	308**	1,337**	2,665	3,087	2,716	3,005	3,584	4,239
13. अस्थगित लाभांश का भुगतान	..	..	50	300	483	663	663	664
14. कुल लाभांश भुगतान (11 + 12)	308	1,337	2,715	3,387	3,199	3,668	4,247	4,903
15. आधिक्य/कमी (10 – 13)	763	1,000	1,115	1,091	2,074	4,337	10,206	13,431
16. विकास निधि में विनियोग	732	449	550	730	1,842	1,853	1,880	2,359
17. पूँजी निधि में विनियोग	31	248	..	..	..	2417	8326	11072
18. रेल संरक्षा निधि में विनियोग	..	303	..	..	132	67	..	
19. विशेष रेल संरक्षा निधि में विनियोग	..	..	565	361	100	..	..	
20. परिचालन अनुपात (7/2ङ)	98.3%	96.0%	92.3%	92.1%	91.0%	83.2%	78.7%	75.9%
21. ब्याजदेय पूँजी से शुद्ध राजस्व का अनुपात और पूँजी निधि से निवेश (10/(1क + 1ख)	2.5%	5.0%	7.5%	8.0%	8.9%	15.4%	19.0%	20.7%

टिप्पणी

*संरक्षा अधिभार संग्रहण शामिल है

**अस्थगित लाभांश देयता रकम के लिए अंतरण निष्कासित है

नोट : यह वित्तीय परिणाम पूरी तरह से तुलनात्मक नहीं हैं, क्योंकि इनमें 2005 से पूर्व के लेखे तत्कालीन पद्धति के अनुरूप हैं जबकि 2008 के लेखे संशोधित लेखा प्रणाली के अनुरूप तैयार किए गए हैं।

अनुलग्नक-4

योजनागत निवेश (वर्ष 2001-2008)

(करोड़ रुपयों में)

योजना शीर्ष	2001	2002	2003	2004	2005	2006	2007	2008
कुल योजनागत निवेश (i) और (ii)	9395	10177	11408	13394	15422	18838	25002	28680
i) सामाजिक निवेश	1418	1827	2438	3008	3128	3444	4878	6090
(कुल योजना निवेश का प्रतिशत)	(15%)	(18%)	(21%)	(22%)	(20%)	(18%)	(20%)	(21%)
नई लाइन निर्माण	701	860	1315	1493	1690	1991	2488	2667
आमान परिवर्तन	454	686	812	1164	1121	1242	2136	3022
महानगर परिवहन परियोजनाएँ	263	281	312	351	317	212	253	401
ii) थ्रूपुट संवर्द्धन में निवेश	7977	8350	8970	10386	12294	15394	20124	22590
(कुल योजना निवेश का प्रतिशत)	(85%)	(82%)	(79%)	(78%)	(80%)	(82%)	(80%)	(79%)
दोहरीकरण	524	600	578	532	488	687	1202	1671
यातायात सुविधाएँ एवं कम्प्यूटरीकरण	204	240	234	273	373	484	744	944

रोलिंग स्टॉक	3639	3056	3479	3784	4541	6623	8060	9506
रेलपथ नवीकरण, आरओबी/आरयूबी	1781	2024	2660	2948	3645	3486	4156	3568
सिगनल एवं दूरसंचार कार्य	350	369	551	690	818	1043	1179	1343
विद्युतीकरण परियोजनाएँ एवं अन्य बिजली सम्बन्धी कार्य	395	367	367	268	272	233	452	709
यात्री सुविधाएँ	136	169	175	181	223	256	408	668
अन्य योजना शीर्ष	947	1524	927	1709	1935	2583	3923	4181

नोट : वर्ष 2008 के आंकड़े अनन्तिम हैं।

अनुलग्नक 5-क

रेल मंत्री के बजट भाषण के अंश
(वर्ष 2008-09)

विजन 2025

62. लीक से हटकर की गई सोच, वाणिज्यिक, संचालनिक एवं मूल्य नीतियों में किये गये अभिनव निर्णय एवं विभिन्न विभागों के बीच आपसी समन्वय एवं सामंजस्य बिठाने से ही रेलवे का वित्तीय कायाकल्प हुआ है। इस जादुई कायाकल्प को चिरस्थाई बनाने के लिए हम अगले 6 महीने में रेलवे का विजन 2025 डाक्यूमेंट तैयार करेंगे जिसमें नए विचारों और नई सोच को एक नए अंदाज में पेश किया जाएगा। इसमें आने वाले समय के लिए हमारी तैयारियों और रणनीतियों का खुलासा किया जाएगा। यह दस्तावेज अगले 17 सालों में संचालनिक निष्पादन एवं सेवा की गुणवत्ता के लक्ष्य निर्धारित करेगा तथा इसमें निर्धारित लक्ष्यों को प्राप्त करने की एक कार्य योजना एवं उन्हें प्राप्त करने के लिए जरूरी निवेश योजना का विस्तृत उल्लेख रहेगा। इस दस्तावेज में ग्राहकों की जरूरतों को ध्यान में रखकर बनाई गई आधुनिक यात्री सेवाओं और माल बाजार में रेलवे की प्रतियोगी स्थिति को धारदार बनाने के लिए जरूरी तरह-तरह की फ्रेट सेवाओं का उल्लेख किया जाएगा। इसमें एक ऐसे संगठन के ब्लूप्रिंट का उल्लेख रहेगा जिसमें सभी विभाग आपसी समन्वय और तालमेल के साथ एक टीम के रूप में कार्य कर रेलवे को नई बुलंदियों तक पहुँचायेंगे। योजनाओं का नियोजन रूटवार ट्रैफिक की बाधाओं को दूर करने, नेटवर्क का विस्तार एवं रेलवे का आधुनिकीकरण करने के उद्देश्य से किया जाएगा। यात्री सेवाओं का ध्येय केवल दो शब्द होंगे - आराम और सुविधा। माल यातायात के लिए हमारे ध्येय शब्द होंगे - प्रतिबद्धता एवं संपर्कशीलता। ये सभी उपाय एक पुनः उत्थानशील रेलवे की मजबूत नींव रखेंगे। इससे रेलवे के प्रबंधन एवं कर्मियों को नित नये

प्रयोग करने के लिए प्रेरणा मिलेगी तथा भावी पीढ़ी के लिए यह दस्तावेज मार्गदर्शक स्तंभ के रूप में कार्य करेगा।

इनोवेशन प्रमोशन ग्रुप

63. अद्भुत सृजनशीलता और जोखिम उठाने की भावना की बदौलत पिछले चार वर्षों में रेलवे का जादुई कायाकल्प हुआ है। 21वीं शताब्दी में विद्युत की गति से व्यावसायिक परिवेश में परिवर्तन हो रहे हैं। नित नई चुनौतियों का सामना करने के लिए तथा नई तकनीक एवं नये विचारों को आत्मसात् करने के लिए समन्वित प्रयास जरूरी हैं। अतः हमने रेलवे बोर्ड में एक बहु-विभागीय इनोवेशन प्रमोशन ग्रुप का गठन करने का निर्णय लिया है। किसी भी स्तर के रेलकर्मी और देश के नागरिक इस ग्रुप को इनोवेटिव सुझाव भेज सकेंगे। इस ग्रुप को नये-नये प्रयोग करने के लिए समुचित सुविधायें एवं राशि उपलब्ध कराई जाएगी।

स्ट्रैटजिक बिजनेस युनिट का गठन

64. पिछले चार वर्षों में स्टील, सीमेंट, कोयला इत्यादि के परिवहन में रेलवे की भागीदारी बढ़ी है। इस प्रगति को बनाये रखने के लिए हमने रेलवे बोर्ड में कोयला, सीमेंट, स्टील और कंटेनर ट्रैफिक के लिए स्ट्रैटजिक बिजनेस युनिट का गठन करने का निर्णय लिया है ताकि ग्राहकों की समस्याओं का निदान सिंगल विंडो सिस्टम के तहत समयबद्ध तरीके से हो जाए। इस इकाई को उभर रहे व्यावसायिक अवसरों का समय रहते लाभ उठाने एवं बाजार में रेलवे की प्रतियोगी स्थिति को मजबूत बनाने के लिए जरूरी अधिकार दिये जाएंगे।

आईटी विजन 2012

65. परिचालन की कुशलता में सुधार लाने, कार्य प्रणाली में पारदर्शिता बढ़ाने तथा ग्राहकों को उत्तम सेवा प्रदान करने के लिए रेलवे टेक्नालॉजी, सिस्टम और काम करने के तौर तरीकों में आमूलचूल परिवर्तन कर रही है। इन उद्देश्यों की प्राप्ति के लिए आईटी कार्यक्रमों में तीन महत्वपूर्ण मुद्दों- माल भाड़ा सेवा प्रबंधन, यात्री सेवा प्रबंधन और सामान्य प्रबंधन पर ध्यान केन्द्रित किया जा रहा है। आने वाले वर्षों में आईटी से अधिकतम लाभ प्राप्त करने के लिए हमारा

मूल मंत्र सीमलेस इन्टीग्रेशन होगा। रेलवे का संचार नेटवर्क पूरे देश में फैला हुआ है जो इस डिलीवरी प्लेटफार्म की नींव का काम करेगा। जीआईएस, जीपीएस, एवं आरएफआईडी जैसी आधुनिक तकनीकों का प्रयोग उत्तरोत्तर बढ़ाया जाएगा। एक केन्द्रीकृत इनफारमेशन सिस्टम न केवल ग्राहकों के लिए बल्कि संगठन के लिए भी फायदेमंद होगा। ग्राहकों को सूचना का प्रसारण सही, त्वरित एवं ऑन लाइन होगा। ग्राहक के लिए यह एक श्रेष्ठ अनुभव होगा क्योंकि सेवायें बेहतर होंगी, रेल ऑपरेशन में संरक्षा बढ़ेगी, ट्रांजैक्शन सुगम होंगे तथा इन्फोटेन्मेंट, ऑन बोर्ड टेलीविजन तथा इंटरनेट सुविधा सहित नालेज कियोस्क जैसी अतिरिक्त सुविधायें भी उपलब्ध होंगी। संगठन के लिए संसाधनों के प्रयोग की योजना बनाना आसान हो जाएगा क्योंकि सभी संसाधनों की पूरी तस्वीर एक साथ सामने रहेगी। इससे उत्पादकता, संगठन की क्षमता एवं कर्मचारी की संतुष्टि में गुणात्मक वृद्धि होगी। आईटी के लिए हमारे इस विजन को अगले 5 वर्षों में मूर्त रूप दिया जाएगा।

अनुलग्नक 5-ख

रेल मंत्री के बजट भाषण के अंश
(वर्ष 2007-08)

रेलवे की नई तस्वीर-ग्यारहवीं पंचवर्षीय योजना

35. वर्ष 2007-08 में 11वीं पंचवर्षीय योजना का शुभारंभ हो रहा है। महोदय,

"हो इजाजत तो करूं बयां दिल अपना
संजो रखा है मैंने रेल का एक सपना"

36. 11वीं पंचवर्षीय योजना के अंत तक रेलवे की फ्रेट लोडिंग 1 हजार 100 मिलियन टन और यात्रियों की संख्या बढ़ाकर 840 करोड़ करने का लक्ष्य प्रस्तावित है। इस अभूतपूर्व प्रगति दर को अमलीजामा पहनाने के लिए अगले कुछ वर्षों में रेलवे की परिवहन क्षमता का विस्तार कर दोगुना करना, वॉल्यूम गेम खेलकर प्रति इकाई लागत में लगातार कमी लाना और ग्राहकों को विश्वस्तरीय सेवाएं उपलब्ध कराना नितांत जरूरी होगा। इन उद्देश्यों को प्राप्त करने के लिए हमें निवेश, मूल्य एवं व्यावसायिक नीतियों के प्रति समेकित दृष्टिकोण अपनाना होगा।

निवेश की ऊँची उड़ान

37. 11वीं पंचवर्षीय योजना में हम पूर्व की योजनाओं की अपेक्षा कई गुना निवेश करेंगे। रेलवे जैसे विशालकाय सिस्टम के लिए कोई रेडीमेड निवेश नीति नहीं हो सकती। वस्तुतः अल्पकालिक एवं दीर्घकालिक नीति के सुंदर संयोग से ही ट्रैफिक की बढ़ती हुई माँग से निपटा जा सकता है। कम लागत और उँची रिटर्न वाली योजनाओं में निवेश करने की हमारी अल्पकालिक नीति नेटवर्क की

बाधाओं को दूर करने एवं रोलिंग स्टॉक का प्रभावी उपयोग सुनिश्चित करने में काफी उपयोगी सिद्ध हुई है। इसे आगे भी जारी रखा जाएगा। इसके साथ-साथ मध्यम एवं दीर्घकालीन निवेश रणनीति के तहत आधुनिकीकरण एवं तकनीकी उन्नयन द्वारा क्षमता का विस्तार करने के साथ-साथ नेटवर्क एवं रोलिंग स्टॉक का विस्तार कर क्षमता को बढ़ाया जाएगा।

डेडीकेटेड फ्रेट कॉरिडोर का निर्माण

38. पूर्वी और पश्चिमी डेडीकेटेड फ्रेट कॉरिडोर का निर्माण कार्य वर्ष 2007-08 में प्रारंभ किया जाएगा। इनको लगभग तीस हजार करोड़ रुपये की लागत से 11वीं पंचवर्षीय योजना के दौरान पूरा किया जाएगा। स्वर्णिम चतुर्भुज एवं उसके विकर्ण मार्ग रेल नेटवर्क के मात्र 16 प्रतिशत हिस्से के बराबर हैं लेकिन आधे से भी ज्यादा ट्रैफिक इन्हीं मार्गों पर चलता है। चूंकि ये मार्ग बुरी तरह संतृप्त हो गये हैं इसलिए हमने पूर्व-पश्चिम, पूर्व-दक्षिण, उत्तर-दक्षिण एवं दक्षिण-दक्षिण कॉरिडोर का निर्माण करने के लिए प्री फिजिबिलिटी सर्वे कराने के निर्देश दिये हैं। हमारा सपना इन गलियारों का निर्माण इस प्रकार करने का है ताकि ये लंबी, भारी और तेज गाड़ियों के किफायती एवं कुशल ट्रंक रूट के रूप में विकसित हो सकें। फ्रेट कॉरिडोर बन जाने के बाद अलग-अलग स्पीड वाली यात्री एवं माल गाड़ियों के एक नेटवर्क पर चलने की समस्या का निदान हो जाएगा और अधिकांश लेवेल क्रॉसिंग भी आरओबी में बदल दिये जाएंगे। इन मार्गों पर चलने वाली साधारण पैसेंजर गाड़ियों को यथासंभव मेमू एवं डेमू से बदला जाएगा। इससे यात्री गाड़ियों की स्पीड में वृद्धि होगी।

आमान परिवर्तन

39. महोदय, अनेक मार्गों पर आधा-अधूरा आमान परिवर्तन होने के कारण बाकी बची मीटर एवं छोटी लाइनें द्वीप की तरह बन गई हैं। प्रमुख नेटवर्क से अलग-थलग पड़ जाने के कारण इन लाइनों से रेलवे को सालाना एक प्रतिशत से भी कम फ्रेट ट्रैफिक प्राप्त होता है, जबकि ये कुल नेटवर्क के 20 प्रतिशत से अधिक हैं। फलस्वरूप रेलवे को हजारों करोड़ रुपये का सालाना घाटा हो रहा है। यहाँ तक कि इन लाइनों पर माल परिवहन भी घाटे का सौदा बन गया है। अतः 11वीं

पंचवर्षीय योजना के अंत तक अधिकांश मीटर लाइन को बड़ी लाइन में बदलने का कार्य पूरा करने का हम हर संभव प्रयास करेंगे। ऐसी योजनाओं को स्वीकृति एवं क्रियान्वयन में प्राथमिकता दी जाएगी, जो व्यस्त नेटवर्क के वैकल्पिक मार्ग उपलब्ध करायेंगी, जिनमें उदयपुर-अहमदाबाद, लखनऊ-सीतापुर-पीलीभीत-शाहजहाँपुर, ढासा-जेतलसर, जयपुर-सीकर-चुरु-झुंझनू, रतलाम-खंडवा-अकोला, छिंदवाड़ा-नैनपुर, अहमदाबाद-बोताड़ प्रमुख हैं। ऐसी योजनाओं को प्राथमिकता के आधार पर स्वीकृत एवं क्रियान्वित किया जाएगा, जिनमें कुल लागत का पचास प्रतिशत खर्च राज्य सरकारें वहन करने के लिए तैयार हैं। आमान परिवर्तन होने से दूरदराज के इलाकों को देश की मुख्य धारा में जोड़ने में मदद मिलेगी। एक एकीकृत नेटवर्क का हिस्सा बनने से ट्रैफिक में वृद्धि एवं प्रति इकाई लागत में कमी होने से इन मार्गों पर हो रहे घाटे को कम करने में मदद मिलेगी।

हाई स्पीड पैसेंजर कॉरिडोर का निर्माण

40. महोदय, आज भारत को विश्व में एक उभरती हुई शक्ति के रूप में देखा जा रहा है। अर्थव्यवस्था में हो रहे तेजी से विकास, बढ़ते हुए औद्योगीकरण एवं शहरीकरण और दो शहरों के बीच यात्री यातायात में हुई अप्रत्याशित वृद्धि के मद्देनजर हाई स्पीड पैसेंजर कॉरिडोर की असीम संभावनाएं हैं। माननीय प्रधानमंत्री जी ने भी पश्चिमी फ्रेट कॉरिडोर का शिलान्यास करते हुए भारतीय रेल द्वारा विश्वस्तरीय पैसेंजर सिस्टम विकसित करने की आशा व्यक्त की थी। अतः हमने तीन सौ से साढ़े तीन सौ कि.मी. प्रति घंटे की रफ्तार से चलने वाली आधुनिक सिगनलिंग एवं ट्रेन कंट्रोल सिस्टम से लैस देश के उत्तरी, पश्चिमी, पूर्वी और दक्षिण क्षेत्रों में एक-एक हाई स्पीड पैसेंजर कॉरिडोर बनाने के लिए प्री फिजिबिलिटी स्टडी कराने का निर्णय लिया है। ये गाड़ियाँ 600 कि.मी. तक की दूरी दो से तीन घंटे में पूरी कर सकेंगी। सार्वजनिक निजी भागीदारी सहित क्रियान्वयन के सभी विकल्पों पर विचार किया जाएगा। आज विश्व मौसम के बदलते मिजाज को लेकर चिंतित है। ऊर्जा की खपत की दृष्टि से किफायती पर्यावरण के अनुकूल इस प्रणाली के विकसित होने से इन चिंताओं का कुछ हद तक निराकरण हो सकेगा।

उपनगरीय सेवाएं

41. उपनगरीय सेवाएं हमारे देश की कमर्शियल कैपिटल मुंबई की लाइफ लाइन हैं। मुंबई की ट्रेनों में भारी भीड़ को हलका करने के लिए 11वीं पंचवर्षीय योजना में हमें इन सेवाओं की क्षमता को बढ़ाना होगा। इस योजना के दौरान एमयूटीपी फेज-1 को पूरा किया जाएगा। पाँच हजार करोड़ रुपये की लागत पर फेज-2 का कार्य भी शुरू करने का प्रस्ताव है। लगभग 5 हजार करोड़ रुपये की एमयूटीपी फेज-2 का वित्त पोषण रेलवे, राज्य सरकार एवं बहुपक्षीय वित्तीय संस्थानों से सहयोग प्राप्त कर किया जाएगा। इन दोनों चरणों को योजना के दौरान पूरा करने की हर संभव कोशिश की जाएगी ताकि उपनगरीय गाड़ियों को लंबी दूरी की गाड़ी से पूरी तरह अलग किया जा सके। इससे इनकी क्षमता में 56 प्रतिशत से अधिक वृद्धि होगी। कोलकाता और चेन्नई उपनगरीय सेवाओं में भी चल रहे कार्यों को प्राथमिकता के आधार पर पूरा किया जाएगा। 11वीं पंचवर्षीय योजना के दौरान चेन्नई, कोलकाता एवं मुंबई में वातानुकूलित श्रेणी सेवा उपनगरीय गाड़ियों में उपलब्ध कराने एवं प्रमुख स्टेशनों पर एस्केलेटर्स लगाने के प्रयास किये जाएंगे।

रोलिंग स्टॉक का आधुनिकीकरण एवं क्षमता विस्तार

42. ट्रैफिक की बढ़ती हुई माँग को पूरा करने के लिए नेटवर्क के विस्तार के साथ-साथ रोलिंग स्टॉक की उपलब्धता में स्टॉक के प्रभावी उपयोग, तकनीकी उन्नयन एवं आधुनिकीकरण तथा नई उत्पादन इकाइयाँ लगाकर बढ़ोतरी की जाएगी। 11वीं पंचवर्षीय योजना में पूर्व की योजना से दोगुना से अधिक रोलिंग स्टॉक का उत्पादन किया जाएगा। रेल कोच एवं लोको उत्पादन इकाइयों की क्षमता का विस्तार कर उत्पादन बढ़ाया जाएगा और अधिक अश्व शक्ति वाले एवं कम ऊर्जा खपत करने वाले नई तकनीक के लोको का उत्पादन बढ़ाया जाएगा। इस योजना में मेमू, डेमू एवं ईएमयू कोच का उत्पादन बढ़ाया जाएगा। साथ ही एक-एक नई रेल कोच, डीजल एवं इलेक्ट्रिक लोको तथा व्हील फैक्ट्री लगाई जाएगी। इन नई इकाइयों में बनने वाले आधुनिक तकनीक के लोको लंबी, भारी और हाई एक्सल लोड की गाड़ियाँ चलाने के लिए उपयुक्त होंगे। नई रेल कोच फैक्ट्री में हाई कैपेसिटी वाले आरामदेह एवं आधुनिक कोच का निर्माण किया

जाएगा। इसी प्रकार नये फ्रेट कॉरिडोर के लिए 32 टन एक्सल लोड के ज्यादा पे-लोड कम टेयरवेट एवं ट्रैक फ्रेंडली वाले वैगनों का निर्माण शुरू किया जाएगा।

रेल सेवाओं में आईटी का उपयोग

43. भारतीय रेल के हित में आईटी उपयोग की अपार संभावनाओं का दोहन करने के उद्देश्य से 11वीं पंचवर्षीय योजना के दौरान आईटी योजनाओं पर निवेश कई गुना बढ़ाकर कई हजार करोड़ रुपये किया जाएगा। इसका उपयोग माल एवं यात्री व्यवसाय की आमदनी बढ़ाने, ग्राहकों की दृष्टि में रेलवे की छवि में निखार लाने, आपरेटिंग लागत घटाने, मानव एवं भौतिक संपदा का प्रभावी उपयोग सुनिश्चित करने एवं शीर्ष नेतृत्व को दीर्घकालिक नीतिगत निर्णय लेने की प्रक्रिया में सहयोग हेतु एमआईएस एवं एलआरडीएसएस विकसित करने के लिए किया जाएगा। आय प्रबंधन के लिए विशेषकर खाली लौटती गाड़ियों में माल ट्रैफिक आकर्षित करने एवं खाली पड़ी सीटों को भरने के लिए कमर्शियल पोर्टल अगले तीन वर्षों में शुरू किया जाएगा। रोलिंग स्टॉक रख-रखाव एवं परीक्षण तथा राजस्व के बंटवारे संबंधी मॉड्यूल सहित एफओआईएस, क्रू मैनेजमेंट, कंट्रोल चार्टिंग, सीओआईएस इत्यादि सभी साफ्टवेयर्स को एकीकृत कर क्रियान्वयन का कार्य कालबद्ध तरीके से 2010 तक पूरा किया जाएगा। साथ ही ईआरपी पैकेज वर्कशॉप, उत्पादन इकाई एवं चुनिंदा जोनल रेलवे में लागू किये जाएंगे। रेलवे में चल रही पचास से अधिक वेबसाइटों को मिलाकर एक समेकित वेबसाईट, ई-पेमेंट और ई-टेंडरिंग आदि सुविधाओं सहित विकसित की जाएगी। रेलवे में चलाये जा रहे आईटी संबंधी सभी कार्यक्रमों के एकीकरण और आईटी के प्रति समेकित दृष्टिकोण विकसित करने के लिए आईटी संबंधी सभी कार्यों को क्रिस के माध्यम से संचालित किया जाएगा। क्रिस को एक स्वायत्त एवं सशक्त संगठन के रूप में विकसित किया जाएगा जिसमें रेलवे की विभिन्न सेवाओं के अधिकारी पदस्थापित हो सकेंगे। भारत की आईटी कंपनियों ने पूरे विश्व में परचम फहराया है। हम इन कंपनियों को रेलवे के साथ सार्वजनिक निजी भागीदारी के तहत रेलवे के विभिन्न आईटी कार्यक्रमों में भाग लेने के लिए आमंत्रित करते हैं।

रेल विद्युतीकरण

44. विद्युतीकृत रेल नेटवर्क का विस्तार संपूर्ण स्वर्णिम चतुर्भुज एवं उसके विकर्णों सहित कश्मीर से कन्याकुमारी एवं गुवाहाटी से अमृतसर तक चारों दिशाओं में 11वीं पंचवर्षीय योजना के अंत तक कर दिया जाएगा। तिरूवनन्तपुरम-कन्याकुमारी, त्रिशूर-गुरवायूर, तिरूचिरापल्ली-मदुरै, बाराबंकी-गोरखपुर-बरौनी-कटिहार-गुवाहाटी एवं जालंधर से बारामूला का विद्युतीकरण 11वीं पंचवर्षीय योजना में किया जाएगा। प्रथम चरण में वर्ष 2007-08 में जालंधर से जम्मू, बाराबंकी-गोरखपुर-बरौनी एवं त्रिचरापल्ली-मदुरै का विद्युतीकरण 2007-08 में प्रारंभ करने का प्रस्ताव है। इसी प्रकार पुणे-वाडी-गुन्टकल खंड के दोहरीकरण के साथ विद्युतीकरण एवं दैतारी-बांसपानी, हरिदासपुर-पाराद्वीप नई लाइनों का भी विद्युतीकरण भारतीय रेल के उपक्रम आर वी एन एल द्वारा आगामी वर्षों में किया जाएगा।

सार्वजनिक निजी भागीदारी योजनाएं

45. उपरोक्त नेटवर्क एवं क्षमता विस्तार कार्यों के लिए 10वीं पंचवर्षीय योजना की तुलना में कई गुना अधिक धनराशि की आवश्यकता होगी। कई लाख करोड़ रुपये की इस योजना का वित्त पोषण मुख्य रूप से आंतरिक संसाधन, बाजार ऋण, सार्वजनिक निजी भागीदारी योजनाओं एवं बजटीय सहायता के माध्यम से किया जाएगा। रेलवे के वित्तीय कायाकल्प के मद्देनजर इस योजना का एक बड़ा हिस्सा आंतरिक एवं बजटेतर माध्यमों से वित्त पोषित किया जाएगा। मैं रेलवे के अंधाधुंध निजीकरण के खिलाफ हूँ। हमारे लिए पीपीपी न तो कोई मजबूरी है और न ही फैशन। हम निजी क्षेत्र के साथ भागीदारी अपनी शर्तों पर रेलवे और ग्राहकों के व्यापक हित में करना चाहते हैं। उदाहरणतः हमने कैटरिंग, पार्सल इत्यादि सेवाओं को लीज पर देकर इन सेवाओं पर होने वाले कई हजार करोड़ रुपये के घाटे को कम कर दिया है। वैगन निवेश योजना, साइडिंग उदारीकरण इत्यादि योजनाओं के माध्यम से हमने निजी निवेश को आकर्षित कर क्षमता को बढ़ाया है। इसी प्रकार कंटेनर ट्रेन चलाने के लिए निजी पार्टियों को लाइसेंस देकर हमने ट्रेन संचालन के प्रमुख काम को अपने पास रखा है तब भी वैगन की उपलब्धता तथा टर्मिनल के निर्माण में हजारों करोड़ रुपये

का निवेश रेलवे में अगले कुछ वर्षों में होने की संभावना है। उक्त योजनाओं की तरह हम ऐसी अन्य पीपीपी योजनाएं चाहते हैं जिनमें एक और एक मिलकर दो नहीं ग्यारह हो जाएं। इसी उद्देश्य से मेट्रो एवं मिनी मेट्रो स्टेशनों का आधुनिकीकरण एवं उनमें विश्वस्तरीय यात्री सुविधाओं की व्यवस्था, एग्रो रीटेल आउटलेट एवं सप्लाई चेन का विकास, मल्टी मोडल लॉजिस्टिक्स पार्क तथा वेयर हाउस निर्माण, बजट होटल का निर्माण, नेटवर्क एवं उत्पादन क्षमता विस्तार की संभावनाएं सार्वजनिक निजी भागीदारी योजनाओं के माध्यम से तलाशी जाएंगी। हमने निजी निवेश को आकर्षित करने के लिए पीपीपी सेल का गठन किया है जो निवेशकों को भेद-भाव रहित लेवेल प्लेइंग फील्ड उपलब्ध कराने के लिए नीतिगत ढांचा तैयार करेगी और बैंकेबल कागजात तैयार कर खुली निविदा से साझेदारी अवार्ड करने की प्रक्रिया निर्धारित करेगी।

रेल संरक्षा

46. रेल संरक्षा हमारी सर्वोच्च प्राथमिकता है। मुझे सदन को यह जानकारी देते हुए प्रसन्नता हो रही है कि अब रेलवे में परिसंपत्तियाँ जैसे ही गतायु होती हैं उन्हें तत्काल बदलने के लिए राशि की व्यवस्था कर दी जाती है। महोदय, हमने रेल संरक्षा कार्यों को सर्वोच्च प्राथमिकता देते हुए डीआरएफ निधि में वर्ष 2001-02 में दी गई 2 हजार 1 सौ करोड़ रुपये की राशि की तुलना में वर्ष 2007-08 में बढ़ाकर 5 हजार 5 सौ करोड़ रुपये कर दिया है। इसका सीधा असर रेल संरक्षा रिकार्ड पर पड़ा है। सकल यातायात वॉल्यूम जो 2001 में 724 मिलियन टन किलोमीटर था वह वर्ष 2005-06 में 825 मिलियन टन किलोमीटर हो गया। इसके बावजूद वर्ष 2001 में हुई 473 रेल दुर्घटनाओं की तुलना में वर्ष 2006-07 में रेल दुर्घटनाओं की संख्या 200 से भी कम रहने की संभावना है।

संगठनात्मक एवं मानव संसाधन विकास

56. आने वाले समय में प्रतियोगी बाजार की जटिल परिस्थितियों से निपटने एवं ग्राहकों की बढ़ती आकांक्षाओं को पूरा करने के लिए रेलवे को एक मजबूत मैनेजमेंट टीम विकसित करनी होगी। एक ऐसी टीम जिसमें खिलाड़ी सिर्फ अपने

लिए नहीं बल्कि टीम की सफलता के लिए खेले। इस विषय पर अभी तक गठित विभिन्न विशेषज्ञ दल के प्रतिवेदनों को ध्यान में रखकर एवं सभी सेवाओं के प्रतिनिधियों को विश्वास में लेकर और आम सहमति बनाकर दिसंबर 2007 के अंत तक समुचित निर्णय लिये जाएंगे। डीआरएम को बिजनेस यूनिट, सीएओ (निर्माण) को प्रोजेक्ट यूनिट और जीएम की संस्था को प्रॉफिट सेंटर के रूप में विकसित करने के लिए अधिकार संपन्न बनाया जाएगा।

57. महोदय, आर्थिक एवं प्रतियोगी परिवेश में तेजी से हो रहे परिवर्तनों के आलोक में रेलकर्मियों एवं पदाधिकारियों का नियमित अंतराल पर प्रशिक्षण जरूरी है। अतः हमने निर्णय लिया है कि रेल पदाधिकारियों को पाँच साल के अंतराल पर कम से कम एक बार देश के नामी गिरामी संस्थानों में और अधिकतम दस साल के अंतराल पर विदेश में प्रशिक्षण के लिए भेजा जाएगा। जेए, एसए और एचए ग्रेड में पदोन्नति से पूर्व निर्धारित प्रशिक्षण कार्यक्रम में भाग लेना अनिवार्य होगा।

58. प्रसिद्ध वास्तुकारों की सहायता से रेलवे स्टॉफ कॉलेज बड़ौदा की इमारत का नवीकरण इस प्रकार किया जाएगा ताकि इसकी पुरानी शान तथा भव्यता को बनाये रखते हुए इसे सभी आधुनिक सुविधाओं से लैस किया जा सके। रेल भवन को भी पूर्णतः वातानुकूलित कर सभी आधुनिक सुविधाओं से सुसज्जित किया जाएगा।

संदर्भ ग्रंथ

अध्याय-1

एम.पंड्या एंड आर.शेल, (2005) *लास्टिंग लीडरशिप : व्हाट कैन यू लर्न फ्राम द टॉप 25 बिजनेस पीपुल आफ अवर टाइम्स*, व्हार्टन स्कूल पब्लिशिंग।

Pandya, M. and Shell, R. (2005). *Lasting Leadership: What can you learn from the top 25 Business People of our Times.* Wharton School Publishing.

आर.स्लेचर (2003) *लीडरशिप सीक्रेट्स फ्राम जैक वेल्च*, न्यूयार्क: मैकग्रा हिल्स।

Slater, R. (2003). *29 Leadership Secrets from Jack Welch*. New York: McGraw-Hills.

टंडन कमेटी रिपोर्ट (1994), रेल मंत्रालय, भारत सरकार *आर्गेनाइजेशनल स्ट्रक्चर एंड मैनेजमेंट इथोस आफ इंडियन रेलवे*, नयी दिल्ली।

Tandon, P.(1994). *Organizational Structure and Management Ethos of Indian Railways*, Ministry of Railways, Government of India, Tandon Committee Report.

रेल बजट 2008-2009, रेल मंत्रालय भारत सरकार, नयी दिल्ली, दिनांक 26 फरवरी, 2008.

वर्ल्ड बैंक (2006) *हाइवे एंड रेलवे डेवलेपमेंट इन इंडिया एंड चाइना, 1992-2002*, ट्रांसपोर्टेशन नोट्स, रोड्स, हाइवेज एंड रूरल ट्रांसपोर्ट थेमेटिक ग्रुप, द वर्ल्ड बैंक, वाशिंगटन डीसी.

World Bank (2006) *Highway and Railway Development in India and China*, 1992-2002. Transportation Notes, Roads, Highways and Rural Transport Thematic Group. The World Bank Group, Washington DC, May.

डॉ. राकेश मोहन (2001ए) द *इंडियन रेलवेज रिपोर्ट 2001:पालिसी इम्परेटिव्स फार रेनवेंशन एंड ग्रोथ*-(वाल्यूम-1, एक्सीक्यूटिव समरी), नयी दिल्ली: एक्सपर्ट ग्रुप आन इंडियन रेलवेज।

Mohan, R.(2001a). *The Indian Railways Report 2001: Policy Imperatives for Reinvention and Growth* (Volume1, executive summary). New Delhi: Expert Group on Indian Railways.

डॉ. राकेश मोहन (2001बी), *द इंडियन रेलवेज रिपोर्ट 2001: पालिसी इम्परेटिव्स फार रेनवेंशन एंड ग्रोथ*- (वाल्यूम-2, पार्ट-2), नयी दिल्ली:एक्सपर्ट ग्रुप ऑन इंडियन रेलवेज.

Mohan, R.(2001b). *The Indian Railways Report 2001:Policy Imperatives for Reinvention and Growth*. Expert Group on Indian Railways, Volume 2, Part 2. New Delhi, July.

सर आईजक न्यूटन

Sir Isaac Newton
http://en.wikipedia.org/wiki/Isaac_Newton

अध्याय-2

आर.आर.भंडारी (2006) *इंडियन रेलवेजः ग्लोरियस 150 इयर्स*, प्रकाशन विभाग, सूचना एवं प्रसारण मंत्रालय, भारत सरकार, नयी दिल्ली.

Bhandari, R.R. (2006). *Indian Railways: Glorious 150 years*. Ministry of Information and Broadcasting, Government of India. New Delhi, second edition, November.

बिजनेस स्टैंडर्ड 27 फरवरी 2005.

बिजनेस वीक, 28 नवंबर 2005.

फ्रंटलाइन, 7-20 जुलाई 2001.

भारत का संविधान (2003) विधि एवं न्याय मंत्रालय, भारत सरकार, नयी दिल्ली।

जी.हेमल एंड सी.प्रहलाद, (1994) *कंपीटिंग फार द फ्यूचर*:हार्वर्ड बिजनेस स्कूल प्रेस।

Hamel, G. & Prahalad, C (1994). *Competing for the Future*. Boston, Massachusetts: Harvard Business School Press.

वर्ल्ड बैंक (2006), *हाइवे एंड रेलवे डेवलपमेंट इन इंडिया एंड चाइना, 1992-2002*, ट्रांसपोर्टेशन नोट्स, रोड्स, हाइवेज एंड रूरल ट्रांसपोर्ट थेमेटिक ग्रुप, द वर्ल्ड बैंक ग्रुप, वाशिंगटन डीसी।

Harral C., Sondhi, J.&Chen, G.World Bank. (2006). *Highway and Railway Development in India and China, 1992-2002*. Transportation Notes, Roads, Highways and Rural Transport Thematic Group. The World Bank Group, Washington DC, May.

इंडिया टुडे, नयी दिल्ली, 29 मई 2006.

रेल बजट 2002-2003, रेल मंत्रालय, भारत सरकार, नयी दिल्ली। (मई 2002)

स्टेटस पेपर (2002) रेल मंत्रालय, भारत सरकार, नयी दिल्ली।

Ministry of Railways. (2002) *Status Paper on Indian Railways:Issues and Options*. Ministry of Railways, Government of India. New Delhi, May.

रेल बजट 2004-2005 पर *रेल मंत्री का बजट भाषण*, रेल मंत्रालय, भारत सरकार, (जुलाई 2004) नई दिल्ली।

रेल बजट 2005-2006 पर *रेल मंत्री का बजट भाषण*, रेल मंत्रालय, भारत सरकार, (फरवरी 2005) नई दिल्ली।

रेल बजट 2006-2007 पर *रेल मंत्री का बजट भाषण*, रेल मंत्रालय, भारत सरकार, (फरवरी 2006) नयी दिल्ली।

रेल बजट 2007-2008 पर *रेल मंत्री का बजट भाषण*, रेल मंत्रालय, भारत सरकार, (फरवरी 2007) नयी दिल्ली।

इंडियन रेलवेज की स्टेटिस्टिक्स-2007-08, *डायरेक्टरेट आफ स्टेटिस्टिक्स एंड इकोनामिक्स*, रेल मंत्रालय, भारत सरकार, नयी दिल्ली। (2008ए)

Ministry of Railways (2008a). *Indian Railways Key Statistics 2007-08*. New Delhi: *Directorate of Statistics and Economics*, Ministry of Railways, Government of India.

डाटा बुक, रेल बजट (2005-06 एंड 2006-07) मिनिस्ट्री आफ रेलवेज, गवर्नमेंट आफ इंडिया, नयी दिल्ली (2008बी)।

Ministry of Railways. (2008b). *Data Book*, Railway Budget (2005-06 and 2006-07). New Delhi: Ministry of Railways, Government of India.

रेल बजट 2008-2009 पर *रेल मंत्री का बजट भाषण*, रेल मंत्रालय, भारत सरकार, (फरवरी 2008)।

योजना आयोग (2007), *पावर्टी एस्टीमेट्स फार 2004-05*. भारत सरकार, नयी दिल्ली।

Planning Commission. (2007). *Poverty Estimates for 2004-05*. New Delhi: Ministry of Railways Government of India.

वर्ल्ड बैंक (2002 यथोपरि)।

ट्रांसपोर्ट रिव्यू, नवंबर 2003.

टंडन कमेटी रिपोर्ट- (यथोपरि)।

जे.वेल्च एंड जे.बायरन, (2001), *जैक:स्ट्रैट फ्राम द गट*, वार्नर बुक्स, न्यूयार्क

Welch, J. and Byrne, J. (2001). *Jack: Straight from the Gut*. New York: Warner Books.

अध्याय-3

वी.अग्रवाल (2004), *मैनेजिंग इंडियन रेलवेज*, मानस पब्लिकेशंस, नयी दिल्ली।

Agarwal, V. (2004), *Managing Indian Railways*, New Delhi:Manas Publications.

इकानॉमिस्ट, लंदन, 10 जनवरी, 2008.

ए, ग्रीनस्पैन (2007), *द एज आफ टर्बलेंस:एडवेंचर्स इन ए न्यू वर्ल्ड*, पैंगुइन, लंदन।

Greenspan, A (2007), *The Age of Turbulence : Adventures in a New World*. London:Penguin.

वार्षिक सांख्यिकी विवरण, भारतीय रेल, 2007-08, सांख्यिकी एवं अर्थ निदेशालय, रेल मंत्रालय, भारत सरकार।

भारतीय रेल वार्षिकी (वर्ष 1987-88 से 2007-08 तक), रेल मंत्रालय, भारत सरकार (रेलवे बोर्ड)।

एनुअल रिपोर्ट एंड अकाउंट्स (1987-88 से 2007-08) रेल मंत्रालय, भारत सरकार, नयी दिल्ली।

Ministry of Railways (2008). *Annual Reports and Accounts (1987-88 to 2007-08)*, Ministry of Railways, Government of India, New Delhi.

वार्षिक सांख्यिकी विवरण, भारतीय रेल, (1987-88 से 2006-07), सांख्यिकी एवं अर्थशास्त्र निदेशालय, रेल मंत्रालय, भारत सरकार, नयी दिल्ली।

डाटा बुक, रेल बजट (1987-88 से 2007-08) रेल मंत्रालय, भारत सरकार, नयी दिल्ली।

Ministry of Railways (2008). *Data Book, Railway Budget (1987-88 to 2007-08)*, Ministry of Railways, Government of India, New Delhi.

योजना आयोग, भारत सरकार (1988), *रिपोर्ट आफ द स्टीयरिंग कमेटी आन प्रास्पेक्टिव प्लानिंग फार ट्रांसपोर्ट सेक्टर डेवलपमेंट*, नयी दिल्ली।

Planning Commission (1988). *Report of the steering committee on Perspective Planning for Transport Development*. New Delhi: Planning Commission, Government of India.

रिलायंस कम्युनिकेशन (2008) *फुलर बायोग्राफी आफ धीरुभाई एच.अंबानी*।

Reliance Communication (2008). *A Fuller biography of Dhirubhai H.Ambani*. Retrived October 9, from:

http://www.rcom.co.in/webapp/Communications/recom/Aboutus/about da.jsp

राइट्स (अक्तूबर 1997) *स्टडी आन डिक्लाइन इन रेलवेज शेयर इन टोटल लैंड ट्रैफिक इन इंडिया*, रेल इंडिया टेक्निकल एंड इकानॉमिक सर्विस रेल मंत्रालय, भारत सरकार, नयी दिल्ली।

RITES (1997, October). *Study on Decline in Railway's Share in Total Land Traffic in India (Volume 1)*. New Delhi: Rail India Technical and Economic Services (RITES), Government of India, Ministry of Railways.

ट्राई (2007) *जर्नी टूवड्र्स एक्सीलेंस इन कम्युनिकेशंस*, टेलीकाम रेगुलेटरी अथारिटी आफ इंडिया (ट्राई), नयी दिल्ली।

TRAI (2007). *A Journey Towards Excellence in Telecommunications*. New Delhi: Telecom Regulatory Authority of India (TRAI).

ट्राई (2008) *द इंडियन टेलीकाम सर्विसेज: परफार्मेंस इंडीकेटर*, ट्राई।

TRAI (2008). *The Indian Telecom Services: Performance Indicators* October-December 2007. 10 April. Web-link:

http://www.trai/gov/in/trai/upload/Reports/41/preport10april08.pdf

वर्ल्ड बैंक (2002), *इंडियाज ट्रांसपोर्ट सेक्टर: द चैलेंजेज अहेड*, द वर्ल्ड बैंक ग्रुप, वाशिंगटन डीसी।

World Bank (2002). *India's Transport Sector: The Challenges Ahead*. The World Bank Group, Washington DC.

यूआईसी (2006), इंटरनेशनल रेलवे स्टेटिस्टिक्स 2006 (यूआईसी, लीफलेट) इंटरनेशनल यूनियन आफ रेलवेज, पेरिस।

UIC (2006). International Railway Statistics 2006 [UIC leaflet]. Paris: International Union of Railways (UIC).

अध्याय-4

जी.हेमल एंड सी.प्रहलाद, (1994) *कंपीटिंग फार द फ्यूचर*-यथोपरि।

डी.वैन डर म्यूलेन एंड एफ.मोलर (2006) *रेलवे ग्लोब्लाइजेशन: लेवरेजिंग इनसाइट फ्राम डेवलप्ड इनटू डेवलपिंग रिजन्स*: वर्ल्ड कांग्रेस आन रेलवे रिसर्च, मांट्रियल जून 4-8.

Van der Meulen, D.& Moller, F. (2006). *Railway Globalization: Leveraging Insight from Developed into Developing Regions*. Montreal: world Congress on Railway Research, Jun 4-8. Web link: http://www.railcorpstrat.com

राइट्स- यथोपरि।

रेलवे गजट (2008) रियो टिंटो टू गो ड्राइवरलेस, रेलवे गजट इंटरनेशनल, जून।

19 Railway Gazette. (2008). Rio Tinto to go driverless. Railway Gazette, International. June 19. Web link:

http://www.railwaygazette.com/newsview/article/2008/06/8554/ rio tinto to go driverless.html

रेलवे स्टेटिस्टिक्स-सिनोप्सिस, (2006) इंटरनेशनल यूनियन आफ रेलवेज, पेरिस।

International Union of Railways. (2006). *Railway Statistics-Synopsis*. Paris: International Union of Railways. Web link:

http://www.uic.asso.fr/?changeLagn=en

रेल बजट 2007-2008 पर *रेल मंत्री का बजट भाषण*, रेल मंत्रालय, भारत सरकार, (26 फरवरी, 2007) नयी दिल्ली।

कार्लोस गोहन एंड पी.राइस, शिफ्ट: *इन साइड निसानस् हिस्टॉरिक रिवाइवल*, डबलडे, न्यूयार्क।

Ghohn,C.&Ries, P. (2005). Shift: *Inside Nissan's Historic Revival*. New York: Doubleday.

टाइम्स आफ इंडिया।

द हिन्दू।

अध्याय-5

डॉ. राकेश मोहन कमेटी-यथोपरि।

रेल बजट 2005-2006 पर रेल मंत्री का बजट भाषण, रेल मंत्रालय, भारत सरकार (24 फरवरी, 2005).

रेल बजट 2006-2007 पर रेल मंत्री का बजट भाषण, रेल मंत्रालय, भारत सरकार (24 फरवरी, 2006).

रेल बजट 2008-2009 पर रेल मंत्री का बजट भाषण, रेल मंत्रालय, भारत सरकार (26 फरवरी, 2006).

अध्याय-6

इंडिया टुडे (29 मई, 2006), नई दिल्ली।

जी.रघुराम एंड एन.शुक्ला, *टर्नअराउंड आफ इंडियन रेलवेजः इनक्रीजिंग द एक्सल लोडिंग*। *वर्किंग पेपर*- (नवंबर 2007-05-03 मई) इंडियन इंस्टीट्यूट आफ मैनेजमेंट, अहमदाबाद।

Raghuram, G & Shukla N. (2007) 'Turnaround' of Indian Railways: Increasing the Axel Loading. Indian Institute of Management, Ahmadabad: Working Paper Number 2007-05-03, May.

रेल बजट 2008-2009, रेल मंत्रालय, भारत सरकार, नयी दिल्ली (26 फरवरी, 2008).

नोट-पुस्तक में प्रयुक्त सभी आंकड़ों का स्रोत मुख्यतया रेल मंत्रालय के सांख्यिकी और अर्थ निदेशालय है। कुछ मामलों में जहां आंकड़े अलग से लिए गए हैं वहां उनका स्रोत भी बताया गया है।

शब्दावली

क्षेत्रीय रेलवे : भारतीय रेल 16 क्षेत्रीय रेलों में विभक्त है। हर क्षेत्रीय रेलवे का कार्यक्षेत्र 2400 कि.मी. से लेकर 6500 कि. मी. के बीच होता है।

मंडल : प्रत्येक क्षेत्रीय रेलवे 3 से 6 इकाइयों में विभक्त है, जिसे मंडल कहा जाता है। इस समय भारतीय रेल में कुल 68 मंडल हैं।

उत्पादन इकाइयाँ : भारतीय रेल के पास सवारी डिब्बों, रेल इंजनों आदि के निर्माण के लिए 6 उत्पादन इकाइयाँ हैं।

लेखा संबंधी

यात्री आय : सभी श्रेणियों के यात्री यातायात से होने वाली आय।

अन्य कोचिंग आय : पार्सल, डाक, रक्षा और अन्य विविध कोचिंग सेवाओं से होने वाली आय।

माल आय : सभी प्रकार के माल यातायात से होने वाली आय।

फुटकर आय : भूमि को पट्टे पर देने, विज्ञापन, खान-पान, मार्ग का अधिकार देने, सार्वजनिक क्षेत्र के उपक्रमों से प्राप्त लाभांश, सामरिक लाइनों पर होने वाले परिचालनिक घाटे की प्रतिपूर्ति, किराये और चुंगी आदि से प्राप्त होने वाली आय।

कुल आय : यात्री, अन्य कोचिंग, माल और फुटकर से होने वाली आय का कुल योग।

उचंत (सस्पेंस) : यातायात से होने वाली ऐसी वह आय जो कमा ली गई हो परंतु वसूल न हुई हो।

सकल यातायात प्राप्तियां : वास्तव में वसूल की गई आय और कुल आय+/-उचंत।

विविध प्राप्तियाँ : लाभांश सहायता, रेलवे भर्ती बोर्ड आदि से प्राप्तियाँ, सामान्य राजकोष से आर्थिक सहायता से होने वाली प्राप्तियाँ।

कुल प्राप्तियाँ : सकल यातायात प्राप्तियाँ और विविध प्राप्तियों का जोड़।

साधारण संचालन व्यय : रेलवे प्रणाली को परिचालित करने के लिए होने वाले खर्च में सामान्य अधीक्षण एवं सेवाएँ, रेलपथ और निर्माण कार्यों की मरम्मत, अनुरक्षण, मोटिव पॉवर और चलस्टॉक, संयंत्र और उपस्करों, यातायात खर्चे, ईंधन, कर्मचारी कल्याण आदि पर होने वाले खर्च शामिल हैं।

पेंशन निधि में विनियोग : कुल प्राप्तियों में से पेंशन निधि में विनियोग की जाने वाली राशि।

मूल्यह्रास आरक्षण निधि (डी.आर.एफ.) में विनियोग : कुल प्राप्तियों से मूल्यह्रास निधि में विनियोग की जाने वाली राशि।

संचालन व्यय : साधारण संचालन व्यय (+) पेंशन फंड में विनियोग (+) मूल्यह्रास निधि में विनियोग।

विविध खर्च : रेलवे बोर्ड, प्रशिक्षण संस्थान, ओपन लाइन निर्माण राजस्व आदि जैसे अन्य कार्यालयों पर खर्च।

कुल खर्च : कुल संचालन खर्च (+) विविध खर्च।

शुद्ध राजस्व : कुल प्राप्तियाँ (–) कुल खर्च।

लाभांश भुगतान : भारत सरकार द्वारा किए गए पूँजी निवेश की राशि के लिए रेलवे द्वारा वित्त मन्त्रालय को किये जाने वाले भुगतान की राशि।

सरप्लस : शुद्ध राजस्व (–) लाभांश भुगतान।

लाभांश पूर्व कैश सरप्लस : कुल प्राप्तियाँ (+) रेल निधि शेष पर ब्याज (+) मूल्यह्रास आरक्षित निधि (+) ओपन लाइन निर्माण राजस्व।

निवेश योग्य सरप्लस : लाभांश पूर्व कैश सरप्लस (–) लाभांश भुगतान (–) पेंशन निधि पर ब्याज।

विकास निधि में विनियोजन : सरप्लस से विकास निधि में विनियोजित की गई राशि।

पूँजी निधि में विनियोजन : विकास निधि में विनियोजन के बाद सरप्लस से पूँजी निधि में विनियोजित की गई राशि।

मूल्यह्रास आरक्षित निधि (डी.आर.एफ.) : इस निधि से आधुनिकीकरण एवं तकनीकी उन्नयन सहित परिसम्पत्तियों के बदलाव और नवीकरण पर खर्च मुहैया कराया जाता है।

पेंशन निधि : इस निधि से रेल कर्मचारियों के पेंशन का खर्च मुहैया कराया जाता है।

विकास निधि : इस निधि से यात्रियों के लिए सुविधाएँ मुहैया कराने तथा अन्य रेलवे परिचालन सुधार आदि सम्बन्धी खर्च मुहैया कराया जाता है।

पूँजी निधि : इस निधि से पूँजीगत निवेश किए जाते हैं।

बजटीय सहायता : रेलों के पूँजीगत निवेश के लिए सामान्य राजकोष से प्राप्त निधियाँ।

ब्याज देय पूँजी (कैपिटल एट चार्ज) : बजटीय सहायता से सृजित रेल परिसम्पत्तियों की बुक वेल्यू।

निवेशित पूँजी पर रिटर्न (रिटर्न ऑन कैपिटल इन्वेस्टमेंट) : यह रेलों पर किए गए पूँजी निवेश की प्रतिफल की दर है। अनुपात = (शुद्ध राजस्व)/ब्याज देय पूँजी (+) पूँजी निधि से निवेश।

परिचालन अनुपात (ऑपरेटिंग रेशियो) : उचंत को छोड़कर सकल यातायात आमदनियों और कुल संचालन व्यय का अनुपात।

<u>सामान्य</u>

आमान : भारतीय रेल प्रणाली में तीन आमान हैं। इसमें बड़ी लाइन (1676 मि.मी.), मीटर लाइन (1000 मि.मी) तथा छोटी लाइन (762 मि.मी. अथवा 610 मि.मी.) की होती है।

कीमैन, गैंगमैन : वह रेल कर्मचारी जो दिन में एक बार पैदल चलकर रेलपथ एवं पुलों की जाँच करता है।

निजी साइडिंग : भारतीय रेलवे की रेल लाइन के अन्तिम बिन्दु से साइडिंग धारक के परिसर तक की लाइन की लम्बाई को दर्शाता है।

सकल टन किलोमीटर : एक किलोमीटर तक ढोया गया माल का वजन तथा वैगन एवं इंजन का अपना वजन।

शुद्ध टन किलोमीटर : एक किलोमीटर तक ढोया गया एक टन माल का वजन।

वैगन-टर्न-राउंड : एक माल डिब्बे की दो क्रमिक ढुलाइयों के बीच के समय का अन्तराल।

यात्री किलोमीटर : एक किलोमीटर की दूरी तक ढोए गए यात्री।

यार्ड : रेलवे का वह क्षेत्र जहाँ पर यात्रा के लिए गाड़ियाँ तैयार की जाती हैं।

वर्कशॉप : जहाँ चलस्टॉक (रोलिंग स्टॉक) की मरम्मत की जाती है।

फ्री टाइम : बिना पेनल्टी के गाड़ियों में माल लदान और उतराई करने और उतारे गए माल को प्लेटफार्म से हटाने के लिए दिए जाने वाले समय की निर्धारित सीमा।

गाड़ी परीक्षण : निर्धारित समय अन्तराल पर रोलिंग स्टॉक (चल स्टॉक) का परीक्षण।

रेक : एक गाड़ी के रूप में ले जाने के लिए सवारी डिब्बों/मालडिब्बों का एक समूह बनाना।

क्लोज सर्किट रेक : एक पूर्व निर्धारित मार्ग पर माल गाड़ियों का संचलन, जिसके लिए अनुरक्षण एवं जाँच के लिए बेस डिपो की व्यवस्था हो।

तय दूरी पर आधारित जाँच : एक पूर्व तय दूरी तक गाड़ियों को चलाने के बाद किए जाने वाले निर्धारित अनुरक्षण सम्बन्धी कार्य।

एंड टू एंड रेक : ऐसे रेक जिनकी प्रत्येक लदान से पहले जाँच और अनुरक्षण किया जाता है।

एक्सल लोड : एक वैगन में चार एक्सल होते हैं और प्रत्येक एक्सल (axle) पर अनुमन्य वजन 20.3 से 22.9 टन तक है। इस प्रकार चार एक्सल पर 81.2 टन से लेकर 91.6 टन वजन होता है। अनुमन्य वजन में माल का वजन तथा वैगन का अपना वजन शामिल होता है।

वे ब्रिज : गाड़ी के प्रत्येक लदे हुए मालडिब्बे को तौलने के लिए इलेक्ट्रॉनिक धर्मकाँटा अथवा वे ब्रिज।